서울대학교 규장각한국학연구원 한국학 연구총서 32

한국 행락문화의 변천과정

황 기 원

서울대학교출판문화원

The Leisure and Outdoor Recreation Culture of Korea

Kee-Won Hwang

Seoul National University Press

머리말

행락문화(行樂文化)는 환경설계의 거의 모든 연구 분야와 맞닿아 있는 주제다. 수천 년 전부터 거친 원생의 자연을 개척하여 위대한 인류문명의 기반이 된 정주(定住)의 문화를 시작한 우리가 때때로 안전하고 익숙한 정주를 떠나 기꺼이 모험을 감수하는 것을 즐기는 이유는 무엇일까? 어떤 자연, 혹은 인공의 경관(景觀)이 우리를 매혹시키는가? 일상(日常)과 비일상(非日常)의 경계는 무엇인가? 그리고 일상을 벗어난 장소, 혹은 일탈행위(逸脫行爲)를 경험함으로써 충족하고자 하는 욕망은 무엇인가? 이러한 욕망의 충족은 우리에게 어떤 의미를 갖는가?

이러한 질문들은 건축, 조경, 환경디자인의 모든 분야에서 항상 마주치는 질문들이다. 행락문화의 연구는 이러한 질문들을 조금 다른 시각으로 접근할 수 있도록 도움을 준다. 도시(都市)와 주거(住居)를 머무는 정주(定住)가 아닌 떠나는 행락(行樂)으로 바라볼 때, 마땅히 충족시켜야 할 인간의 욕망을 안전한 생존이 아니라 모험과 일탈로 바라볼 때, 자연을 극복하고 심지어는 정복하고자 하면서도 자연을 그리워하고 그 일부분일 수밖에 없는 인류 문명의 모순을 있는 그대로 받아들일 때 사람과 자연을 함께 닮은 이상적인 환경설계가 가능하기 때문이다. 특히 동양적 개념의 행락은 레크리에이션(recreation)이나 단순한 오락(娛樂)의 개념을 넘어 자연을 대하는 인간의 심상(心狀)에 대한 다양한 생태학적, 철학적 단서들을 제공한다.

이 책은 "한국 행락문화의 변천과정"이라는 주제로 2002년 서울대학교 한국학 연구과제로 진행된 연구의 결과다. 기본적으로는 조선시대부터 현재에 이르는 우리의 행락문화의 변화를 살펴보기 위해 가능한 다양한 문헌 및 사진자료들을 총망라한 통시적 연구의 모양새를 하고 있다. 그러나 실제로는 조선시대의 풍속에 관한 그림과 사진자료 및 고지도, 1890년대부터 1920년대 동안의 『독립신문』, 『대한매일신보』, 『동아일보』 등에 나타난 재미있는 신문기사, 전통마을의 답사 등에서 행락과 관련된 것들을 개별적으로 모아서, 환경설계사적 관점을 가미하여 해석한 단편적인 이야기들로 볼 수 있다. 그리고 그 행간에는 저자의 의견, 혹은 환경설계가로서의 상상이 가미되어 있다. 즉 연구의 서론, 본론, 결론을 꿰뚫는 일관된 논리와 어떤 당위적 가설의 증명은 이 책에 있어서의 주요 관심사가 아님을 미리 밝혀둔다. 그보다는 개화기 학생들의 소풍과 수학여행 일화, 일제강점기 서울 시민들의 단체 꽃구경에 관한 기사, 행락이라는 비생산적인 인간 습성에 관한 자유로운 상상들이 문화와 사회의 작은 역사에 대해 새로운 흥미를 유발하기를 기대한다.

사람들은 하루 24시간을 다양한 목적으로 사용한다. 가족들끼리 식사를 하고, 먹이를 구하기 위해 돈을 버는 데 사용되는 시간, 그 외에 그렇게 벌어온 돈을 가져와 시장에서 먹을거리를 사 오는 일뿐 아니라 그런 곳을 다녀오는 시간, 학교를 다니는 경우 학교에서 공부하는 시간과 오가는 시간 등 많은 시간들이 들어간다. 이런 시간을 빼면 사람들은 또 잠을 자고, 씻고 먹는 데에도 시간을 쓴다. 사람에 따라 다르지만 하루 24시간 중에서 이런 시간을 빼면 짧게는 1-2시간, 길게는 여러 시간이 남을 것이다. 이런 시간이 있어야 우리가 이야기하는 행락이 가능할 것이다. 현재의 상황을 생각해 보면 여가 시간 없이 일을 하지 않으면 안 되는 사람들도 있고, 공부나 일을 거의 하지 않는 사람들도 있다. 상대적으로 과거에는 행락의 경험과 개념을 생각했고, 또 많이 누릴 수도 있었다.

타고난 사람보다 노력하는 사람이, 또 그보다는 즐기는 사람이 제일이라고 한다. 그렇다면 정주에 비해 행락은 얼마나 행복하고 매력적인 말인가? 이 책이 그렇게 여유롭고 재미있는 읽을거리가 되고 더 나아가 보다 재미있는 환경설계의 이야기가 만들어지는 데 기여하기를 바란다.

이 책을 발간해 준 서울대학교 한국학연구사업운영위원회와 서울대학교출판문화원에게 감사하며, 연구에 도움을 준 장영석, 길지혜, 황주영, 강세경, 류지현에게 감사를 전한다.

2009년 4월
황 기 원

차례

표와 그림 차례

Ⅰ. 서론

1. 연구의 배경과 목적

1) 연구의 배경

최근 들어 문화, 특히 서민들의 일상과 관련된 다양한 작은 문화, 작은 역사에 대한 관심과 연구가 증대되고 있다. 그러나 일제강점기를 거치면서 단절되고 왜곡된 우리문화와 전통의 원형에 대한 실마리를 찾아내기란 쉽지가 않다. 본 연구는 그러한 미시사, 문화사의 하나로 한국의 행락활동과 그 행락의 장소가 조선시대에서 일제강점기를 거쳐 현재에 이르기까지 어떻게 변화해 왔는지 살펴보고자 한다.

그러나 아직까지 우리의 전통문화 연구는 주로 문학이나 예술과 같은 제한적인 분야에 국한되어 있다. 최근 들어 서민들의 일상과 관련된 다양한 관심이 증대되고 있으나, 일제강점기를 거치면서 단절되고 왜곡된 전통의 실마리를 찾아내기란 쉽지가 않다.

본 연구는 한국의 행락활동과 그 장소가 조선시대에서 일제강점기를 거쳐 현재에 이르기까지 어떻게 변화해 왔는지 살펴봄으로써 우리의 행락문화의 변천과정을 파악하고자 한다.

행락(行樂)은 영어 레크리에이션(recreation)에 대응되는 개념으로 주로 사용되며, 일반적으로 옥외에서의 여가활동(outdoor leisure activity)으로 생각할 수 있다. 행락은 어느 민족의 문화에서나 볼 수 있는 일반적인 현상이다. 각각의 행락활동은 다양한 문화현상의 반영이며, 특히 행락활동을 통해 특정 계층이나 특정 분야의 문화뿐만 아니라 시대의 일반적인 문화를 이해하게 되기도 한다. 행락활동은 경우에 따라 시와 같은 문학을 포함하기도 하고, 미술, 음악과 같은 예술의 형태를 나타내기도 하며, 운동이나 놀이, 세시풍속을 보여 주기도 한다. 건축 및 조경양식은 행락문화의 영향을 받으며, 행락을 위한 장소의 물리적 환경과 사회적 맥락은 그 시대 사람들의 자연관 및 세계관과 직접적인 관계를 갖는다. 또한 사회계층에 따른 행락활동의 특성을 살펴봄으로써 당시의 사회상, 사상 및 제도가 사람들의 삶에 미친 영향을 파악할 수 있다. 때때로 행락활동은 종교적인 경외감을 반영하기도 하고, 농업이나 어업과 같은 생산활동의 대응되는 지점에 위치하여 서민들의 삶을 있는 그대로 드러내기도 한다.

특히, 우리 민족은 자연과의 합일을 추구하는 사상이나 교육과 관련된 행락문화의 오랜 문화적 전통을 갖고 있다. 멀게는 신라의 화랑도가 그것이고, 아주 가깝게는 초등학생들의 소풍에서 이러한 전통을 살펴볼 수 있다. 조선시대의 선비들은 저마다 좋은 경치를 찾아 시를 읊조리기를 즐겼으며, 서민들 역시 다양한 행락활동에 열정적으로 참여하였다.

일제강점기의 단절과 근대화, 개발의 시대를 거치면서 '행락'이라는 말이 단순히 노는 행위, 심지어는 퇴폐와 향락으로까지 인식되는 경우도 있었으나 경제수준의 향상, 교통·통신의 발달로 인해 문화의 시대는 다시 여가의 시대, 혹은 행락문화의 시대로 이어지고 있다. 주5일 근무제, 앞당겨지는 기업의 정년 등을 거론하지 않더라도 늘어나는 여가시간에 대한 관심과 발전적인 활용을 위한 노력은 이제 반드시 필요한 생활의 덕목이기도 하다.

2) 연구의 목적

본 연구는 조선시대에서 일제강점기를 거쳐 현재에 이르는 한국의 행락활동과 장소를 살펴봄으로써 우리의 행락문화를 이해하고자 한다. 연구를 통해 흩어져 있는 행락문화 관련 자료를 체계적으로 정리하고, 행락활동이 발생한 장소들을 조사하여 보존하거나 보호해야 할 의미 있는 장소들에 대한 자료를 축적하려 하며, 나아가 우리 민족이 선호했던 활동공간의 특징을 파악하여 재현하기 위한 기본자료로 사용하고자 한다. 특히 본 연구의 후반부에서는 구체적인 행락의 장소와 공간에 대한 사례 연구를 위해 서울의 행락공간의 변화를 살펴봄으로써 조선시대의 사회상과 도시의 공간구조에 따른 행락공간의 형성과 그 변화과정을 이해하고자 한다. 문화사로서 행락문화의 변천과정에 대한 연구는 특정 문화활동과 전문적 분야에 대한 고찰보다는 사회 전반적인 분위기를 읽을 수 있을 것으로 기대한다. 또한 행락문화의 변천과정에는 문화·예술의 발달, 교통수단 등 기술의 발달, 공간환경에 대한 인식의 변화, 정치적 상황과 도시구조의 변화 등이 반영될 것이다. 무엇보다도 본 연구에서 기대하는 행락문화 연구의 성과는 양반귀족과 일반 서민 모두를 포함하는 우리 민족문화의 기저에 흐르는 환경과 인간관계에 대한 사상적, 정서적 인식의 변화과정을 파악하는 것이다. 이러한 연구를 통해 우리의 자연관과 세계관을 보다 구체적으로 확인하고 여기에서 비롯된 우리 전통 행락문화의 원형이 어디서 시작하여 어떻게 변화되어 왔는지, 또 어떠한 방향으로 흘러갈 것인지를 생각해 볼 수 있을 것이다.

결과적으로 본 연구의 목적은 행락활동이라는 무형(無形)의 전통문화와 그 활동 장소로서 유형(有形)의 역사적 유적을 연결하여 입체적으로 파악하고, 현재에 이르는 변화과정을 고찰하여, 앞으로의 바람직한 행락문화의 길잡이가 될 전통문화를 밝혀내는 것이다.

2. 연구의 범위와 방법

1) 연구의 범위

본 연구의 공간적 범위는 우리나라 전 지역을 대상으로 한다. 따라서 자료의 수집범위는 전국을 대상으로 한다. 그러나 타 지역에 비해 비교적 많은 문헌자료를 수집할 수 있는 서울을 중심으로 연구를 진행하게 될 것이며, 실제 행락활동이 발생했던 장소를 확인하는 작업은 주로 서울을 대상으로 한다.

시간적 범위는 조선시대 이후에서 현재까지로 한다. 즉, 조선시대에서 일제강점기를 거쳐 현재까지 이르는 행락문화의 변화과정을 통시적으로 파악하되 조선시대 이전의 기록들도 문화적 배경의 설명을 위해 활용한다. 그러나 행락문화에 대한 통시적인 연구와 자료의 정리가 충분치 않은 상황에서 조선시대 이후의 모든 시대별 행락활동과 행락문화의 특징을 구체적으로 파악하여 나열하기는 불가능할 것이다. 따라서 본 연구에서는 우리나라가 급격한 사회상의 변화를 겪게 되면서 전통의 상당부분이 왜곡되기 시작한 대한제국과 일제강점기에 큰 비중을 두고 진행한다. 다른 모든 사회·문화 분야에서와 마찬가지로 행락문화 역시 일제 강점기를 통해 많은 변화를 겪었다. 일제강점기의 왜곡을 파악하는 것은 현재의 우리 행락문화에 대한 의문을 해결하는 데 많은 도움이 될 것이다.

본 연구의 내용은 각 시대 순으로 행락활동과 그 활동이 이루어진 공간의 특징을 밝혀내는 데 중점을 두겠으며, 사실의 나열뿐만 아니라 각 시대별 사회, 정치, 경제, 문화의 영향이 어떻게 사람들의 삶에 투영되는지를 확인하고자 한다.

2) 연구의 방법

본 연구는 사료의 수집, 분류, 해석이라는 일반적인 역사적 연구방법을 따른다. 문헌자료로서 대한제국 이후 현재까지의 통시적 흐름을 확인할 수 있는 신문자료를 중점적으로 활용하되, 각 시대의 사회상을 반영하는 시와 그림, 다양한 문학작품을 통해 여러 가지 삶의 모습을 추정한다. 또한 대한제국 말기에 한국을 방문한 외국인들의 기록과 당시 유럽 신문에 소개된 우리의 모습도 중요한 단서가 될 것으로 예상된다.

활동을 중심으로 하는 조사와 더불어, 각 시대별 고지도를 사용하여 공간적 추정을 실시하고, 특히 일제강점기를 겪은 사람들의 인터뷰 조사를 통해 소풍 등 행락활동의 시기, 인원, 장소, 주요 활동 등을 입체적으로 재구성한다.

본 연구는 이후의 행락문화 관련 연구를 위한 자료 구성에도 중점을 두겠으며, 결과물로서 서울의 주요 행락활동의 기록이 있는 곳을 표시한 행락문화지도와 행락 관련 신문기사를 묶은 자료집을 만들고자 한다.

3. 연구사

일반적으로 행락에 관한 연구는 대체로 다음의 네 가지 분류 중 하나에 속한다.

첫 번째는 "여가학"이라고 할 수 있는 것으로서, 놀이·오락·행락·여행·관광 등의 행위의 본질을 탐구하는 것이다. 주로 활동의 발생을 본능으로 설명하는 생물학적 접근, 문화의 한 현상으로서 보는 사회과학적 접근 방법 등이 동원되어 각각의 활동의 본질과 이유를 설명하고자 한다. 가장 대표적인 것으로 '호모 루덴스(Homo Ludens)'를 들 수 있다. 최근에는 이처럼 순수하게 행위 본질에 대한 연구에 머무는 경우는 많지 않고, 대부분 여가활동의 동기가 결과적으로 행위, 특히 행락활동이나 관광장소의 선택에 미치는 영향에 대해 실질적인 자료를 얻으려는 연구가 많다.

두 번째는 행락에 대한 사회경제학적 조사연구, 혹은 정책결정에 관련되는 연구로서 여가의 경향, 여가경제학, 행락자원의 이용자 만족도 분석 등이 여기에 포함된다. 특히, 최근 들어 주5일제 근무와 조기퇴직, 노령화 사회로의 이행 등으로 인해 관광산업 및 여가문화에 대한 인식이 국가적으로 중요한 정책결정의 대상이 되면서 여러 가지 문화산업 및 문화자원과 연계된 연구가 이루어지고 있다. 이러한 수요의 증대와 더불어 지속가능한 개발에 대한 전 세계적인 관심의 증대와 함께 최근에는 생태관광(eco-tourism)이나 환경교육 등에 대한 생태학적 연구가 증가하고 있다.

세 번째는 행락행위 자체에 대한 개발, 혹은 응용으로서 행락활동 계획(design for outdoor recreation), 레크리에이션 이벤트 계획, 혹은 놀이, 오락, 행락활동 등을 이용한 치료방법 개발 등이 있다. 과거 행락활동은 단순히 노는 일, 혹은 즐기는 일 정도로 생각되었으나, 이제 건전한 여가 및 행락문화의 정착은 생산성 향상뿐만 아니라 많은 사회문제를 해결할 수 있는 또 하나의 방법으로 인식되고 있다. 여기에는 가상현실의 기술 도입 등으로 인한 새로운 산업과의 연계도 포함된다.

마지막으로 네 번째는 물리적인 환경의 조성에 관련되는 것으로서 여가 및 행락 공간의 계획 및 설계가 여기에 속한다. 지방자치제 도입 이후 각 지자체에서는 지방재정을 충실히 할 수 있는 가장 효과적인 사업으로 관광산업에 대해 큰 관심을 기울이고 있으며, 이에 따라 각 지방의 관광자원을 파악하고 이를 효과적으로 활용할 수 있는 프로그램의 개발과 물리적 환경의 조성에 대한 요구가 점점 증가하고 있는 것이다.

특히, 최근 국내에서의 행락 관련 연구는 경제학적 관점이나 관광산업개발의 관점에서의 물리적 환경계획이 주를 이루고 있다. 더러 민속학적인 관점에서의 단편적인 전통적 행락활동의 소개가 이루어지고는 있으나, 우리 민족의 행락문화에 대한 통시적이고 체계적인 연구는 아직 미흡한 실정이다.

Ⅱ. 행락(行樂)의 이해

1. 행락의 개념

1) 다니는 일과 즐기는 일

행락(行樂)은 '돌아다니는[行] 일'과 '즐기는[樂] 일'이 합해진 말이다. 그래서 행락은 즐기기 위해 돌아다니는 것일 수도 있고, 돌아다니는 것을 즐기는 것일 수도 있다. 이것은 공간의 이동(traveling)과 즐기는 활동(activity)을 포함하는 것이다. 일반적으로 행락과 유사하게 사용되는 용어들은 마찬가지로 '공간의 이동'이나 '즐기는 활동'과 관련된 의미를 가지고 있다.

행락과 관련된 몇 가지 용어의 정의[1]를 살펴보면 다음과 같다.

- 여가(餘暇, leisure): 속박에서 벗어나는 자유시간. 시간요소가 필수적으로 개재되고, 일이라든가 직장, 고용, 생존의 필수적 활동에서 벗어나서 자유로운, 따라서 개인의 자유의사에 의해 처분가능한 시간.
- 행락(行樂, recreation): any leisure time activity, the way of leisure spent for its sake, outdoor/indoor recreation, recreation activity and program. 행락과 오락(娛

1. 유병림(1992: 1-3) 참조.

樂)은 전자가 활동의 성격, 규모, 공간과 장소 등과 관련되는 반면에 후자는 활동의 순서, 프로그램, 지도자(leader) 등과 같이 사람에 의한 계획적 행위의 계획표를 지칭함.

- 놀이(play): the form of recreation, type of recreation. 인간의 심리적 측면에서의 본능적 행위로 이해하고, 여가나 행락의 가장 기본적인 "인간적" 기준에서의 행위, 행태, 내면적 역동관계를 파악하고 이해함.
- 위락(慰樂, entertainment): 상업화된 행락활동과 시설 및 프로그램을 총칭함.
- 관광(觀光, tourism): 시간과 장소에 대하여 일정한 계획과 목표와 목적을 가지고, 비교적 단체로 행동하는 행락활동. 한 개인의 인간적인 자연적인 욕구의 발로로 나타나는 것이라기보다는 사회적, 교육적, 신체적 발달과 발전을 다목적적으로 달성하고자 하는 의도 하에 여러 집단 간의 상호 이해관계 속에서 일어나는 사회행락현상.

위의 정의에서 볼 때, 행락, 놀이, 위락, 관광 등의 개념이 구체적인 활동 중심의 의미를 갖는 데 비해, 여가는 이러한 활동의 가능성을 제공하는 시간적 의미를 갖고 있기 때문에 나머지 용어들에 대해 비교적 포괄적 개념으로 사용될 수 있다. 또한 놀이는 여가, 행락, 위락, 관광 등의 용어들로 표현되는 모든 활동의 가장 기본적인 성격을 인간의 본능과 연결시켜 설명하고 있다. 각각의 개념들은 서로 깊은 연관성을 갖고 있기는 하지만 상호간에 종속적인 포함관계로 볼 수는 없다.

이러한 정의들은 우리가 일반적으로 사용하는 한자어의 의미보다는 그에 대응하여 주로 사용되는 영어식의 의미로 풀이된 정의이지만, 우리의 개념으로 볼 때에도 비교적 타당하게 해석되고 있다고 생각된다. 다만, 레크리에이션(recreation)으로 번역되는 행락은 오락적 성격을 가진 활동 자체만을 지칭하는 소극적 의미이거나, 시간 개념인 여가의 대응개념으로서의 활동으로만 해석되어, 우리들이 전통적으로 떠올릴 수 있는 '돌아다니며 즐기는' 행락의 개념과는 많은 차이가 있다.

동양적인 행락의 개념은 단순히 피로를 풀고 생활의 활기를 불어

넣기 위한 오락적 활동(recreation)뿐만 아니라 그러한 활동과 연결되는 공간의 개념도 매우 중요한 요소가 된다. 레크리에이션에서의 공간이 주로 오락 활동의 배경이나 무대로 이해할 수 있는 반면에, 동양적인 행락 개념에서의 공간은 활동의 수단이자 목적이며 활동 그 자체다. 일반적으로 동양적 행락활동의 공간은 자연친화적인 정서와 밀접한 관계를 갖고 있다. 즉 자연과 더불어 유유자적하며 세상의 이치를 깨닫는 것이 우리들이 생각하는 전통적 행락문화의 대략적인 이미지라고 할 수 있다.

그러므로 우리의 행락문화는 각 시대의 사람들이 행했던 활동과 더불어 그러한 활동이 발생한 공간에 대한 사회학적 해석이 제공될 때야 비로소 의미 있는 읽을거리인 문화(文化)로 파악될 수 있을 것이다.

2) 자연을 거니는 즐거움

이처럼 동양적 개념에서의 행락은 '돌아다니는 일'과 '즐기는 일'이며, 여기서 인간의 오락 활동과 그러한 활동이 이루어지는 환경이 같은 정도의 중요성을 갖고 있다. 돌아다니는[行] 공간은 필연적으로 자연과 연관지어 생각할 수밖에 없는데, 자연을 극복의 대상으로 보고 문명화된 인간세상과 개발되지 않은 원생 자연을 이분법적으로 구분하는 서구의 세계관과 달리 동양적 전통에서는 인간세상 역시 자연의 한 부분으로 인식하고 특별히 나누어 생각하지 않았다. 따라서 '행(行)'은 집, 마을 등의 한정된 공간에서 밖으로 나간다는 의미로 보기보다는 돌아다니는 일, 공간을 적극적으로 체험하고 환경과 교감하는 활동 자체를 의미하는 것으로 볼 수 있다.

이렇게 볼 때 동양의 행락은 서양의 레크리에이션(recreation)과 상당히 다른 개념임을 알 수 있다. 레크리에이션은 공 던지기, 자전거

타기, 혹은 수건돌리기, 술래잡기와 같은 구체적인 오락활동들을 지칭한다. 레크리에이션은 이러한 활동을 위한 공간을 필요로 하는데, 그러한 공간은 사람들에게 의미 있는 장소(place)가 아니라 몇 가지 장치를 갖춘 공간(space)이다. 자전거를 탈 수 있는 도로, 수건돌리기를 하기 위한 평평한 터 등이 레크리에이션을 위한 장치들이다. 또 다른 예로서 피크닉을 위한 공간은 일반적으로 나무 그늘, 넓은 잔디밭, 호수나 강변 등의 배경을 필요로 하고 바닥에 깔 수 있는 자리와 도시락 바구니, 혹은 바비큐를 하기 위한 석쇠 등의 활동 장치가 필요하다.

동양의 행락은 다양한 레크리에이션 활동도 물론 포함하지만, 자연을 배경이 되는 무대나 장치로 보지 않고 환경으로서의 자연을 체험하는 포괄적인 개념이며, 한마디로 자연을 거니는 즐거움이라고 이해할 수 있다. 이러한 동양적 개념의 행락을 이해하기에 가장 좋은 예로 '소풍(逍風)'을 들 수 있을 것이다.

'소풍(逍風)'은 '바람[風]을 쐬며 거닐다[逍]'라는 뜻으로 풀이될 수 있다. 바람[風]은 자연을 뜻하는 것이니 소풍은 자연을 느끼며 거니는 것을 말한다. 그러므로 소풍은 다양한 행락활동 중 하나이면서도 행락 자체의 의미와 가장 잘 통하는 활동이다. 소풍은 일반적으로 가족이나 친구, 동료 등 가까운 사람들이 멀지 않은 야외로 나가서 자연을 벗 삼아 휴식을 취하거나 간단한 놀이를 하고 돌아오는 반나절, 혹은 하루 동안의 짧은 여행을 뜻한다. 또 소풍은 하루 이내의 짧은 여행(excursion)이라는 뜻 이외에 교육으로서의 의미를 갖고 있는데, 이것은 아마도 한 집단에서 소풍이 반복적으로 체험되는 과정에서 단체활동을 전제로 한다는 특징으로 인해 사회화의 한 수단으로 인식되었기 때문일 것이다. 이러한 개념에서 소풍은 교육과 여가, 휴식이 모두 합쳐진 형태로서 우리나라의 경우 산수를 즐기며 도의를 연마하는 신라 화랑의 풍류(風流)에서 그 원형을 찾을 수 있다.

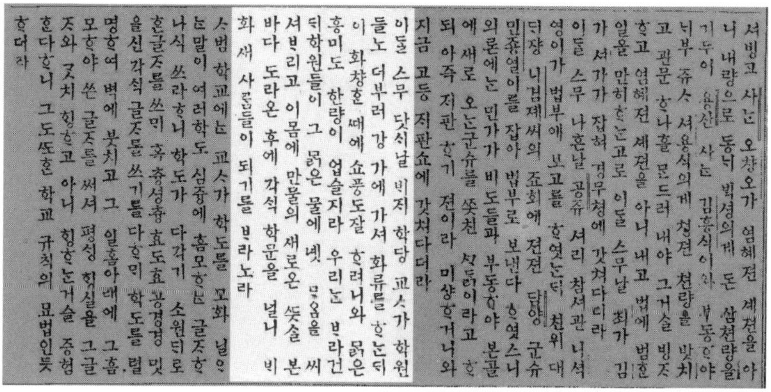
셔빙고 사ᄂᆞᆫ 오챵오가 염혜젼 셰젼을 아
나 내량으로 동니 빅셩의게 돈 삼천량을
기두이 용산 사ᄂᆞᆫ 김홍식이와 부동ᄒᆞ야
니부 쥬ᄉᆞ 셔용식의게 쳥젼 쳔량을 밧치
고 관문 ᄒᆞ나흘 ᄆᆞᆫ드러 내야 그거슬 빙ᄌᆞ
ᄒᆞ고 염혜젼 셰젼을 아니 내고 법에 범ᄒᆞᆫ
일을 만히 ᄒᆞᆫ고로 이ᄃᆞᆯ 스무날 최가 김
가 셔가가 잡혀 경무쳥에 갓쳣다더라
이ᄃᆞᆯ 스무 나흔날 공쥬 셔리 참셔관 니셕
영이가 법부에 보고를 ᄒᆞ엿ᄂᆞᆫᄃᆡ 쳔위 대
ᄃᆡ장 니범졔씨의 죠회에 젼젼 담양 군슈
민죵열이를 잡아 법부로 보낸다 ᄒᆞ엿스니
의론에ᄂᆞᆫ 민가가 비도들과 부동ᄒᆞ야 본골
에 새로 오ᄂᆞᆫ군슈를 쫏천 셕ᄃᆞᆰ이라고 ᄒᆞ
되 아족 지판 ᄒᆞ기 젼이라 미샹ᄒᆞ거니와
지금 고등 지판쇼에 갓쳣다더라
이ᄃᆞᆯ 스무 닷시날 비지 학당 교ᄉᆞ가 학원
들노 더부러 강 가에 가셔 화류를 ᄒᆞᄂᆞᆫᄃᆡ
이 화챵ᄒᆞᆫ ᄯᆡ에 쇼풍도잘 ᄒᆞ려니와 ᄆᆞᆰ은
흥미도 한량이 업슬지라 우리ᄂᆞᆫ ᄇᆞ라건
ᄃᆡ학원들이 그 ᄆᆞᆰ은 물에 녯 ᄆᆞᄋᆞᆷ을 씨
셔ᄇᆞ리고 이몸에 만물의 새로온 ᄯᅳᆺ슬 본
바다 도라온 후에 각ᄉᆡᆨ 학문을 널니 ᄇᆡ
화 새 사ᄅᆞᆷ들이 되기를 ᄇᆞ라노라
ᄉᆞ범 학교에ᄂᆞᆫ 교ᄉᆞ가 학도를 모화 닐ᄋᆞ
ᄂᆞᆫ말이 여러학도 심즁에 흠모ᄒᆞᄂᆞᆫ 글ᄌᆞᄒᆞ
나식 쓰라ᄒᆞ니 학도가 다각기 소원ᄃᆡ로
ᄒᆞᆫ글ᄌᆞ를 쓰ᄆᆡ 혹 츙셩츙 효도효 공경경 밋
을신 각ᄉᆡᆨ 글ᄌᆞ를 쓰기를 다ᄒᆞᄆᆡ 학도를 렬
명ᄒᆞ여 벽에 붓치고 그 일홈아래에 그흠.
모ᄒᆞ야 쓴 글ᄌᆞ를 써셔 평싱 ᄒᆡᆼ실을 그글
ᄌᆞ와 ᄀᆞᆺ치 ᄒᆡᆼᄒᆞ고 아니 ᄒᆡᆼᄒᆞᄂᆞᆫ거슬 증험
ᄒᆞᆫ다ᄒᆞ니 그도ᄯᅩᄒᆞᆫ 학교 규칙의 묘법인ᄃᆞᆺ
ᄒᆞ더라

그림 Ⅱ-1. 『독립신문』(1896.4.28.)

행락의 한 활동으로서 '소풍'이라는 단어가 언제부터 사용되었는지는 알 수 없으나 오늘날과 같은 형태의 학교교육으로서의 소풍의 시작은 근대교육이 도입된 대한제국시대(1887-1910)라고 할 수 있다. 이 시기에 발행된 『독립신문』(1896-1899)에서 다음과 같이 소풍에 대한 기록을 발견할 수 있는데, 여기서 소풍은 자연과 더불어 학업으로 인한 피로를 푸는 휴식의 의미가 강하다. 특히, 정신을 맑게 하여 학문에 정진할 것을 당부하는 글로서 소풍의 목적이 교육에 있음을 명확히 하고 있다.

이 달 스무닷샛날 배재학당 교사가 학원들도 더불어 강가에 가서 화류를 하는데, 이 화창한 때에 소풍도 잘 하려니와 맑은 흥미도 한량이 없을지라, 우리는 바라건대, 학원들이 그 맑은 물에 옛 몸을 씻어 버리고 이 몸에 만물의 새로운 뜻을 본받아 돌아온 후에 각색 학문을 널리 배워 새 사람들이 되기를 바라노라.

혹은 다음의 '학당 놀이' 역시 소풍과 동일한 형태의 활동이었던 것으로 생각된다.

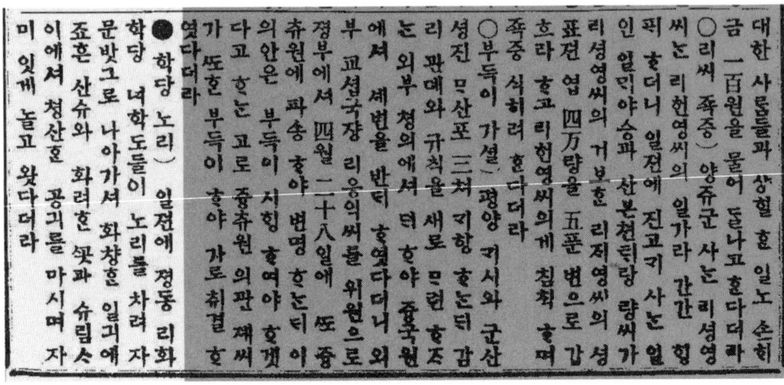

대한 사ᄅᆞᆷ들과 상힐 ᄒᆞᆫ 일노 손히
금 一百원을 물어 ᄃᆞᆯ나고 ᄒᆞᆫ다더라
○리씨 쪽증) 양쥬군 사ᄂᆞᆫ 리셩영
씨ᄂᆞᆫ 리헌영씨의 일가라 간간 힝
픽 ᄒᆞ더니 일젼에 진고기 사ᄂᆞᆫ 일
인 일민야승과 산본천틱량 량씨가
리셩영씨의 거보ᄒᆞᆫ 리지영씨의 셩
표젼 엽 四万량을 五푼 변으로 갑
ᄒᆞ라 ᄒᆞ고 리헌영씨의게 침칙 ᄒᆞ며
족중 식히려 ᄒᆞᆫ다더라
○부득이 가셜) 평양 귀시와 군산
셩진 모산포 三처 기항 ᄒᆞᄂᆞᆫ되 감
리 판례와 규칙을 새로 므련 ᄒᆞᄌᆞ
ᄂᆞᆫ 외부 청의에셔 ᄃᆡ ᄒᆞ야 즁츄원
에셔 셰번을 반틔 ᄒᆞ엿다더니 외
부 교셥국장 리응익씨를 위원으로
졍부에셔 四월 二十八일에 또 즁
츄원에 파송 ᄒᆞ야 변명 ᄒᆞᄂᆞᆫ티 이
의 안은 부득이 시힝 ᄒᆞ여야 ᄒᆞ겟
다고 ᄒᆞᄂᆞᆫ 고로 즁츄원 의관 재씨
가 또ᄒᆞᆫ 부득이 ᄒᆞ야 가로 취결 ᄒᆞ
엿다더라
● 학당 노리) 일젼에 졍동 리화
학당 녀학도들이 노리를 차려 자
문밧그로 나아가셔 화챵ᄒᆞᆫ 일긔에
죠흔 산슈와 화려ᄒᆞᆫ 쏫과 슈림ᄉᆞ
이에셔 청산ᄒᆞᆫ 공긔를 마시며 자
미 잇게 놀고 왓다더라

그림 Ⅱ-2. 『독립신문』(1899.5.1.)

일전에 정동 이화학당 여학도들이 놀이를 차려 자문 밖으로 나가서 화창한 일기에 좋은 산수와 화려한 꽃과 수림 사이에서 청산한 공기를 마시며 재미있게 놀고 왔다더라.

오늘날의 소풍은 행락이나 휴식 등의 의미보다는 초등학교나 중학교의 교육활동의 하나로 인식된다. 현재의 소풍은 주로 학교 교육 중 야외에서 시행되는 과외교육활동을 뜻한다. 교육적인 의미이건 자연을 즐기는 행락이건, 소풍과 같은 행락의 형태는 전 세계 어디에서나 아주 오래전부터 자연스럽게 발생하였을 것이다.[2] 다만 그 내용이 각 나라의 자연환경과 생활양식, 역사적 맥락에 따라 조금씩 다른 모습을 하고 있으며, 그러한 특징이 각각의 고유한 문화의 반영이라고 볼 수 있을 것이다. 우리나라의 소풍은 놀이이면서 교육이고, 운동이며 휴식이다. 소풍은 자연에서 살아남는 방법을 배우는 서구식의 극기훈련이 아니라, 자연을 즐기고 자연과 조화롭게 존재하며 자연과 합일하여 세상의 이치를 깨우치는 동양적인 배움이다. 따라서 소풍의 내용과 시대에 따른 변화는 우리의 전통 행락문화를 파악하는 데 중요

2. 자연을 통한 교육에 대한 믿음은 서양에서도 나타난다. 17세기 코메니우스(Comenius)는 '자연은 가장 위대한 교사'라고 주창하였으며, 이러한 주장은 근대교육에 널리 받아들여져 왔다(한국정신문화연구원, 1995: 227-237).

한 단서가 된다.

2. 행락활동의 환경설계적 해석

1) 인간의 문화와 환경의 설계

인간 역시 모든 다른 생명체와 마찬가지로 '환경'이라는 조건 속에 피동적으로 던져진 존재다. 모든 생명체는 생존의 조건이며 장소인 환경과 밀접한 관계를 맺음으로써 존재하게 되는 것이다. 이러한 환경은 일반적으로 "인간을 둘러싸고 있는 모든 것"으로 정의되는데, 이것은 인간은 언제 어디에서나 환경 속에 있을 수밖에 없다는 것이다.

인간은 환경이라는 거대한 조건에 처해 있고 이것을 벗어날 수 없다. 그러나 인간은 식물과는 달리 좋은 환경을 찾아서 이동할 수 있는 동물이고, 다른 동물과는 달리 나쁜 환경을 좋은 환경으로 바꿀 수 있는 영장(靈長)이다. 생물의 존재가 공간을 배타적으로 점유함으로써 가능하다고 볼 때, 인간은 자연환경이 제공하는 자연공간을 한정(限定, definition)하여 자신의 생존에 적합한 환경을 조성하고 유지해 나간다. 각 생명체의 공간 한정은 개체(個體, individual)의 개별적 생활조건의 한정, 개체가 모인 개체군(個體群, population)의 집합적 생활조건의 한정, 서로 다른 여러 종의 생물들이 모인 군집(群集, community)의 총체적 생활조건의 한정 등으로 그 규모와 차원을 나누어 생각할 수 있다.

이처럼 공간을 한정하여 환경에 적응하는 행위는 인간의 피부를 덮는 의복에서 시작하여 가옥, 정원, 도시 등 모든 인공적 공간구조물들을 낳은 원천이다. 모든 생물이 누리는 삶의 양상은 환경에 맞게 자신을 수동적으로 적응시키든지, 자신에 맞게 환경을 능동적으로 적응시키든지, 아니면 서로가 맞게 적응하든가에 달려 있다. 이와 같이 한정된 공간의 적응 메커니즘이 곧 순치(馴致)[3]다. 인간이 삶의 양식(樣式)을 설계(設計)하는 것을 문화(文化)라고 하니, 문화의 본질은 설계이다. 즉, 인류의 문화는 환경과 인류가 상호 적응하는 양식이며, 인류의 역사는 그 과정이다.

앞에서 살펴본 바와 같이 동양적인 행락은 자연을 극복의 대상으로만 보는 서양 문화의 관점인 레크리에이션과 달리 환경과 밀접하게 연관된 개념이라고 할 수 있다. 이러한 관점에서, 제2장에서는 행락활동의 특징을 위의 환경설계의 관점[4]에서 해석하여 전통적 행락문화를 이해해 보고자 한다. 행락활동이라는 인간 문화 역시 인간과 환경의 적극적인 관계맺음에 의해 발생하는 것이고, 따라서 행락문화 역시 넓은 의미에서 환경설계의 범주에 포함된다고 볼 수 있기 때문이다. 즉, 행락활동에 있어서의 한정과 순치가 어떤 형태로 나타나는지 살펴보고, 각 개인과 집단의 행락활동은 어떤 차이가 있는지 알아보고자 하는 것이다.

여기에서는 행락(行樂)의 기본 개념에 맞추어 '공간의 이동'에 중심을 둔 개념인 여행(旅行), 즐기는 활동에 중심을 둔 놀이공간인 테마파크, 그리고 앞서 행락 본래의 의미와 가장 직접적으로 연결되는 소풍(逍風) 등을 가장 대표적인 행락의 세 가지 유형으로 보고 이에 대한 해석을 다음과 같이 시도하였다.

---

3. 순치(馴致)의 원래 뜻은 야생동물을 길들여 사람을 따르게 하는 작업이다. 일반적으로 동물과 식물이라는 생물적 환경요소를 길들이는 작업이 '순치(馴致)'라면, 무생물적 환경요소를 길들이는 작업은 '개발(開發)'이라고 한다. 그러나 개발은 근대에 들어오면서 기존의 환경을 무시하여 땅을 파헤치고 건물을 높이 세우는 작업으로 느껴지기 쉬우니, 환경설계에서의 개발은 살아 있는 존재로서의 환경을 길들여 나가면서 공존하는 순치로 생각하는 것이 바람직할 것이다.
4. 황기원(2001). 「환경계획 · 설계」 강의 초록 중 발췌.

2) 행락활동의 한정과 순치

한정(限定)이란 인간이 존재하기 위해 자신의 영역을 정하는 것이다. 손을 뻗쳐서 닿을 수 있는 크기의 영역은 아주 친밀한 사람을 제외하고는 타인의 접근을 완전히 막아 한정한다. 정주를 위한 공간 역시 강한 한정의 영역이며, 가족 혹은 마을사람들과 같은 내부인을 제외한 사람들은 주인의 허락을 얻어 예를 갖추는 등 적당한 절차를 거친 후에야 진입이 가능하다. 이렇게 한정된 영역은 한정의 주체가 머물기 편하도록 순치(馴致)된다. 순치는 자연을 개발하는 것이 아니라 사람이 환경과 조화를 이루어 편안하게 되는 것이다. 개인에 의해 한정된 영역은 개인에 맞게 순치되고, 하나의 집단이 공동으로 한정한 영역은 사회적으로 순치된다.

한정과 순치로 설명할 때 인간의 행락활동이란 일시적으로 능력범위와 무관하게 한정의 영역 범위를 확장함으로써 무위자연(無爲自然)의 자유를 느끼는 것이다. 이것은 일종의 가상현실적인 방식을 통해 이루어지는 성취이며, 정신적인 영역의 확장이라고 볼 수 있다.

즉, 행락활동이라는 행위도 인간이 환경 속에 존재하는 가장 기본적인 방식인 영역의 '한정(限定)'과 한정된 영역의 '순치(馴致)'의 한 형태, 혹은 그 변형으로 이해할 수 있는 것이다.

(1) 행락활동에 있어서 공간의 한정(限定)

• 여행

여행은 집, 마을, 도시라는 경계를 벗어나는 것을 의미한다. 여행은 일상생활의 공간, 즉 평소의 정주환경을 벗어나는 공간의 이동을 전제로 하는 개념이다. 이러한 공간적 이동의 목적에 따라 일을 위한 여행인 출장여행이 될 수도 있고, 조사를 위한 여행인 답사여행이 되기도 하며, 볼거리를 즐기기 위한 여행인 관광으로서 행락의 한 형태가 되기도 한다. 즉, 여행은 순치(馴致)된 영역을 벗어나는 모험이다.

모든 생물은 고유의 한정된 영역을 가지고 있으며, 원생자연의 어느 공간에서도 즉시 생존을 위한 한정행위가 발생한다. 이것은 여행이라는 행락행위에 있어서도 마찬가지다. 여행자는 한정과 순치가 발생하지 않은 자연을 찾아 떠나지만, 목적지에 이르는 여정 동안에도, 또 도착한 곳에서도 여행자는 끊임없이 다양한 크기의 일시적인 영역을 한정하게 된다.

이와 같은 이동 간의 영역의 한정은 전쟁터에서 이동하는 군인들의 모습을 보면 잘 이해할 수 있다. 전장에서 이동할 때 한 사람 한 사람의 병사들은 끊임없이 자신의 영역을 한정한다. 병사들은 한 걸음 한 걸음을 내디딜 때마다 자신의 발밑을 신중히 살펴 안전한 자신의 영역을 확보해야 하며, 들고 있는 무기로 자신을 보호할 수 있는 범위를 확인해야 한다. 부대가 멈추어 숙영을 하게 되면 부대의 규모에 따라 능력범위 내에서 확보할 수 있는 최대의 영역을 설정하고 경계를 세우는 것이 최우선이다. 익숙하지 않은 환경에 처한 모든 동물은 절대 침범당해서는 안 되는, 피부로 둘러싸인 최소한의 영역, 손을 휘둘러 필요한 것을 취하고 적극적인 방어를 할 수 있는 영역, 눈으로 보아 감시할 수 있는 가시권의 영역 등 다양한 종류의 영역

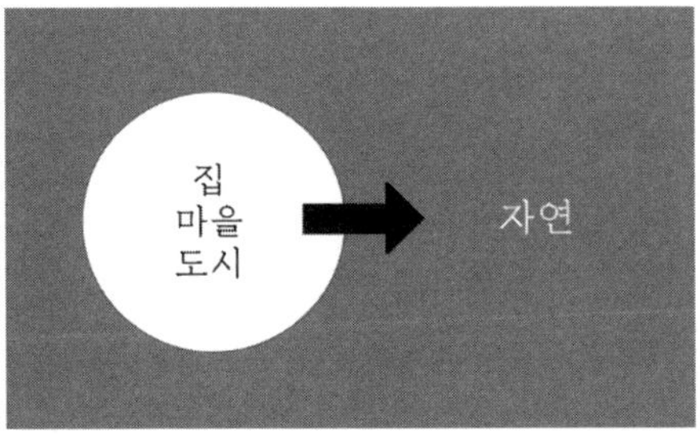

그림 Ⅱ-3. 정주환경을 떠나는 여행

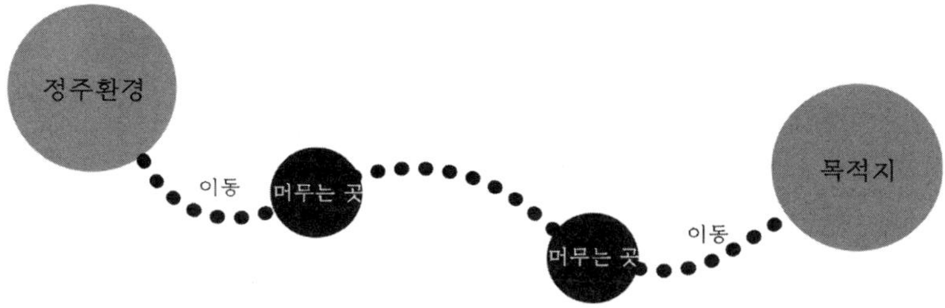

그림 II-4. 이동하는 동안에 끊임없이 반복되는 일시적 영역 한정

을 본능적으로 매우 예민하게 인식하게 된다. 그리고 이것은 끊임없는 영역의 한정이다.

정주환경에서라면 한정된 영역의 넓이는 한정의 주체가 그것을 지속적으로 유지할 능력이 있는가에 따라 좌우된다. 그러나 여행이라는 일시적인 행위의 한정영역은 지속가능하지는 않지만 매우 넓고, 이동수단과 기술의 발달에 따라 어느 곳에서도 가능하게 된다. 가상현실 속에서 모든 일이 가능하듯 여행과 같은 행락이라는 가상현실은 경우에 따라 인간의 경계 범위를 무한대로 확장하여 정복감, 성취감과 자유를 만끽할 수 있게 해 준다.[5]

도가에서 말하는 물아일체(物我一體)의 경지란 우주까지 확장되는 무한한 영역의 한정을 뜻한다고 볼 수 있다. 또, 무위자연(無爲自然)[6]

5. 현실과 가상현실의 차이는 어느 쪽이 더 지속적인가에 의해 좌우된다고 볼 수 있다. 예를 들어 꿈이 영원히 지속된다면 현실과의 차이를 확인할 길이 없을 것이다. 마찬가지로 모든 여행은 결국은 집으로 돌아옴으로써 끝난다. 즉, 여행은 평소와 다른 흥미진진한 체험을 하게 해 주지만 그것은 일시적인 가상현실일 뿐이며, 지속적으로 정주하는 집과 동네가 현실인 것이다. 이것은 다른 행락활동에 있어서도 마찬가지다.

6. 무위자연(無爲自然)에서의 위(爲)는 본래 거짓, 흉내 등과 같은 부자연스러운 짓이라는 뜻이 함축되어 있다. 따라서 위(爲)는 오늘날 말하는 허위(虛僞), 작위(作爲)라는 뜻을 가지고 있다. 따라서 무위(無爲)라는 것은 허위 또는 작위가 없다는 것이니, 자연에 반하는 활동을 삼가는 것이다. 곧 사물의 성질, 혹은 순리에 맞지 않는 짓을 삼가는 일이다.

집을 나서다.	⇒	산을 헤치며 오르다. 길을 따라 걷다. 차를 타다. 배 · 비행기를 타다.	⇒	자리를 깔다. 텐트를 치다. 울타리를 만들다. 방을 잡다.

그림 Ⅱ-5. 여행의 한정과 순치

이란 이러한 무한의 한정을 통해 인위적인 순치를 필요로 하지 않는 자유로운 정신 상태를 뜻한다.

몇 달 간의 긴 여행이건, 하루 동안 이루어지는 짧은 여행이건 간에 여행자는 끊임없이 한정(限定)과 이에 따른 순치(馴致)를 계속하게 된다.

사람들은 점점 더 먼 곳을 여행할 수 있는 능력을 얻고 있다. 이는 공간을 순치시키는 인간의 능력이 발달하고 있음을 뜻한다. 이제 사람들은 집을 나서면 차를 타고 공항에 가서 비행기를 타고 외국의 도시에 도착하는 여행을 한다. 점차 강도 높게 순치된 공간들을 따라가는 여행이 이루어진다. 신대륙을 발견하던 시절의 여행은 개인에게 있어서나 사회에 있어서나 새로운 영역의 한정과 순치라는 도전이었다.

오늘날의 여행은 이미 인간에 의해 한정되고 순치된 공간 안에서 이루어진다. 그러나 개인적인 의미에서의 여행은 여전히 새로운 영역을 향한 한정과 순치의 모험이다.

•테마파크

테마파크란 일상의 영역을 벗어나 비일상의 영역을 제공하는 곳이다. 여행보다 한층 인위적인 가상현실의 세계이므로 물리적인 위치는 중요하지 않다. 즉, 테마파크가 도시 안에 위치하거나 교외에 위치하거나 관계없이 테마파크에 들어서는 순간 이용자는 현실에 존재하지

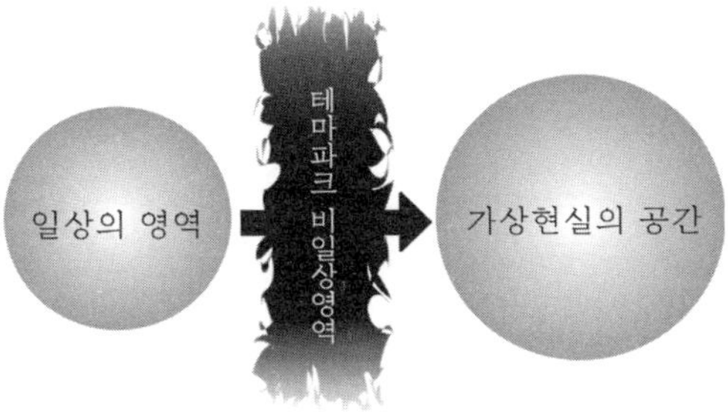

그림 Ⅱ-6. 테마파크와 공간의 한정

않는 제3의 시간이나 공간에 위치하게 된다. 그곳은 어느 동화 속의 시간과 공간일 때도 있고, 중세 유럽의 어느 성이 될 수도 있다.

현실적으로 테마파크는 견고한 물리적 경계를 가지고 있으며, 내부의 시설물 또한 이용자의 활동을 철저히 통제한다. 그러나 개념적으로는 실재하지 않는 가상의 공간이며 따라서 무제한의 공간이다. 그러므로 테마파크를 찾는 행락행위 역시 한정이라는 개념으로 볼 때, 앞서 설명한 여행과 근본적으로 동일한 즐거움을 찾는 것이라고 할 수 있다.

테마파크는 일반적으로 도시라는 순치된 공간 안에 위치한다. 그러나 상징적인 의미로 볼 때 테마파크는 자신을 포함하고 있는 도시보다 훨씬 넓고 커다란 새로운 세상으로서 다음과 같은 개념적인 구조를 가진다.[7]

이와 같이 테마파크라는 또 다른 세상으로의 진입은 'OO랜드', 또는 'OO월드'와 같은 이름이 써진 커다란 출입구(gate)를 통과하면서 시작된다. 테마파크의 앞에는 보통 커다란 주차장과 진입광장이 있

7. 롯데월드에 세계를 의미하는 '월드'가 들어 있는 것은 우연이 아니다. 롯데월드는 자유로운 시간을 보낼 곳으로 자신을 제시하고 바로 이 사실을 과시한다. 여기서 중요한 것은 자연이다. 왜냐하면 자유는 곧 자연이기 때문이다. 자연이 없는 곳에서는 자유가 없으며 세계도 있을 수 없다. 이런 점에서 롯데월드는 지구와 같은 면을 가지고 있어야 한다. 즉 농촌과 도시라는 인간이 만들어 낸 일상생활 환경뿐 아니라 삼림과 대양과 같은 자연을 갖추고 있어야 한다(강내희, 1995).

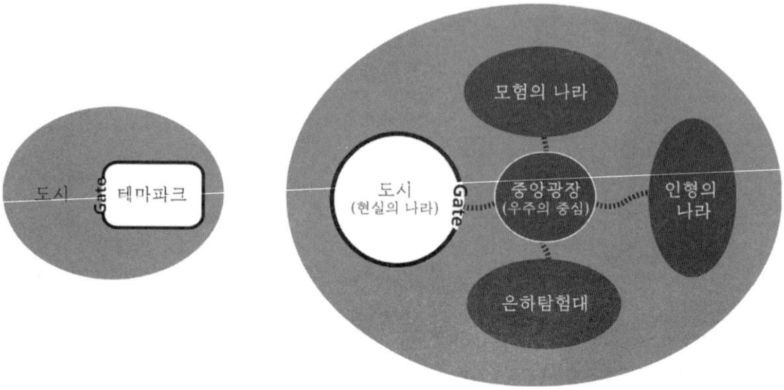

그림 Ⅱ-7. 현실의 테마파크와 개념적인 테마파크의 공간

으며, 출입구는 여러 개의 칸으로 출입할 수 있게 되어 있는 매우 넓은 것이어서 사람들은 아주 자연스럽게 테마파크 안으로 진입할 수 있게 되어 있다.[8] 출입구를 지나면 넓은 진입광장과 중앙의 대로를 따라 갖가지 기념품들로 장식된 상점이 즐비하게 늘어서 사람들을 자연스럽게 테마파크의 중앙으로 이끈다. 그리하여 중앙광장에 들어서는 순간 갑자기 확 트인 풍경이 나타나며, 그곳에서는 온갖 재미있는 캐릭터들과 화려한 건물, 볼거리들이 바깥세상을 완전히 잊게 만든다.

이용자들에게 테마파크는 미지의 세계이며, 각각의 주제공간의 시설들을 이용함으로써 새로운 공간을 순치한 것과 같은 느낌을 얻게 된다. 게임, 무서워 보이는 놀이시설, 미로 등을 통과함으로써 모험의 나라, 인형의 나라, 우주탐험대 등과 같은 공간을 파악하게 되고 자

8. 세계 규모의 대도시 서울의 대량교통 수단인 지하철 2호선을 타고 잠실역에 내리면 우리는 자신도 모르게 다용도 구조물인 롯데월드에 '빨려' 들어가게 된다. 어느 지하철역이나 마찬가지겠지만 잠실역에 내리면 거기서 밖으로 나갈 수 있는 문이 많다. 그러나 잠실역에서 나갈 만한 문이라는 생각이 드는 것은 롯데월드로 들어가게 되는 출구뿐이다. 가운데 롯데월드로 가는 출입구가 가장 넓고 환하게 꾸며져 있기 때문이다(위의 책).

신의 공간으로 순치시켰다는 가상의 만족감을 느끼게 되는 것이다.

테마파크 안에서 모노레일, 코끼리열차 등의 현실을 모방한 교통시설을 이용해 이동하는 것은 가상세계에서의 여행이라는 현실감을 더해 주는 장치가 된다.

•소풍

소풍(逍風)은 하루, 혹은 반나절 동안 이루어지는 모험이다. 또, 한사람이 아니라 여러 사람들, 즉 단체가 함께 걸어서 다녀오는 짧은 여행이다. 따라서 거리의 한계가 발생하고 안전에 대한 고려가 중요시된다. 가족, 친구들, 연인, 학교단체 등이 함께 걸어서 다녀올 만한 곳까지 가서 운동, 놀이, 장기자랑, 도시락 식사 등의 단체활동을 하고 돌아오는 일이다.

소풍을 하는 집단은 이동하는 동안이나 걷는 동안이나 구성원이 활동할 수 있는 구역을 한정한다. 특히 소풍은 일반적으로 여타의 교통수단을 사용하지 않고 걸어서 이동하므로 이동하는 동안 구성원 간의 거리를 일정하게 유지하여 집단의 영역을 강하게 한정한다. 또한, 도착한 곳에서도 인솔자를 중심으로 일정한 경계를 숙지시켜 공간을

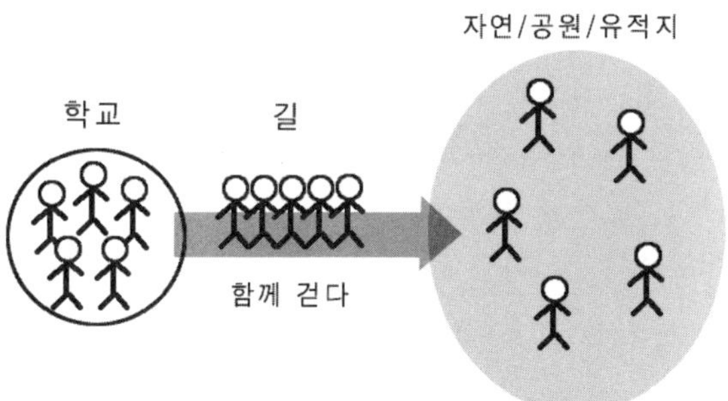

그림 II-8. 소풍과 공간의 한정

한정한다. 소풍에 있어서 이렇게 한정된 공간의 순치는 단체활동에 의해 이루어진다. 단체가 게임을 하고 운동을 하는 활동 자체가 공간을 순치시키고 외부인을 구별하는 수단이 된다. 즉, 보물찾기를 하고 있는 아이들의 활동 자체가 자신들의 영역을 한정하고 순치시키는 것이며, 외부인들은 자연스럽게 그들의 영역에서 비켜서게 된다.

이처럼 단체활동에 의한 공간의 순치는 사회화를 의미하게 된다. 아마도 이러한 특성으로 인해 '소풍'이라는 용어가 행락의 한 형태를 이르기보다는 과외에서 일어나는 학교교육의 한 형태를 의미하게 되었을 것이다. 다음의 일제강점기 『조선일보』 기사는 사회화로서의 소풍의 일면을 보여 준다.

> 유치원 연합원유회를 맞으며<연재 전3회 중 3회>(『조선일보』 1932.5.18.): 특히 가정과 보모 되시는 분에게. 지나친 모성애는 아기를 해칩니다. 어머니는 이날 보모들이 어떻게 남의 집 아기를 키우고 지도하고, 많은 아기들이 어떻게 자기들끼리 어울려 노는가를 보고 가정에서 애 키우는 방법에 틀린 것이 있는지 참고….

3) 개체와 전체의 행락활동

(1) 환경 속의 개체와 전체

지구상에 존재하는 모든 생명체는 그 종을 규정하는 유전자와 한 세대 동안 그 유전자를 보관하고 복제하여 다음 세대로 넘기는 개체, 그리고 그 개체들이 일정한 테두리 안에 모여 살아가는 개체군을 형성한다. 이처럼 개체가 모여 개체군을 이루는 이유는 주어진 환경에서 생존하는데 무리를 이루는 것이 유리하기 때문이다. 즉, 전체는 각 개체가 생존을 위해 움직인 결과로 나타난다. 진화생물학적으로 볼 때, 진화의 방향이 종의 생존보다는 개별 유전자의 생존을 위한 활동에 의해 좌우된다는 것이 정설로 받아들여지고 있다.

그러나 인간의 활동은 이러한 유전자의 생존확률과 무관하게 이루어지기도 한다. 이는 인간이 자신들이 만들어 낸 문화라는 요인에 의해 본능 이상의 영향을 받기 때문이다.[9] 유전자의 생존은 개체 수준의 문제이며, 문화는 집단 전체의 의식과 무의식의 산물이다. 따라서 인간은 개체의 생존을 위해 싸우면서도 전체의 문화에 의해 구속된다.

(2) 개체와 전체의 행락활동

행락활동이 한정과 순치라는 관점에서 정주행위와 동일한 해석이 가능하기는 하지만, 생존을 위한 활동이 아니라, 쾌락을 위한 활동이라는 면에서 본능이라는 것만으로는 설명되지 않는 점이 많다. 여행이 개체의 한정범위를 일시적으로 확장하는 것이라고 볼 때, 단체여행은 이러한 목적에 부합되지 않는다. 그러나 현실적으로는 어느 낯선 공간에 새로이 이동하였을 때 군집에 의한 이익을 가져다준다. 따라서 단체 여행이라는 것은 다음과 같이 현실적인 차원과, 개념적인 차원으로 나누어 생각해 볼 수 있다.

일반적으로 요즘의 여행은 개인보다는 단체에 의해 행해지는 경우가 많다. 예전과 달리 여성과 아이들도 여행에 참여하면서 가족단위, 친구, 혹은 사회에서 맺어지는 각종 단체들이 함께 여행을 한다. 심지어 전혀 모르는 사람들이 여행사를 통해 팀을 만들어 배낭여행을 가거나 수십 명의 단체를 만들어 신혼여행을 가기도 한다.

단체가 하는 여행은 다음과 같은 현실적인 차원의 이익이 있다.

- 집단을 형성함으로써 안전이 확보됨
- 비용이 절감됨
- 단체활동에 의한 편리(식사, 길 만들기, 사냥 등)

---

9. R. Dawkins는 『이기적 유전자』에서 인간의 활동에 있어서 유전자의 생존과 관계없는 활동들이 발생하는데, 이것은 인간이 유전자라는 자기복제자 이외에 문화라는 새로운 자기복제자의 조정을 받기 때문이라고 설명하였다(홍영남 역, 1993).

• 게임, 놀이, 대화 등 여행에서 발생하는 활동을 보다 풍부하게 함(본능이 아닌 문화)

그러나 개념적인 차원에서 볼 때, 개개인은 단체여행에서도 혼자서 하는 여행과 동일한 것을 추구하곤 한다. 현실 공간에서 단체여행객은 집단이 만든 일정한 영역 내에 머물며, 그 안에서 자신의 비좁은 영역을 다시 확보한 채 궁색하게 움직이지만, 개념적으로는 하나의 산 전체를 혼자 차지하는 것과 같다.

테마파크 역시 많은 이용자들로 가득 차 있는 곳이지만 이용자들은 이곳에서 그에 아랑곳없이 자유와 모험, 즐거움을 만끽한다. 현실적인 차원에서 볼 때, 테마파크는 공공을 위한 공간이다. 사람들은 입장할 때나 놀이기구를 탈 때, 심지어 식사를 할 때도 줄을 서고 단체활동의 규칙을 지켜야 한다. 이러한 활동의 통제는 놀이나 활동을 통제하는 관리자, 줄을 서서 이동하도록 만드는 안내판이나 장치물들, 매표 시스템 등을 통해 강압적으로 이루어진다.

그러나 개념적으로 볼 때, 줄을 서고 규칙을 지키는 행위에는 큰 의미가 없다. 테마파크에는 수많은 사람들이 혼잡하게 모여 있으나, 각 개인에게 이처럼 많은 사람들은 그저 주변인에 지나지 않는다. 즉, 공간의 배경과 같은 것이다. 누구나 '신밧드의 모험'이라는 놀이기구를 타는 동안에는 '신밧드'가 된다. 옆에 있는 사람들은 주인공의 동료이거나, 지나가는 사람이거나, 어찌되었든 별로 중요하지 않은 등장인물이다. 말하자면 엑스트라일 뿐이다. 모든 사람들이 우주탐험대에서 탐험대장이며, 회전목마에선 백마 탄 왕자가 된다.

개체와 전체의 설명에 있어서 소풍은 다른 행락활동과 차별화된다. 위에서 말한 여행도 짧은 거리라면 소풍이 될 수 있고, 테마파크를 가는 것도 요즘 소풍의 한 형태다. 단, 소풍은 처음부터 단체활동을 전제로 하여 가는 것이다. 소풍을 가는 단체는 일반적으로 소풍을 가기 전에 이미 현실 생활에서도 집단을 이루고 있다. 가족, 연인, 친구, 직장동료, 동문 등 목적이 있건 없건 간에 일상생활에서도 집단을 이루고 있다. 소풍이란 이렇게 일상적인 집단이 비일상적인 공간에서 비일상적인 활동을 하는 것이다. 소풍에 있어서 개체는 위에 설명한 여행과 달리 개체로서의 목적을 거의 갖지 않는다. 여행이 집단에 의해 한정과 순치가 이루어진 공간, 즉 문명화된 공간을 떠나 개체로의 자유로움을 만끽하는 데 의미가 있다면, 소풍은 그 활동을 다시 집단화, 사회화한 것이라고 할 수 있다.

3. 행락의 시간과 공간

1) 생산과 여가의 시간과 공간

여가의 시・공간은 생산을 위한 노동의 시・공간과 분리되어 있는 경우가 많다.

행락의 경우 일상적인 시・공간으로부터의 이탈이 전제되지만, 독서나 TV시청과 같은 여가활동은 일상과 같은 영역에 속한다. 그러나 좀 더 구체적으로 살펴보면 여가시간에 발생하는 놀이, 행락, 경기 등과 같은 활동의 시・공간에 있어서 개념적인 공통점이 있음을 알 수 있다.

유사개념들 중 가장 일차적이고 본능에 가까운 활동인 놀이의 개념은 다음과 같다.

> 놀이는 어떤 고정된 시간과 공간의 한계 안에서 수행되는, 그리고 자유롭게 받아들여진, 그러나 절대적 구속력을 갖는 규칙에 따라 수행되는 자발적인 행위 또는 일로서, 그 자체의 목적이 있으며, 또 거기에는 어떤 긴장과 즐거움이 따르며, 일상생활과는 다른 것이라는 의식이 따른다.
>
> J. Huizinga/김윤수 역(1981)

그림 Ⅱ-9. 아이들의 도시. 아이들은 놀이를 하는 동안 어른들이 만들어 놓은 현실세계와는 전혀 다른 또 다른 시간과 공간 속으로 빠져든다.

또한 호이징하(J. Huizinga)는 놀이가 "일상적", "실제의" 것이 아닌 "일시적" 활동의 영역으로서 몰입하게 된다고 하였다. 실제로 어린이들의 놀이는 일상의 어느 시간과 공간에서도 발생하지만, 일상과 차별화되는 일시적인 시간과 공간의 한계, 그리고 그 안에서만 절대적인 규칙이 존재하며, 이는 '행락'에 대한 가상현실적 한정과 순치의 설명과 일맥상통한다.[10]

---

10. 청소년들의 여가공간은 사회적, 공간적 자유지대로서 10대 스스로에 의해 형성되며 대개 지속적인 경계가 없다. 이러한 공간에는 어른이 없고, 하는 일에 목적이 없으며, 일상적인 일이 발생하지 않고, 모든 일이 독특하고 인상적인 곳이다. 그들은 스스로의 환경과 맥락(Context)을 창조하고 도시라는 환경에서 다양하게 소일할 거리를 찾아낸다(S. J. Neary eds., 1994: 322 참조).

놀이의 한 형태로 받아들여지는 축제의 시간과 공간은 일반적인 제약의 굴레를 벗어난 신화적인 영역이다. 축제는 실제로, 혹은 관념적으로 일상과 폐쇄된 공간(마법의 원, 제사장 등)을 사용한다. 축제는 일상의 질서를 흐트러뜨린 가운데, 그 난장판의 카오스가 다시 일상의 삶을 두드러지게 한다(이상일, 1981: 118-121). 이것은 현재의 테마파크와 유사한 기능으로 생각된다.

2) 생산과 여가의 관계변화

(1) 미분화상태

현대적인 의미에서의 여가라는 것은 물질적으로나 정신적으로 넉넉함을 전제로 발생한다. 따라서 극심한 노동을 강요받는 노예에게 이러한 의미의 여가가 있었으리라고는 생각할 수 없다. 가령, 강도 높은 노동 중간의 잠이나 휴식시간은 곧바로 이어질 노동활동을 위해 어쩔 수 없이 쉬어지는 것이지 여가시간이라고 볼 수 없기 때문이다.

마찬가지로 과거 전통적인 농업사회와 같이 생산성이 매우 낮은 1차 산업 중심의 생산양식에 의존하는 사회의 일반 서민들에게서 지금과 같은 형태의 여가를 찾아보기는 힘들었을 것이다. 다만, 여가라는 것이 노동, 생산과 같이 인간에게 있어서 생활의 필수적인 요소라고 볼 때, 대체로 산업혁명 이전의 시대에는 생산과 여가가 분화되지 않은 상태에서 두 가지가 혼재되어 있었을 것이라고 생각할 수 있다.[11] 이러한 시대의 여가활동은 생산활동과 밀접한 관계를 가지는

11. 전술한 바와 같이 여가가 생산활동에 대한 상대적인 개념이라고 볼 때, 생산과 분화되지 않은 여가의 개념은 성립하지 않는다. 노동과 구별되나 그 시공간이 혼재되어 있었던 활동들의 예를 살펴보면, 잉여시간을 전제로 하는 여가보다는 본능의 영역에 속하는 놀이에 가까운 것으로 보인다. 그러나 여가라는 시간의 개념이 사실상 명확하게 정의하기 어렵고 그 의미가 문화에 따라 변화하므로, 여기서 말하는 노동과 미분화된 여가는 지금의 여가와는 다른 어떤 것으로 이해하고자 한다.

데, 세시풍속이 좋은 예다. 세시풍속은 자연의 시간에 따라 행해지는 집단여가활동으로서 특히 농사일과 직접적인 관계를 가진다.

지금까지도 우리나라에서 찾아볼 수 있는 노동요, 놀이, 제사, 축제, 마을 간, 혹은 마을 내 집단 간의 시합, 겨루기 등은 전통적인 1차 산업의 생산활동과 직접적으로 관계된다. 즉, 노동요는 힘든 노동의 고통을 완화시켜 주고, 제사는 자연에 의지하는 생산양식 속에서 내일에 대한 불안감과 인간의 무력감을 달래 주며, 축제는 공동노동을 통해서만 생존할 수 있는 집단의 결속을 다져 주는 계기가 되었을 것이다. 또한, 시합이나 겨루기는 공동체 의식을 강화할 뿐만 아니라 보다 원초적으로는 집단의 생존훈련으로 생각할 수 있다.

(2) 생산과 여가의 분리

산업사회에 접어들면서 생산효율의 증가는 여가시간과 여가활동을 위한 물질적 여유를 증가시켰다. 특히, 도시의 사람들은 일과시간으로 설정된 인위적인 시간 동안 집중적인 생산활동을 하게 되는데, 이는 자연의 시간에 따라 움직이던 농촌의 모습과는 매우 다른 것이다. 여기에서 중요한 것은 구체적인 여가활동의 예가 아니라, 여가가 생산으로부터 시간적으로나 공간적으로 완전히 분리되기 시작하였다는 것이다.[12]

서구사회에서는 산업혁명 초기에 도시문제와 이로 인한 노동자들의 불만을 해소하기 위한 방안으로 도시공원이 생겨났다. 즉, 도시에 있어서 공원이라는 여가공간이 만들어진 것은 노동자들의 생산효율

---

12. 오늘날의 사회에서는 닫힌 미래를 보는 직선적인 시간관이 팽배해 있다. 특히, 자본주의 질서 속에서 시간은 일종의 상품과도 같이 점점 더 경제적 물질적 성격을 가지게 된다. 모자라는 시간(대기시간, 제외시간), 시간절약, 노동시간, 여가시간 등이 삶 속에 속해 있는 것이다. 시간은 시장화되었고 사람들은 시간을 '가지고' 그리고 '얻으려고' 노력하고 있다. 이리하여 다양한 수준에서 권력다툼이 일어나고, 다른 사람의 시간을 좌지우지할 수 있는 사람이 권력을 가지고 있다(남상희, 2001: 30).

을 높이기 위한 것으로 볼 수 있다. 공원은 힘든 노동에서 잠시 쉴 수 있는 비일상적인 공간이었던 것이다. 특히, 귀족이나 황실, 교회의 소유였던 일부 정원들이 공공산책로로서 일반에게 공개된 것이 공원의 시작이었다고 볼 때, 공원은 지금의 테마파크 이상으로 멋진 비일상성을 제공하였을 것이다. 즉, 서민들에게도 행락의 개념이 강하게 나타나기 시작한 것이다.[13]

오늘날의 사람들은 일하기 위해 여가를 갖지는 않는다. 오히려 여가를 위해 일을 한다고 해야 할 것이다. 중산층의 확대와 소득수준의 향상으로 여가활동의 내용은 매우 다양해졌다.[14] 여가는 기계적인 노동으로부터의 탈출이며, 특히 행락은 일상으로부터의 탈출이다.

(3) 생산과 여가의 통합

미래의 인간은 과도한 기술의 발달로 인해 넘쳐나는 여가를 갖게 되고, 생의 대부분이 여가시간으로 구성되어 권태에 빠지고 마약 등의 향락에 빠질 위험이 높다는 설이 있다. 그러나 이 글에서 말하고자 하는 것은 노동시간의 소멸로 인한 생산과 여가의 통합이 아니라, 각 개인에게 있어서의 실질적인 생산과 여가의 통합이다.

기술의 발달과 더불어 극소수의 전문가 집단이 인류의 생존을 위한 생산의 대부분을 감당할 수 있게 된다고 하더라도, 문화의 발달에 따라 인간의 욕구가 보다 다양하게 전개되면서 생존과 직접적인 연

---

13. 지배계급, 혹은 상류층에게는 이미 이전부터 행락의 개념이 일반적이었을 것이다. 경관이 수려한 곳을 찾아 시를 읊조리며 풍류를 즐기는 것이 조선시대의 가장 대표적인 행락이었다고 할 수 있다. 이러한 상류층의 행락이나 산업사회 이후 서민들의 행락 모두 가상현실적인 한정과 순치에 의한 비일상성의 추구라는 점에서는 동일하다.

14. 중산층의 확대와 여가활동의 다양화는 대중문화의 발달과도 밀접한 관계를 갖고 있다. 1970년대 이전의 사회학에서 문화산업이 자본주의 사회의 계급구조를 정당화시키고 노동자의 판단을 마비시킨다고 생각한 반면에, 이후의 이론에서는 대중문화가 임의로 선택되는 취향문화로 이해되고 있다(여가문화연구회, 1997: 150-152 참조).

관성을 찾을 수 없는 보다 다양한 직업이 출현하게 된다. 고대에는 예술가가 그러한 직업이었다고 할 수 있겠으나, 현재에는 만화가, 프라모델 제작자에서 게이머에 이르기까지 이전에 상상할 수 없었던 다양한 직업이 등장하고 있으며, 이러한 형태의 직업일수록 재택근무와 같이 노동의 시·공간이 일상과 구분되지 않는다.

미래에 모든 생산과 여가가 통합된다고 단언할 수는 없으나, 현재의 젊은 세대들이 먹고사는 것을 목적으로 직업을 선택하고 노동을 하지는 않을 것이다. 직업은 점점 취미와 일치하게 될 것이고, 기술의 발달로 인한 근무형태 변화와 함께 여가와의 구분이 점점 더 모호해질 것이다.

3) 전통 농업사회에서의 여가

여가는 일이나 직장, 고용 등 생존의 필수적 활동에서 벗어나는 자유시간을 의미하는 것으로서 시간적 개념으로 이해할 수 있다. 특히, '생산과 여가'라는 구분에 있어서 노동에 대비되는 상대적 의미로서의 여가는 역으로 노동 자체, 즉 생산활동의 양식과 밀접한 관계를 갖는다.

일반적으로 근대 이전의 전통적인 농경사회에서의 생산양식은 마을 단위의 집단적인 노동에 의존하는 경향이 지배적이다. 이러한 공동체적인 삶은 생산과 여가뿐만 아니라 문화 전반에 영향을 미치게 되며 우리나라 역시 예외는 아니다. 우리나라의 전통에 있어서 이처럼 생산양식에 의한 여가의 특징이 가장 잘 나타나는 예로 두레를 들 수 있다.

두레는 조선 초기부터 존재하던 촌락 단위의 공동체이자 농경조직이었던 향도(香徒)가 변화한 것이다. 기록상으로 18세기 초반에 처음 나타난 것으로 확인되며, 1960년대까지도 한국 농촌의 곳곳에서 볼 수 있었던 농경 공동체 조직으로서 마을 단위의 자작농, 자소작농, 소작농들이 벼농사를 함께하기 위해 결성하였다.[15]

신용하(2001a)에 따르면 두레는 마을 사람들 중 일을 할 수 있는 성인 남성들로 구성되었으며, 모든 성인 남자들은 의무적으로 두레에 가입되었다. 이들은 마을의 모든 경작지에서 공동으로 농사를 지었으며, 과부, 병약자 등 노동력 결핍자의 농경지에 대해서도 공동노동을 제공하여 마을 구성원들에게 공동부조의 역할을 하였다. 또한 한 가정에서 몇 명의 두레꾼을 내었는지 계산하지 않고, 차별 없이 상호부조를 하였다. 또 두레는 휴식도 오락도 공동으로 하였는데, 공동휴식과 공동식사를 합하여 '참'이라고 하여 '한 솥의 밥을 먹는 것'으로 가족과 같은 공동체적 연대관념과 결속을 강화하였으며, 고통스러운 노동을 즐거운 노동으로 전화(轉化)시키기 위한 발명으로 농악과 춤 등 두레꾼이 참여하는 공동오락, 공동음악, 공동무용 등이 생겨났다고 한다.[16]

이러한 공동의 오락, 음악, 무용 등은 실제로 작업이 진행되는 동안에도 두레꾼들의 작업능률을 높이는 수단으로 사용되었으며, 그 속에서 농악, 민요 등의 독특한 전통예술문화가 형성되었다. 이처럼 두레는 전통적인 노동집약적 농업사회에서 생산과 여가가 혼재된 생활양식의 한 단면을 보여 준다.

두레에서 보듯이 생산량에 비해 많은 노동을 필요로 하는 전통적인 농업사회에서 행락의 시·공간이 노동과 관련된 일상생활의 시·

15. 두레는 지주들의 영향을 일체 배제하였고 징, 꽹과리, 북, 장고 등 간단한 풍물과 농기(農旗)를 갖추어 그 조직성을 과시하였으며, 풍물로 조직의 단결력과 작업의욕을 고취하면서 농기(農旗)로 조직의 단위성을 과시하였다(이태진, 1999: 254-255).

16. 우리나라의 전통마을의 삶에서 두레는 ① 협동생활 훈련의 기능, ② 노동쾌락화의 기능, ③ 노동능률제고의 기능, ④ 공동부조의 기능, ⑤ 공동오락의 기능, ⑥ 농민생활 활성화의 기능, ⑦ 공동규범의 기능, ⑧ 사회통합의 기능, ⑨ 공동체의식 함양의 기능, ⑩ 농민문화 창조의 기능 등의 사회적 기능을 수행하였다(신용하, 2001a: 190-210).

공간에서 그리 멀지 않은 곳에 위치하고 있었을 것임을 짐작할 수 있다.

III. 한국 행락문화(行樂文化)의 변천과정

1. 조선의 행락문화

1) 신분에 따른 생활과 여가

(1) 양반

조선시대는 유교를 바탕으로 한 양반관료사회였다. 유독 우리나라의 경우에만 해당하는 것은 아니겠으나, 특히 조선의 모든 법제는 지배계층인 양반의 이익을 보장하기 위하여 설계되었다고 볼 수 있으며 우리가 알고 있는 풍류라고 하는 것은 양반, 그중에서도 남성들의 전유물이었다.

양반의 본래 의미는 문무 관료집단의 총칭으로서 품질(品秩)을 가진 모든 자, 곧 품질을 갖게 될 자격이 있는 생원(生員), 진사(進仕), 교생(校生), 군사(軍士)를 모두 통칭하였다. 또 사대부(士大夫)를 의미하기도 하였는데 사대부는 사(士: 5품 이하 관리)와 대부(大夫: 4품 이상 관리)를 합한 것이었다. 그러던 것이 조선 후기에는 사대부와 그 자손 등 문벌의 개념이 되었다(한영우, 1997: 14-22). 문치주의 사회의 문벌귀족으로서 양반 남성들의 삶은 과거를 통해 벼슬을 하고

그림 III-1. 담와평생도. 김홍도(1770년경). 조선시대의 평생도에는 사대부의 일생 동안의 큰일들이 묘사되는데, 보통 첫 돌잔치에서부터 공부를 하고, 혼례를 치르고, 과거에 급제한 후 재상이 되었다가, 은퇴한 후 노후를 보내는 모습 등으로 구성된다.

높은 관직에 오르는 것에 집중되어 있었다.

유교사상에 의해 양반들은 별다른 생업에 종사하지 않았으며, 사회는 이러한 양반의 생활을 보장해 줄 수 있는 체제로 구성되었다.

연암 박지원의 「양반전」을 보면 당시 양반의 생활에 대한 비판적인 묘사를 확인할 수 있다.

> 진사는 서른에 첫 벼슬을 해도 음사로 웅부의 행남수령으로 가서 잘만 풀리면 귀는 일산(日傘) 바람에 희어지고, 배는 구슬 같은 대답에 불러지며, 방에서는 기생의 귀에 귀걸이를 달아주고, 뜰에는 명학(鳴鶴)을 기른다. 시골에 사는 궁한 양반이라도 무엇이든 제 맘대로 할 수 있다. 이웃 소를 가져다 먼저 밭 갈고 마을사람들을 불러다 김을 매게 해도 누가 감히 양반인 나를 거역하겠는가?
>
> 박지원, 「양반전」 중에서

그러나 본래 양반이 생업에 종사하지 않는다 함은 위의 「양반전」에 묘사된 것처럼 아무것도 하지 않고 무위도식하며, 평민들을 부리는 특권이 주어진다는 것을 의미하지는 않았다. 조선시대의 양반 신분은 위에서 말한 것과 같이 과거시험을 통과해야 하는 것이어서 서양의 봉건제도나 고려시대의 음서제도와 같은 철저한 세습제도에 비해 상당히 완화된 것이었다. 즉, 양반들은 나름대로 노력하여 관리가 되어야 하고, 일단 관리가 된 후에는 그 후 3대까지 그 신분을 유지할 수 있는 유예기간이 제공되었다. 따라서 양반들은 그 기간이 계속 지속될 수 있도록 온갖 노력을 기울여야 하며, 사회체제가 그것을 뒷받침해 주는 것이었다.

양반이 별다른 생업에 종사하지 않는 것은 이 기간을 보장해 줌으로써, 말하자면 세상사의 크고 작은 이익 다툼에 발을 들이지 않고 초야에 묻혀 학문에 정진하고 수양을 닦아 관직에 나갈 준비를 하도록 하는 것이었다. 점차적으로 관료제가 부패하면서 이러한 올곧은 정신을 잃어버린 양반들의 타락이 문제가 되기는 하였으나, 기본적으로 양반들이 자신들의 특권을 유지하기 위해 지켜야 하는 생활의 규범과 자기수양의 자세는 그리 쉽게 볼 것이 아니다.

이러한 상황에서 양반들의 모든 생활은 유교적 가치관에 따른 학문과 자기수양에 집중될 수밖에 없었다. 많은 노동력의 투입을 통한 농업생산양식에 의존하는 사회에서 교육, 여가, 주생활 등 서민들의 모든 활동이 생산활동과 긴밀하게 연관되어 별도의 시·공간적 구분이 모호해지는 것과 마찬가지로 양반들의 생활 역시 모든 활동의 학문의 시·공간과 연장선상에 있어야 했다.

양반들의 여가 및 행락활동도 마찬가지였다. 평생 동안 유학을 공부하고 노동을 기피하였던 조선 양반들의 여가생활은 시작(詩作)이나 서화(書畵) 같이 대체로 학문과 연관된 정적인 활동일 수밖에 없었을 것이다. 경치가 빼어난 곳을 찾아 나들이나 여행 등의 행락활동을 즐기기도 하였으나, 이 또한 자연을 통한 자기성찰과 배움의 과정으로 받아들여졌음은 조선시대 양반들의 많은 유람록을 통해 확인할 수 있다. 특히, 이러한 활동은 산수가 수려한 곳에 정자를 짓고 자연을 음미하는 형태로 이루어지는 경우도 많았는데, 최소한으로 순치된 공간인 정자에서 주위를 둘러싼 자연과 스스로 동화되는 물아일체의 동양적 행락활동의 전형이라고 볼 수 있다.[1] 양반의 행락활동은 많은 노비들의 수행이 뒤따랐으며, 여행과 같은 동적인 활동 속에서도 이동과정이나 육체적 행위보다는 자연에 대한 관조에 더 큰 비중을 두었던 것으로 생각된다.

즉, 양반가 남성들의 여가활동은 당시 유교적 교육, 혹은 교양의 연장선상에 있는 문학적 활동과, 자연을 음미하는 정적인 행락활동이 주가 되었다.

(2) 중인

조선의 중인들은 사민 가운데에서도 가장 복잡한 계층이다. 중인에

1. 1883년 조선을 다녀간 미국인 퍼시벌 로웰(P. Lowell)은 "조선인들은 경치를 즐기고 감상하는 일에 열정적이다. 각 지방마다 절경들이 잘 알려져 있고, 체계적으로 분류되어 있다. 이 명소들을 구경하기 위해 사람들은 먼 길을 마다 않고 여행을 떠난다."라고 묘사하고 있어, 아름다운 경치를 찾는 행락활동이 조선시대에 활발했음을 알 수 있다.

그림 III-2. 동교행락(東郊行樂). 정황, 18세기 후반 지본담채 38.4×30.3cm. 많은 수행인들을 거느리고 동문 밖으로 나들이를 나서는 양반들의 행락 모습.

속하는 사람들로는 양반가의 서얼, 관청의 향리, 역관, 화원, 의원과 같은 기술직 종사자 등이 있다. 이들은 양반과 같은 권세를 누리지는 못하였으나, 조선 후기로 갈수록 양반을 능가하는 재력을 축적하였고, 업무를 위한 교육을 받아 양반을 능가하는 능력을 보여 주기도 하였다. 이들의 여가활동을 따로 구분하여 기록한 것은 없으나, 양반 못지않은 지적 수준과 경제력을 갖추었으되 양반처럼 체면에 얽매이지 않아도 되었던 중인들은 보다 다양한 활동을 할 수 있었음을 짐작할 수 있다. 즉, 이들은 양반들의 풍류에도 어느 정도 참여할 수 있었으며 평민들의 놀이에도 참여할 수 있었을 것이다.

이처럼 중인들은 조선시대의 지배층과 피지배층의 중간계급을 형성하면서 두 문화의 접점에 존재하여 독특한 중인문화를 형성하면서 완충작용을 하였다. 특히, 문학에 있어서는 여항문학(閭巷文學), 혹은 중인문학이라고 불리는 그들만의 문학을 발전시켰으며 이러한 활동은 양반의 전유물로 여겨지는 문학, 혹은 예술활동들을 서민들의 기호에 접근시키는 역할을 하기도 하였다.

조선시대의 모든 실질적 행정업무의 말단을 도맡고 역관으로서 청과의 교류에 참여하였던 중인들은 매우 현실적인 사고방식을 가진 활동적인 계층이었으며 조선 후기 신분제도의 변동에 있어서도 주도적인 역할을 하였다. 또한 이들은 서양문화의 수용에도 능동적으로 대처하여 근대화의 과정에서도 큰 역할을 하였다.

(3) 양인

조선시대 사회신분의 법제적 구분은 양천제(良賤制)로서 이분적 신분제였다. 즉, 천민을 제외한 양인과 중인은 자유인으로, 원칙적으로 모두 과거에 응시할 수 있었다. 그러나 양반 이외의 신분으로 과거에 응시하는 것은 매우 까다로운 요건을 갖추어야 했고, 수십 년의 과거 공부를 할 만한 경제적 여력이 없었기 때문에 점차 중기 이후로는 양반, 중인, 양인, 천민의 구분이 관습화되었다. 특히, 조선시대 15세기까지의 신분제는 양천제라는 명칭 그대로 양인과 천민의 구분만이 존재하여 양반이라는 것은 벼슬을 하는 관리를 뜻하는 말이었으나, 그 이후 점차적으로 신분계층의 구분이 뚜렷해지면서 벼슬을 준비하는 사람들까지도 모두 양반으로 부르게 되었다.

이러한 양인들은 농민이었으며, 양반 중심의 조선사회에서 피지배계급이었다. 이들은 양반과 같은 별도의 여가를 가질 여력이 없었으며, 대부분의 여가활동은 생산활동과 밀접하게 연관되었다. 특히, 공동노동에 의해서만 가능했던 농업활동 속에서 두레와 같은 노동 공동체가 조직되기도 하였으며, 농악놀이, 마을의 동제, 두레집단의 싸움과 놀이 등은 모두 노동집약적인 생산활동을 가능하게 하고 공동체적 삶을 유지해 가는 생존의 수단이기도 했다.

그림 III-3. 김홍도의 민화에 나타난 조선시대 농민의 노동과 휴식. (좌)벼타작. (우)점심.

(4) 천민

조선시대의 천민으로는 백정, 광대, 사당, 무격, 기녀, 악공 등이 있었다. 이들은 처음에는 양인이었다가 사회적으로 천시되는 직업에 종사하면서 천민으로 간주된 사람들이었던 반면, 유일하게 노비만큼은 처음부터 천민이었다.

노비들은 그 신분이 세습되었고, 재산과 같이 매매되기도 하였다. 이들은 서양의 노예와는 달리 계약, 소송, 재산소유 등에 있어서 일정 부분 권리를 갖기는 했으나 적극적인 여가활동에 활발히 참여하기는 어려운 계층이었다. 반면에 광대, 사당, 무격, 기녀, 악공 등은 다른 사람들에게 오락을 제공하여 연명하였던 일종의 연예인이었다고 볼 수 있는데, 이들의 활동은 당시의 여가 및 행락문화를 파악하는 중요한 단서가 된다.

2) 여성과 아이들의 행락활동

반상(班常)을 막론하고 남성 위주의 사회였던 조선시대의 사회·문화는 주로 지배층, 혹은 남성문화를 중심으로 고찰되어 왔다. 최근 들어 평민이나 천민, 혹은 여성 등 소외된 계층을 연구의 대상으로 하는 사회학, 혹은 역사학의 연구가 활발해지고 있는 것은 매우 다행스러운 일이다. 특히, 행락문화의 연구에 있어서 여성과 아이들의 행락활동은 공간적으로는 주생활과 밀접하게 관련되며, 보다 미시적인 시각으로 조선시대의 생활상을 파악하는 데 있어서 매우 중요한 단서가 될 수 있으므로 따로 묶어 다루고자 한다.

(1) 여성

우리가 알고 있는 인내하고, 순종하는 조선의 여인상은 18세기 이후의 모습이다. 조선 전기의 여성들은 고려시대로부터 이어온 개방적이고 활달한 모습을 보여 준다. 조선 전기의 양반 여성들은 행락을 매우 즐겼으며, 양반 여성들이 남녀가 모이는 자리에서 술을 마시고 가무를 즐기는 경우도 빈번하였다.[2]

그러나 18세기 이후에는 유교적 가치관에 의해 여성들의 활동은 크게 제한되었다. 특히, 양반 여성들은 서민여성들에 비해 훨씬 더 많은 규범에 얽매여 있었다. 여성을 위한 교육기관은 전무했으며, 5살부터 과거공부를 시작하는 남자아이와 달리 여자아이들은 10살이 되면 방적, 양잠, 의복 짓기, 제사 차리기 등을 배웠다. 또한, 생활범위가 외부와 차단된 안채로 제한되어 있어, 상류층 양반 여성들의 문밖출입은

---

2. 진달래꽃 피는 때에 거리에 나와 종일 춤과 노래를 즐기는 '전음화', 거리에서의 중국사신의 행렬 구경, '연등회', '수륙회' 등 주야로 치러지는 종교행사, 무녀의 의례 등, 조선시대에는 양반 여성들이 집 밖에서 자유분방한 행락활동을 하였으며, 특히 한강에서 치러진 수륙회 등 야외에서의 종교행사 날은 부녀자들의 날이었다 (이영화, 1998: 161-162).

남성들에 비해 매우 드문 일이 되었다(이영화, 1998: 118-120).

1894년부터 4차례에 걸쳐 우리나라를 방문했던 영국의 지리학자 이사벨라 비숍은 「한국과 그 이웃 나라들」(1994)에서 19세기 말 한국의 여성의 생활에 대해 다음과 같이 자세하게 기록하고 있다(백성현 · 이한우, 1999: 218).

> 한국의 농촌 여성들은 가족의 모든 의복을 만들고 모든 식사를 준비하고 무거운 공이와 절구로 쌀을 탈곡하고 찧고, 무거운 짐을 시장까지 머리에 이고 나르며, 또한 물을 긷고 멀리 떨어진 지역까지 나가 밭일을 한다. 그들은 일찍 일어나고 자정이 넘어서야 휴식하며, 틈날 때마다 실을 뽑고 베를 짠다. 대개 많은 아이들을 갖는데 아이들은 세 살까지 젖을 떼지 못한다. … 상류사회에서는 절대적 격리가 하나의 규범이 된다. 부녀자들은 자신의 안마당과 집을 가지며 남자들의 집에서는 어떠한 창문도 그곳을 향해서는 안 된다. 방문객은 절대로 여성에게 눈짓을 보낼 수 없다.

이 밖에도 조선 후기에 우리나라에 도착한 많은 외국인들의 묘사에서 당시 여인들의 생활이 얼마나 고된 것이었는지를 짐작할 수 있다. 일반적으로 조선의 여성들은 남성들에 비해 훨씬 장시간의 노동에 얽매여 있었으며, 앞서 말한 바와 같이 유교적 생활규범에 의해 제한된 공간에서만 생활할 수 있었다. 따라서 이들의 여가 및 행락활동 역시 이러한 제한된 생활공간과 계속되는 노동활동에 직접적인 영향을 받을 수밖에 없었다.

대가족 제도로 인해, 혹은 농사를 위한 공동노동의 필요성으로 인해 마을 전체가 매우 밀접한 공동체 생활을 영위하였기 때문에 여성들의 노동 역시 크고 작은 집단노동의 형식을 띠고 있었으며, 이러한 노동 중에 발생하는 담소와 노래 등이 이들의 여가공간이요 행락활동이었다. 다음의 묘사는 이러한 상황을 잘 대변해 준다(위의 책: 176).

> 한국 여인은 빨래가 여가이며 삶의 중요한 일과이다. 쉴 새 없이 두드리는 그들의 손에 마음이 담겨 있다.

그림 Ⅲ-4. 여성들의 노동과 여가생활. 조선시대의 여성들은 온종일 온갖 가사노동에 매달려야 했다. 남성들이 농사일에서의 고통을 잊고 능률을 높이기 위해 농악을 만들었듯이 여성들 역시 공동으로 일하며 그 시간을 즐길 수 있는 방법을 터득해야 했다. 빨래터, 멧돌질, 깨털기, 물레질(출처: 조풍연, 1999).

이 밖에 조선시대의 여성들에게 일종의 해방일로 불릴 만한 날이 있었으니, 단오날이었다. 원래는 풍년을 기원하는 제삿날이었으나 점차 일종의 축제일로 인식되었으며, 특히 여성들은 이날 창포로 머리를 감고 화사하게 차려입고 모처럼 집 밖에 나와 그네뛰기 등 세시풍속을 즐겼다.

양반가의 여성들은 위에서 살펴본 일반 서민가의 여성들에 비해 노동에 얽매이는 생활을 한 것은 아니었다. 그러나 유교적 관습과 규범으로 인해 이들 역시 자유로운 여가활동을 즐길 수 있었던 것은 아니었다. 그들은 대부분의 시간을 집 안에서, 그것도 여성들의 공간으로 인정되는 안채에서 보내야 했으며, 일단 출가를 한 후에는 평생 문밖출입이 극도로 제한되었다. 또한 노동과 직접적으로 관련된 서민

그림 III-5. 명절날의 놀이. 단옷날이나 기타 명절날이면 마을 사람들은 들에 나가 그동안의 고된 노동을 놀이로 풀어 버렸다. 강강술래, 널뛰기, 그네뛰기, 들놀이(출처: 조풍연, 1999).

여성들의 여가와 달리 이들의 여가생활은 양반가 남성들의 여가보다도 한층 더 정적인 것이었다.

양반 남성들에게 있어서 여가라는 것은 "쉰다", 혹은 "논다"는 의미로 해석되는 것이 아니었다. 단순한 쉼, 혹은 놀이는 당시의 사고방식에서 게으름으로 비춰졌을 것이다. 따라서 양반 남성들의 여가는 쉬거나 노는 것이 아니라 풍류(風流)로 불려야 하며, 이것은 자연을 통해 세상 이치를 깨우치는 자기 수련의 연장선상에 있는 것이다. 그러나 양반으로서의 예법을 따르면서도 학문의 기회를 얻지는 못한 양반가의 여성들이 즐길 수 있는 여가는 놀이의 형식을 취할 수도, 그렇다고 남성들의 풍류를 따를 수도 없었다. 결국 이들의 여가는 매우 음성적이거나 지극히 정적인 것들로서 수를 놓거나 화초를 기르는 등 또 다른 형태의 자기수양의 모습을 할 수밖에 없었을 것이다.

그림 Ⅲ-6. 상류층 여성의 행락(출처: 조풍연, 1999)

그럼에도 불구하고 일부 양반가의 여성들은 그림 Ⅲ-6에서 보는 바와 같이 활쏘기나 바둑과 같이 일반 서민가의 여성들이 하기 힘든 일종의 레저로서의 여가를 즐기는 경우도 있었으며, 위에서 언급한 바와 같이 음성적으로나마 문학적 소양을 발휘하는 경우도 있었다.

천민에 해당하는 기녀는 역설적으로 조선 여성 중 가장 자유로운 여성이었다. 양반가의 여인들처럼 규범에 얽매이지도, 서민가의 여인들처럼 노동에 시달리지도 않았으며, 광범위한 계층의 남성을 상대하는 직업여성이었다. 기생들은 양반 남성들이 풍류를 즐기기 위한 보조적인 존재였으나, 그로 인해 일반 여성들과 달리 남성들의 전유물이었던 각종 여가 및 행락활동에 적극적으로 참여할 수 있었다. 그들은 가무뿐만 아니라 양반들의 흥취를 돋우기 위해 시, 서, 화 등을 익혔으며, 다양한 분야에 걸쳐 매우 뛰어난 능력을 보여 주었다.

본래 기녀는 의약이나 침술, 가무의 기예를 익혀 나라에서 필요할 때 봉사하던 여성을 일컫던 말로서 조선시대에는 이러한 여성들을 제도적으로 관청에 소속시켰다. 이러한 여성들은 때에 따라 남성들의 잔치에서 흥을 돋우는 구실도 하곤 하였다.[3] 점차로 기녀는 연회나

3. 본래 기녀란 어떤 특별한 기능을 가진 여성이란 뜻한다. 여성에 대한 교육을 기피한 조선 사회에서도 기녀만큼은 양반사대부를 상대하는 직업적 특성으로 고급 교육이 이루어졌다(이영화, 1998: 329-334).

그림 Ⅲ-7. 조선시대 기생과 행락. (상)연소답청. 신윤복, (좌)기생들의 소풍 (우)기생학교(1900년대)(출처: 조풍연, 1999)

소풍 등과 같은 행락활동에 참여하는 도우미이자 이벤트 진행자의 성격이 강해졌으며, 이러한 역할을 전담하기 위한 시작(詩作)이나 가무(歌舞) 등에 대해 전문적인 교육을 받게 되었다.

사대부의 여가문화에 있어서 이들 기녀는 매우 중요한 역할을 담당하였으며 이러한 관점에서 기녀들은 사회 최하층 계급이었지만 당대의 문화창조자들로서 매우 중요한 역할을 하였다.[4]

---

4. 사대부 문화의 중요한 두 축은 '문(文)'과 '압(狎)'이다. 이 중 '압'에 해당하는 유산유수(遊山遊水)나 부시음주(賦詩飮酒)와 같은 '압기(狎妓)'는 조선시대의 문인들에게 일상적인 일이었다(권응상, 2002: 55-70).

그림 Ⅲ-8. 기생들의 활동. 평양 대동강에 화방(곱게 단청을 칠한 놀잇배)를 띄운 평양 기생(1900년), 평양기생학교의 조회(1906), 손님방에서 좌창하는 기생(경기이북), 개다리 소반과 양주병(1900년)(출처: 조풍연, 1999).

(2) 어린이

어린이들의 활동은 어른들의 생활방식, 특히 육아를 담당하였던 여성들의 활동에 의해 크게 좌우된다. 하루 종일 각종 가사노동에 시달려야 했던 여성들로서는 아이들 돌보기와 또 다른 노동을 동시에 할 수밖에 없었다. 따라서 어른을 따라다녀야 하는 어린아이일수록 어른들의 작업공간을 자신들의 놀이공간으로 삼을 수밖에 없었을 것이다.

예나 지금이나 집 안팎의 모든 공간은 아이들의 놀이터가 된다. 다만 안심이 안 되는 어린 아이들은 그림 Ⅲ-9와 같이 어머니의 손에 이끌려 빨래터와 같은 일터로 이끌려 다니며, 그곳에서 동무를 만나고 놀거리를 찾아야 했던 것이다. 요즘도 학교에 들어갈 나이가 되기 전까지는 아이들의 놀이공간이 어머니의 눈길 닿는 곳을 벗어나지 못하는 것은 마찬가지다. 많은 사람들이 사는 아파트에서도 아이들을 위한 놀이터는 몇 동의 건물들로 둘러싸여 위요(圍繞)되고 어

그림 Ⅲ-9. 여성과 어린아이들의 행락. 물 긷는 여인을 따르며 노는 아이들, 서당 소풍, 빨래터로 가는 길, 빨래터의 아이들(출처: 조풍연, 1999).

머니들이 창밖으로 감시하기 좋은 곳에 위치하게 되는 것과 같은 이치다.

요즘 아이들은 4-6살이 되면 유치원을 가고 7-8살이 되면 학교를 들어가니, 이때부터 아이들을 돌보는 책임의 상당 부분은 교육기관에서 맡게 된다. 이곳에서 아이들은 더 많은 또래 아이들과 공동생활을 배우고, 부모의 통제에서 조금씩 벗어나 스스로의 모험을 시작한다. 조선시대에도 양반의 자제들이나 집안 형편이 넉넉한 아이들은 6-8살 정도가 되면 서당을 다녔고, 부모의 품에서 조금씩 벗어나기 시작하였다. 서당을 다닐 형편이 아니더라도 조금씩 자아가 형성되면서 부모의 통제와 부딪히기 시작하는 미운 일곱 살 정도가 되면 어머니

품만 따라다니던 아이들의 활동 반경에 변화가 일어날 수밖에 없다. 이 시기가 되면 아이들은 자신들만의 집단을 만들기 시작하는데, 이것은 같은 서당을 다니는 무리일 수도 있고, 같은 마을에 사는 가까운 이웃의 또래들일 수도 있다. 어머니를 따라다녀야만 했던 개체로서의 활동반경은 무리를 이룸으로써 보다 확장되고, 이런 식으로 개구쟁이 악동들의 모험이 시작된다.[5] 무리지어 이웃마을에 갔다가 또 다른 또래들을 만나 싸움이 나기도 하고, 좀 떨어진 냇가나 마을 뒷산을 헤매다 해가 져서야 돌아와서 어머니 속을 썩이기도 하는 것이다.

요즘과 같이 컴퓨터 게임이나 잘 만들어진 장난감을 구할 수 없었던 시절에 아이들의 행락, 혹은 놀이는 정주환경에 크게 좌우되었으며 주변에서 쉽게 구할 수 있는 도구들을 사용할 수밖에 없다. 그러나 이러한 활동들은 원시적이면서도 본질적인 놀이의 모습을 잘 간직하고 있다.[6]

조선시대 아이들의 놀이는 신체의 훈련, 규칙 속에서의 경쟁, 자연에서 생존하는 법, 그리고 모의전투 등의 내용을 담고 있다. 아래 그림 Ⅲ-10에서 힘겨루기, 손뼉치기, 널뛰기 등은 신체적 훈련이 되고, 비사치기, 돈치기 등은 규칙에 따르는 경쟁, 낚시는 자연에서 생존하는 법을 배우는 기회가 된다.

이러한 원시적이고 본질적인 놀이들이 끈질기도록 강인한 생명력을 가지고 이어져 온 것은 매우 놀라운 일이다. 먼 옛날의 이야기처럼 빛바랜 사진들이지만 지금의 어른들 모두 이와 비슷한 놀이를 하며 성장한 기억을 찾아내는 것은 그리 어렵지 않을 것이다. 주변의 모든 사물들을 응용하여 놀이를 위한 도구를 만들고, 그 도구를 사용

5. 본문 Ⅱ장 2절(3) 개체와 전체의 행락활동 참조.
6. 놀이(play)는 문화보다 오래된 것이다. 문화는 인간사회를 전제하지만 동물들은 가르쳐 주지 않아도 놀이를 한다. 놀이는 문화 이전의 것이면서도 엄격한 규칙과 질서를 가지고 있다(김윤수 역, 1981: 9).

그림 III-10. 어린이들의 놀이활동. 돈치기, 낚시, 비사치기, 연날리기, 힘겨루기, 널뛰기, 손뼉치기(출처: 조풍연, 1999).

그림 Ⅲ-11. 아이들의 노동과 여가. 여자아이들의 활동은 주로 다른 아이들을 돌보거나 지키는 역할을 통해서 나타난다. 사진은 그와 같은 역할을 수행하는 여자아이의 모습을 잘 표현하고 있다(출처: 조풍연, 1999).

하는 규칙을 만들면 골목길이나 뒷마당, 마을 공터 어디든지 단숨에 오락실로 탈바꿈하는 것이다. 때로는 넓은 들판과 이름 모를 꽃들이 만발하고, 때로는 무서운 고목나무와 아무도 모를 동굴이 숨어 있는 마을 뒷산은 테마파크보다 더 실감나는 테마파크였을 것이다.

아이들이 성장함에 따라 이들의 생활도 당시의 경제적 상황에 영향을 받게 된다. 일반적으로 여자아이들은 빨래나 어린 동생 돌보기 등 가사노동에 투입되게 되며, 남자아이들은 땔감채취 등의 노동에 동원되거나 혹은 집안 살림을 돕기 위해 거리에서 엿, 호떡 등을 팔기도 한다.

그렇게 해서 아이들의 활동 공간도 점차 노동의 공간과 일치해 가기 시작하고, 여가 및 행락활동 역시 어른들과 같은 모양으로 변해 가는 것이다.

3) 조선시대의 정주환경과 행락활동 공간

(1) 정주환경과 행락활동의 관계

앞에서 조선시대 사람들의 계층에 따른 생활과 여가, 특히 일상생활의 공간에 활동영역이 비교적 한정되어 있었던 여성과 어린아이들의 생활상에 대해서 살펴보았다. 이제 그러한 생활상에 대한 고찰을 바탕으로 행락활동이 발생한 구체적인 공간에 대해 살펴보고자 한다. 여기에서는 경승지로 유명한 몇몇 장소에 대한 연구보다는 일상적인 정주환경 주변에서 나타나는 행락활동 공간으로 연구범위를 한정한다. 앞서 조선시대 사람들의 생활상에서 살펴보았듯이 그 당시에는 단순히 행락이라는 활동목적으로 정주환경을 떠나 오늘날과 같이 먼 여행을 한다는 것이 드문 일이었기 때문이다. 물론 몇 날, 혹은 몇 십일에 걸쳐 먼 지방으로 여행을 떠나는 일도 없는 것은 아니었겠으나, 극히 제한된 일부 양반들의 경우에나 가능했던 일일 것이고, 특히 서민들의 경우 이러한 긴 여행은 장사 때문이거나 상전의 심부름과 같이 업무와 관련된 경우를 제외하고는 거의 불가능한 일이었을 것이기 때문이다.[7]

고유의 정주환경과 전통적인 주거의 형태는 우리 민족이 주어진 자연환경에 어떻게 적응하고 변화해 왔는가를 보여 준다. 즉, 사회체제나 생산양식, 가치관의 변화 등을 파악할 수 있는 것이다.

---

7. 1883년 조선을 방문했던 퍼시벌 로웰(P. Lowell)은 제물포에서 서울까지 가는 여정에서 다음과 같은 기록을 남겼다. "나는 조선에 여인숙 같은 것이 없다는 것을 깨달았다. …(중략)… 처음에는 놀라웠으나, 그 사회의 구성원을 알게 되자 이유가 납득이 갔다. 이유는 중산층의 부재에 있었다. …(중략)… 중산층은 자신들이 무엇인가를 원할 때, 경제적인 다수의 힘에 의해 그것을 이루어 내고야 만다. …(중략)… 가장 단순하고 가장 기본적인 편의 시설인 여인숙이 1만의 상류층과 1천만의 하류층으로 이루어진 조선에서는 있을 수도 없고 또 있을 필요도 없다. 관리들이 여행할 때는 당연히 동료 집에서 숙박하거나 그 고을의 관리 집에 머문다."(조경철 역, 2001: 55-56)

지금까지의 전통적인 정주환경에 대한 연구는 크게 두 가지 수준으로 나누어 볼 수 있는데, 하나는 개별 주거건축의 양식에 관한 연구이고 다른 하나는 이러한 주거건축들이 모여서 이루어진 마을에 관한 연구다. 우리의 전통건축 양식에 대한 연구는 안과 밖, 폐쇄와 개방 등 변화무쌍한 공간조성의 수법을 통해 주택에 담긴 상징적 의미와 세계관, 자연을 대하는 태도 등을 풀이하는 것이 대부분이다. 반면에 마을에 대한 연구는 마을의 주요 공간 및 시설들의 입지 특성을 파악하는 것이거나, 거시적인 관점에서 마을 전체의 입지여건을 파악하는 것이다. 후자의 경우는 우리나라의 마을 입지에 가장 큰 영향을 미친 풍수지리적 설명을 동원하는 경우가 많다.

이러한 연구들은 주택의 형태나 마을의 배치 및 입지에 나타나는 구체적인 옛 사람들의 생활상을 밝히기보다는 형이상학적인 상징체계나 세계관 등의 일반적인 서술에만 치중하는 경향이 있다.

여기에서는 조선시대 사람들의 정주환경과 생활상을 바탕으로 여가 및 행락이라는 활동이 실질적으로 발생하였던 공간을 고찰하고자 한다.

조선시대의 행락활동에 대한 기록들 중에서도 특히 그 장소에 대한 기록은 매우 단편적이어서 이러한 공간들에 대한 기록만으로 일반적인 특징을 귀납적으로 유추해 내는 것은 어려운 일이다. 따라서 여기서는 제2장에서 살펴본 행락활동의 본질에 대한 가정을 바탕으로 당시의 생활상과 정주환경의 조건에 비추어 행락활동의 공간들을 추정해 보고자 한다. 즉, 한정과 순치, 개체와 전체, 생산과 여가의 개념을 적용하여 행락활동의 특징과 공간에 대한 가정을 세워 보고자 한다.

먼저 한정과 순치는 기본적인 삶의 영위인 정주를 행락이라는 일탈과 구분해 주는 개념으로 생각할 수 있다. 행락은 자연을 즐기는 것이며 자연은 순치되지 않은 곳, 즉 한정된 영역을 벗어난 곳이다.

우리의 전통주거를 놓고 볼 때 건물 내부의 방은 사방이 벽과 문으로 한정된 순치된 공간이고 마당은 이에 비해 자연에 가깝다. 또 건물과 마당은 담으로 한정된 순치된 공간이며 집 밖은 그보다 자연에 가깝다. 더 넓게 보아 마을이나 도시는 한정된 공간이며, 그 밖은 자연이라고 할 수 있다. 따라서 방 안에서 마당으로, 문밖으로, 또 마을이나 도시의 밖으로 나갈수록 더욱더 적극적인 행락활동이 일어나는 공간이라고 볼 수 있다.

그러나 행락활동의 공간을 한정과 순치에 의한 1차적인 영역성에 의해서만 규정할 수는 없다. 제2장에서 살펴본 바와 같이 행락활동이 모험이며 가상현실적인 만족에 그 본질을 두고 있다고 하더라도 거기에는 한계가 있다. 모험은 잠재적인 위험을 뜻하며 이러한 잠재적 위험을 완화시켜 줄 수 있는 조건이 필요하다. 여기에는 개체와 전체의 개념이 적용될 수 있다. 집단을 이루는 것은 근대 이전의 세계에서 개인의 안전을 도모하는 최선의 방법이다. 이것은 많은 사람들이 반드시 함께 행락활동에 참여하는 것을 뜻하는 것은 아니다. 혼자 가더라도 결국은 자신이 속한 집단에 의해 안전을 보장받을 수 있는 곳까지가 일반적인 행락공간의 한계라는 것이다. 정주라는 행위 자체를 포기하고 완전한 모험에 몸을 던지는 것이 아닌 이상 순치된 영역을 철저히 벗어나는 모험이란 불가능하다. 즉, 어느 시대에도 행락이라는 행위가 주는 즐거움은 도시 속의 테마파크처럼 일종의 가상현실인 것이다.

따라서 안전을 보장해 줄 수 있는 기술력의 발달이 뒷받침되지 않은 상태에서의 일상적인 행락활동은 언제나 경계를 막 벗어나려고 하는 순간, 즉 순치된 영역과 자연의 접점에 위치하는 경향을 보이게 된다. 어른의 보호를 받아야 하는 어린아이, 사회통념과 제도에 의해 활동이 제한받는 여성, 정주지에 매이게 되는 평민, 그리고 비교적 자유로운 양반 등 각자의 능력에 따라 그 경계선의 범위는 다르지만

그림 Ⅲ-12. 순치된 영역과 자연의 접점

행락활동의 공간은 방과 마당이 만나는 툇마루, 건물과 집 밖의 완충공간인 마당, 이 집과 저 집이 만나는 마을 안길, 이 길과 저 길이 만나는 넓은 터, 마을의 안과 밖이 나뉘는 동구언덕이나 뒷산, 성안과 밖을 가르는 성문 근처와 같은 공간의 접점에 위치하게 된다. 이것은 마치 한쪽 발은 테두리 안에 남겨두고 있으면서, 시선은 이를 외면한 채 먼 산을 바라보며 만족해하는 것과 비슷하다.

여기까지에서 살펴본 바에 따르면 한정되고 순치된 공간에서 벗어날수록 보다 적극적인 행락활동의 공간이 되지만, 그 범위가 무한한 것은 아니다. 일상적인 행락활동의 경우 순치된 공간과 그에 비해 덜 순치된 공간, 나의 영역과 내 것이 아닌 영역이 만나는 결절점에서 주로 발생한다고 볼 수 있다.

마지막으로 이러한 공간들 중 행락활동이 일어나는 장소의 특징은 생산과 여가라는 활동 및 의식의 구분에서 찾을 수 있다. 개념적으로 여가의 시간과 공간은 생산의 시·공간과 완전히 구분된다.[8] 조선시대의 경우 앞서 살펴본 바와 같이 생산과 여가의 구분을 명확히 하기는 어렵지만, 어떠한 경우든 행락활동의 장소는 생존을 위한 행위

---

8. 김연수 역(1981) 참조.

들과는 구별되는 비일상성을 줄 수 있는 장치들을 필요로 한다. 마을의 외곽이라면 극적으로 펼쳐진 아름다운 경관, 순치된 마을과는 전혀 다른 원시적인 자연환경 등이 그러한 장치가 될 것이다. 마을 안에서라면 주변과 다른 활동을 하고 있는 사람들과 적당히 격리된 위요공간, 다양하고 재미있는 물리적 요소들이 조건이 될 것이고, 사람들이 모여들고 다양한 활동이 일어나는 마을 공터와 같은 광장 및 이벤트 공간, 수변 등의 오픈스페이스들 또한 행락활동이 일어날 수 있는 공간의 장치로서 작용한다.

(2) 전통마을의 행락활동공간

우리나라 마을의 전통적인 입지와 배치는 풍수지리사상에 의해 설명할 수 있다. 이 경우 주변의 산세와 좌향, 그리고 마을을 돌아 나가는 수계의 위치와 관련된 마을의 배치가 나타나고, 더불어 명당을 중심으로 하는 반촌과 상민, 천민 주거지역의 분포를 파악할 수 있다(강동진, 1997: 108-109). 본 연구에서는 이러한 거시적인 마을의 구성 이외에 구체적인 마을 구성요소와 생활상을 추정하고자 한다.

· 마을 어귀

전통마을의 어귀에는 주로 정자목이 있고 효자·열녀비 혹은 다른 비각들이 많이 세워진다. 이것은 이 마을에 이러이러한 사람이 살고 있다는 과시용이 된다. 마을 읍성을 이루어 마을을 들어오는데 눈에 보이는 문을 통과하지 않더라도 외부사람들에게는 남의 영역에 들어오고 있다는 경고가 되는 곳이다. 마을 어귀에 있는 정자목 아래는 평상을 만들어 휴식장소를 만들거나 정자를 짓기도 한다. 주로 나이 많은 어른들이 이곳에 모여 바둑을 두거나 소일을 하며 휴식을 취하는 경우가 많은데 이것은 다른 의미로는 어른들이 마을의 경계를 보아주는 것이라고도 할 수 있다. 지나가는 사람이 들어서면 어느 마을에 누구를 찾아왔느냐고 묻곤 하는데 이것은 이방인에게는 안내자로서의 역할이기도 하나 마을에서 보면 위험한 사람이 들어오지 못하게 하는 것이기도 하다. 젊은이들과 아이들도 이곳에 모여 노는 경우가 많다. 장을 따라 나서거나 먼 친척집에 여행을 나가는 것이 아니라면 이곳이 아이들에게는 가장 멀리까지 놀러 나올 만한 한계가 되는 영역이기 때문이다.

· 마을 안길

유럽의 중세도시와 마찬가지로 우리의 전통마을에는 길의 문화가 살아 있다. 나지막한 담과 길이 이루는 인간적인 규모의 공간으로 인해 다양한 활동이 발생할 수 있었으며, 특히 어린아이들에게는 안전한 놀이공간이었을 것이다. 이러한 길은 오랜 시간에 걸쳐 자연스럽게 형성되어 격자형 구조를 이루기보다는 비정형적이고 유기적인 형태를 하게 되었으며 그 폭과 형태가 다양하여 율동적인 모습을 하고 있다. 또한 다양한 방향과 다양한 폭의 길들이 만나면서 작은 공간들이 만들어지게 되는데 그러한 공터가 서양의 도시로 말하자면 소광장의 역할을 하였을 것이다.

· 수변공간

집단적인 농업에 의존하는 농경사회에서 물은 주거를 결정하는 데 매우 중요한 의미를 지닌다. 우리나라 전통마을의 공간구조에 있어서도 이러한 물의 중요성은 예외가 아니어서 마을을 관통하거나 둘러싸는 하천은 매우 중요한 의미를 가진다. 기본적으로 벼농사를 위한 농업용수가 마을 주변의 하천과 계곡을 통해 제공되며, 경관이 수려한 하천 주변에는 정자 등의 휴식공간이 마련되고 양반 남성들의 천렵 · 탁족 · 관수 등의 행락활동이 이루어졌다. 마을의 일상공간과 보다 가까운 곳으로 흐르는 계천(溪川)이나 우물가 등은 여성 및 아이들의 행락공간으로 활용되었다. 빨래터에 모인 마을 여성들의 모습과 이들을 따라 나온 아이들의 놀이 모습 등을 표현한 풍속화나 조선 후기의 사진 등이 이러한 수변공간의 중요성을 보여 준다.

· 정자

정자는 휴식이나 오락 등을 하기 위해 지어진 비교적 간단한 건축물을 말하는데, '누정(樓亭)', '누각(樓閣)', '누대(樓臺)' 등이 비슷한 의미로 사용된다.[9]

누정은 그 입지에 따라 강애형(江崖型), 구상형(丘上型), 산복형(山腹型), 근린형(近隣型) 등으로 구별되나 반드시 어느 한쪽에만 속하는 것은 아니다. 일반적으로 경치가 수려한 명승지에 위치한 누정은 강애형 또는 산복형이지만, 특별한 자연경관을 수반하지 않더라도 마을 가까이, 혹은 마을 안에 많은 정자들이 만들어졌다. 이러한 정자들은 마을의 상류층이 풍류를 즐기고 시를 읊는 유희공간이나 교육공간으로 사용되기도 했으며, 경우에 따라서는 마을 공공의 회합 장소로 사용되기도 하였다.

(3) 전통마을 사례조사

① 외암마을

외암(外巖)마을은 충남 아산시 송악면 외암리에 위치한 민속마을이다. 이 마을은 17세기에 예안 이씨 일가가 정착하여 형성되었다. 외암이라는 이름은 설화산에 우뚝 솟은 바위라는 뜻으로, 마을 입구에서 설화산 영봉이 보인다. 마을은 65호로 이루어지는데, 그중 50호는 초가집이다.

---

9. '정(亭)'은 정자 자체의 의미로서 높은 곳에 만들어진 간단한 건축물을 말한다. '루(樓)'는 주로 목조로 높이 올려 만들어진 고상식 구조를 말하는데, 일반적으로 사람이 그 밑으로 통과할 수 있는 경우가 많다. '대(臺)'는 주로 지붕이 없는 상태로 높이 올려진 터를 뜻하며 반드시 건축물이 아니어도 된다. 즉 높은 곳에 위치한 평평한 바위도 '대'로 불릴 수 있다(정동오, 1986: 25-38).

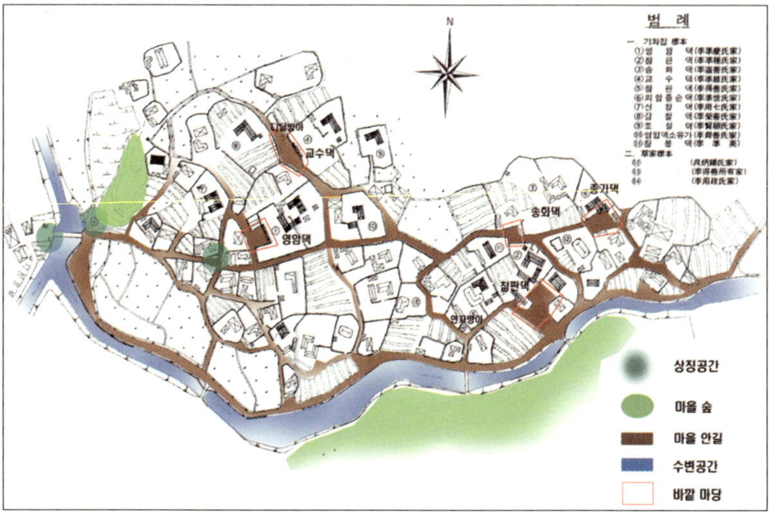

그림 Ⅲ-13. 외암마을의 주요 옥외공간 배치도

2007년을 기준으로 마을의 면적은 207,847m²이고 인구는 140명이다.[10]

행락 및 여가활동과 관련하여 마을의 주요 오픈스페이스는 그림 Ⅲ-13과 같다.

· 상징공간

외암마을은 서쪽으로부터 작은 하천을 건너 진입하게 되어 있는데, 이 다리를 건너기 전에는 마을의 진입을 알리는 장승이 서 있다. 또 다리를 건너면 북쪽의 작은 숲과 마을 앞 하천 사이의 공간에 최근에 조성된 것이기는 하지만 정자가 자리하고 있어 마을사람들이 모여 쉴 수 있을 뿐만 아니라 마을을 들고나는 사람들을 확인할 수 있도록 되어 있다.

다리를 건너 집들이 있는 초입에 들어서면 길옆에 서낭목의 역할을 하는 커다란 느티나무 한 그루가 서 있으며 그 주변으로 약간의

---

10. 대한민국정책포털 문화유산지킴이 블로그(http://blog.korea.kr/culturalheritage).

그림 III-14. 외암마을 입구 다리

공간이 마련되어 있다.

이러한 상징적인 공간은 마을의 중앙로를 따라 위치하고 있으며 마을의 공동행사가 치러지는 장소로 사용된다. 일종의 부락제로서 느티나무제가 행해지는데 마을의 느티나무에서 매년 정월보름을 앞두고 제일(祭日)을 정해 나무신에 제사를 올리는 것이다. 부정이 없는

그림 Ⅲ-15. 외암마을의 느티나무

마을의 원로를 제주(화주)로 하여 제물을 장만하고 별화주가 화주를 도와서 진행을 하며 유식한 분을 따로 선정해 축관으로 삼는다. 제사는 새벽에 지내며 첫 닭이 울면 메를 지어 올리고 축문을 읽고 마을

호주(戶主)마다 소지(燒紙)를 올린다. 소지(燒紙)가 잘 오르면 그 해에 행운이 있고, 잘 오르지 않으면 질병이나 액운, 재앙이 있어 불행한 일이 생긴다고 한다(새한건축문화연구소, 1983: 16).

또 마을 다리 앞의 장승 앞에서는 매년 초에 제를 지내는데 그 양식은 느티나무제와 비슷하다. 마을의 건승과 주민의 복을 비는 제의는 여타의 의례행사와 같다. 장승 주위에 황토를 펴 잡인의 접근을 금하고 제례가 끝난 후에 마을 주민이 모두 모여서 음식을 나누고 흥겨운 놀이를 즐긴다(위의 책: 16).

· 마을 안길

외암리의 마을 안길은 돌담길로 이루어진다. 줄눈 없이 돌로 쌓아 올린 담의 높이는 낮은 곳은 1m에서 높은 곳은 2m에 이르며 대략 1.5m 내외로 이어져 있으며, 길의 폭은 3m에서 4m 사이이다. 따라서 길의 폭과 담 높이의 비율은 약 2 : 1 정도가 되며 눈높이보다 약간 낮은 담과 길의 굴곡이 만들어 내는 공간감은 매우 아늑하게 느껴진다. 곳에 따라 담 안쪽에서부터 뻗어 나오는 나뭇가지가 캐노피를 형성하면서, 특히 아이들의 시점에서 볼 때 외암리의 마을 안길은 위요된 공간을 형성한다.

그림 Ⅲ-16. 외암마을 안길 단면

그림 Ⅲ-17. 외암마을 안길

· 바깥마당

외암리 마을 배치상 북쪽에는 영암댁, 교수댁, 감찰댁이 동쪽 끝으로는 종가댁, 송화댁, 참판댁, 참봉댁 등 반가(班家)가 위치하고 있다. 비교적 규모가 큰 이러한 반가의 주택은 넓은 바깥마당을 갖추고 있는 경우가 많은데 길과 뚜렷한 구분 없이 넓어지는 이러한 바깥마당은 마치 소광장처럼 보인다. 이러한 공간은 장승이나 서낭목이 있는 마을 입구의 상징공간에 비해서 사적인 공간이기는 하지만 마을의 크고

그림 Ⅲ-18. 교수댁 앞

그림 Ⅲ-19. 종가댁 앞

그림 Ⅲ-20. 영암댁 앞

작은 일을 종가집이나 마을의 명망 있는 양반가에서 관장하던 조선시대의 생활상으로 볼 때 일종의 이벤트 공간으로도 사용되었을 것이다. 특히 종가댁의 바깥마당은 나중에 만들어진 것으로 보이기는 하나 사립문을 달아 놓고 주위를 둘러 나무를 심고 걸터앉을 만한 돌을 놓아 마치 포켓파크와 같은 쉼터로 꾸며놓은 듯하다.

또 교수댁의 바깥마당 옆에는 디딜방아가, 참판댁 작은댁의 바깥마당 옆에는 연자방아가 있어 이러한 주택의 바깥마당이 자연스럽게 마을사람들이 모여드는 공간으로 개방적으로 사용되었을 것임을 짐작할 수 있다.[11]

· 수변공간

외암리를 감싸고 흐르는 하천은 마을의 경계를 형성함과 동시에 농업용수 및 생활용수를 공급한다. 동서로 길게 뻗은 마을의 동쪽 끝에서부터 마을의 좌측을 따라 흘러 내려오는 하천은 그림 Ⅲ-21에서 보는 것과 같은 모양으로 마을 어디서든 접근이 쉽게 되어 있어 빨

---

11. 특히 충청도지방에서는 예로부터 정초에 행해지는 디딜방아놀이라는 것이 전해져 내려왔으며, 무주의 방앗거리놀이 등을 볼 때, 이러한 공간이 마을사람들의 공동체 활동 공간으로서의 역할을 겸하였음을 확인할 수 있다. 디딜방아와 관련되어 정초나 대보름에 행해진 기우제, 액막이 등의 세시풍속은 충청도, 경상도, 전라도 등지에 산재해 있었다.

그림 Ⅲ-21. 다리와 정자목

그림 Ⅲ-22. 마을하천

래터이자 아이들의 놀이터이며 주민들의 휴식공간의 역할을 한다. 또 마을의 종가댁, 송화댁, 참판댁 등이 인접한 하천 상류의 수변공간은 양반들의 휴식(탁족, 관수)공간이었을 것으로 추측된다.

마을 입구의 다리를 포함하여 4개의 다리가 놓여 있는데 중간 정도에 위치한 다리에는 그림 Ⅲ-22와 같이 커다란 정자나무가 심어져 있어서 지금도 사람들의 쉼터가 되어 주고 있다.

· 마을숲

그림 Ⅲ-23은 마을 입구의 숲을 마을 안쪽에서부터 나가면서 바라본 모습이다. 전통마을에 있어서 마을 앞쪽의 숲은 풍수지리를 위한 비보의 개념인 경우가 많으며, 인위적으로 조성되고 관리되어 유지된다. 꼭 풍수지리에 의한 것이 아니더라도 마을 입구의 숲은 마을의 모습이 외부인에게 완전히 노출되는 것을 막고 마을 어귀의 정자나 장승 근처에 위치하여 그늘을 제공함으로써 장승제나 느티나무제 등의 행사 시 휴식처가 되어 준다. 반면에 그림 Ⅲ-24의 마을 옆 하천을 따라 위치한 숲은 나물이나 땔감을 채취하는 숲으로 일종의 마을 뒷산이라고 할 수 있다. 이것은 하천과 함께 마을의 범위를 제한하는 강력한 경계로서 작용하며 어린아이들이 놀러 나갈 수 있는 최대한의 범위라고 생각할 수 있다.

그림 Ⅲ-23. 마을 입구의 숲

그림 Ⅲ-24. 마을 옆의 숲

② 원터마을

원터마을은 경북 김천시 구성면 상원리에 자리 잡은 전통마을로, 전형적인 한국 농촌마을의 모습을 보여 준다. 이 마을은 연안 이씨(延安李氏)의 씨족마을로서 1510년경 성립된 것으로 추정된다. 조선시대에 이곳에 관영 숙소인 상좌원이 있어 '원터'라 불리게 되었다. 마을의 가구수는 1990년을 기준으로 53호다.[12]

원터마을의 개별 주택 및 담장들은 대부분 현대식으로 개조되어 원형을 파악할 수 없다. 특히 99칸 집이었다고 하는 종가는 한국전쟁 당시 파괴되었다고 한다. 이처럼 앞서 살펴본 외암마을과 비교할 때 훨씬 많은 변화를 겪었으나 그림 Ⅲ-25의 마을 배치도에서 볼 수 있듯이 전체적인 마을공간의 틀은 원래의 형태가 어느 정도 유지되고 있다. 또한 작은 종가의 안채 건물과 마을 입구의 아름다운 정자인 방초정 등은 현재까지 무사히 보존되고 있다.

그러나 2002년 여름의 수해로 인해 여러 채의 가옥이 침수되거나 붕괴되었고 곳곳에 폐가도 생겨났으며, 마을 앞 연못도 진흙으로 채워진 상태여서 이에 대한 복원 및 정비가 시급한 실정이다.

· 마을 입구

원터마을의 진입로 좌측에는 방초정이라는 누정과 열녀비각을 중심으로 하는 광장형의 공간이 형성되어 마을의 영역을 알리고 있다. 방초정은 조선 선조(宣祖) 때(1576-1608)에 이정복(李廷馥)이 건립한 정자로, 1723년(경종 3년) 홍수로 유실된 후 1727년(영조 3년)에 중건되었다. 이층누각 형식의 이 정자는 정면 3칸 측면 2칸의 규모다. 이 정자의 앞에는 가로 세로 약 30m 규모의 연못이 조성되어 짝을 이루고 있다.

---

12. 한남대학교 한필원 교수 홈페이지(http://ata.hannam.ac.kr/title-k.php).

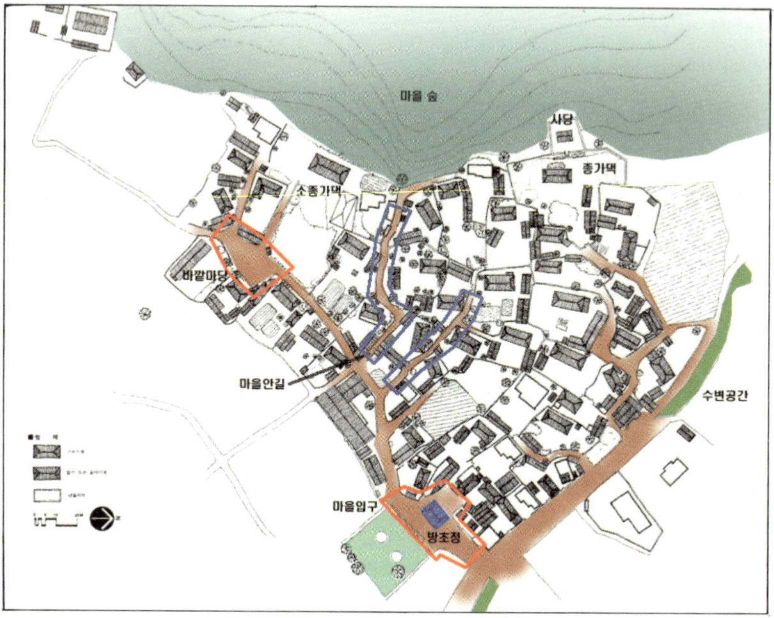

그림 Ⅲ-25. 원터마을의 주요 옥외공간 배치도

방초정 앞의 연못은 방지의 형태를 하고 있으며 주변으로 큰 나무들이 식재되어 있어 일종의 정자목 역할을 하고 있다. 방지 안에는 두 개의 섬이 조성되어 있는데, 나무 한 그루가 방지 안쪽으로 돌출되어 있어 3개의 섬이 있는 것과 같다. 아마도 삼신산을 상징하는 요소로 의도된 것으로 보인다.

그림 Ⅲ-26. 마을 진입로와 하천

그림 Ⅲ-27. 연못과 방초정, 열녀비각

그림 Ⅲ-28. 방초정

그림 Ⅲ-29. 마을 연못

방초정의 안쪽에는 정자의 중건기록들과 시구(詩句)들이 적혀져 있어, 조선시대 이곳에서 양반들이 풍류를 즐겼음을 알 수 있다.

방지, 누정, 열녀비각 등의 상징물로 구성된 마을 초입의 공간은 마을의 세를 과시하는 공간인 동시에 공공의 행사를 위한 공간으로 활용되었으며 주로 남성들의 공간이었다.

· 마을 안길

원터마을 안길은 대략 폭 3-4m, 담의 높이는 약 2m 가량으로 외암마을에서 볼 수 있었던 전통마을 안길의 공간감을 비교적 잘 유지하고 있다. 특히 자연스러운 길의 굴곡과 나지막한 주택의 모습에서 과거 전통마을의 공간을 상상하는 것이 그리 어렵지 않다.

그림 III-30. 원터마을 안길

· 바깥마당

마을의 주택건축이 조선시대의 것과는 크게 다르기 때문에 주택 구성요소들의 흔적을 찾기는 쉽지 않다. 다만 소종가댁의 문 앞 바깥마당과 같은 넓은 터가 남아 있어 외암마을에서의 종가댁 바깥마당과 같은 역할을 하는 것이리라 짐작할 수 있다.

그림 Ⅲ-31. 소종가

그림 Ⅲ-32. 소종가 바깥마당

· 수변공간

남동향을 하고 있는 마을의 좌측을 따라 하천이 흐른다. 외암리와 마찬가지로 마을의 농업용수와 생활용수를 공급하는 역할을 하며 현재는 마을진입을 위한 콘크리트 도로포장으로 인해 수변으로 접근할 수 있는 친수공간이 사라졌으나, 과거에는 빨래터 정도로 사용되었을 만한 규모의 하천이다.

③ 양동마을

양동마을은 경상북도 경주시 강동면 양동리에 위치하고 있으며 안동의 하회마을과 함께 조선시대의 마을 형태를 잘 보존하고 있는 전형

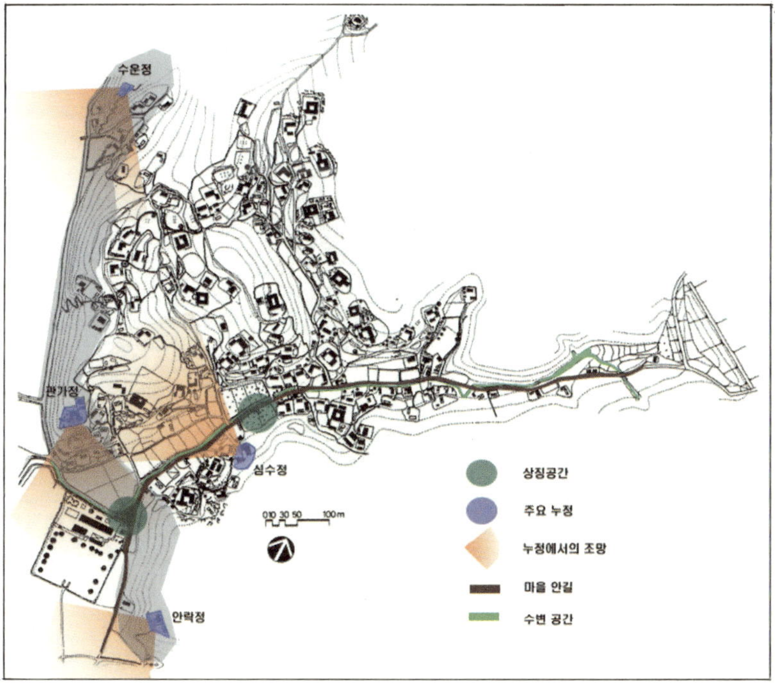

그림 Ⅲ-33. 양동마을의 주요 옥외공간 배치도

적인 반촌이다. 마을의 북서쪽에는 설창산이 남동쪽에는 성주봉이 위치하고 있으며, 마을 남동쪽에서 형산강과 합류하는 안락천이 북에서 남동쪽으로 흐르고 있다. 경주 손씨와 여강 이씨의 씨족마을로서 약 600여 년의 역사를 가지고 있다(강동진, 1997: 5). 2008년 기준 양동마을의 면적은 916,000m^2, 주민수는 351명이다(문화재청, 2009).

· 정자목

마을 입구와 중앙에 각각 한 그루의 정자목이 있으며, 그 주변으로 넓은 공터가 있어 휴식공간 및 각종 행사공간으로 사용된다. 특히 마을 입구의 정자목 주변은 현재 초등학교와 인접해 있고, 마을관광객을

그림 Ⅲ-34. 마을 입구의 정자목

그림 Ⅲ-35. 마을 중앙의 정자목

위해 만든 주차장과도 인접해 있어 정월초하루에 마을사람들이 모여 줄다리기 등의 행사를 여는 곳이다.

· 마을 안길

양동마을의 마을 안길은 외암마을이나 원터마을에서 나타났던 것처럼 그물처럼 얽힌 길의 구조와 인간적인 규모의 길 폭과 담이 이루는 아늑한 공간감을 느끼기는 힘들다. 외암마을과 원터마을은 비교적 평지에 자리하고 있으나 양동마을의 경우 경사가 심한 지형에 그대로 적응하는 형태로 집들이 들어서 있으며, 더욱이 마을 전체를 감싸는 구릉의 형태가 "勿"자 형태를 이루어 3개의 능선과 계곡이 형성되어 있기 때문에 집들이 여러 겹으로 들어서면서 이루는 미로 같은 골목의 형태를 발견하기는 어렵다. 그 대신 주변의 구릉과 자연환경에 의해 매우 양호한 경관을 주는 전원적인 마을길이 이루어지며 그림 Ⅲ-36의 가운데 사진에서

그림 Ⅲ-36. 양동마을 안길

그림 Ⅲ-37. 마을의 하천

보이는 것과 같은 단차가 있는 길의 중첩으로 인해 재미있는 공간감을 준다.

경사가 심한 지형에 집들이 올라앉아 있기 때문에 바깥마당 등의 집 앞 터가 확보되지 않으므로 사람들의 모임이나 이벤트 공간은 마을 중앙의 길을 따라 형성될 수밖에 없다. 또한 중앙의 길을 따라 하천이 흐르고 있어 마을의 수변공간 역할도 하게 된다. 따라서 앞에서 살펴본 두 개의 정자목을 포함하여 중앙 길을 따라 이어지는 공간이 마을의 가장 중요한 오픈스페이스로 역할을 하게 된다.

· 정자

지형 조건으로 인해 마을 내부의 작은 광장이나 공간감을 주는 길 등의 요소가 부족한 데 반해 마을을 둘러싼 구릉지를 활용하여 많은 정자가 만들어졌다. 이들 정자는 단순히 경관을 조망하고 풍류를 즐기는 곳이 아니라 더위를 피하는 별장의 기능이나 강학 공간으로서의 기능을 하기도 한다.

대체적으로 양동마을의 정자들은 마을을 둘러싸고 있는 외각 능선의 경계부에 위치하여 마을 바깥쪽을 향하고 있으며, 그 진입로가 교묘하게 돌아 들어가도록 되어 있어서 마을안쪽이나 큰길에서는 정자가 보이지 않도록 되어 있다. 또 모두 방이 있는 유실형이며 간단한 구조물이라기보다는 생활이 가능한 온전한 가옥의 형태를 갖추고 있고, 이를 보조하는 하인들의 건물이 딸려 있는 경우도 있다.

대체로 마을 앞에 펼쳐진 형산강과 안강 평야를 바라볼 수 있도록 되어 있으며 마을로 들어오는 진입로를 감시할 수 있도록 되어 있다.

-안락정

안락정은 율성 손씨 문중의 서당이었으며, 정자의 기능도 함께할 수 있도록 되어 있다. 담으로 둘러싸여 있어 밖으로의 조망은 원활하지 않은 편이지만 담 안쪽에 아담한 정원을 조성하였다. 안락정 뒤편으

그림 Ⅲ-38. 안락정. 안락정 진입로, 안락정 입구, 안락정 평면도, 안락정 내부전경.

로는 소나무 숲이 드리워져 있어 담장과 함께 주변으로부터 완전히 위요된 공간을 만들어 낸다. 서당이라는 용도로 인해 과도한 조망을 삼간 것으로 보이며 양동마을의 누정들 중 가장 마을 바깥쪽으로 떨어져 있다.

-심수정

심수정은 이씨문중의 서당인 강학당 옆에 위치하고 있다. 휴식과 풍류의 기능을 하도록 되어 있는데 인접한 강학당과 그 이용행태가 연계되었을 것으로 생각된다. 심수정 옆에는 하인들의 행랑채가 별도로 붙어 있다. 두 개의 방과 여러 칸의 대청마루로 이루어져 시원함을 더하는 이 정자는 사방이 담으로 위요되어 조망이 막혀 있다가 마루로 오르는 순간 시원스럽게 조망이 열리면서 건너편의 향단을 바라

그림 III-39. 심수정. 내부전경, 누마루에서 본 경관, 심수정 입구, 심수정 안에서 창을 통해 본 마을.

보도록 되어 있다.

-관가정

관가정은 사랑채와 안채가 'ㅁ'자 형을 이루며 완전한 주택의 형태를 하고 있으며, 다만 주변의 담장과 일각대문은 1981년 보수 때 만들어진 것이다. 마을 입구의 높은 곳에 위치하여 마을로 진입하는 사람들을 확인할 수 있도록 되어 있으며, 대문이 행랑채가 아닌 사랑채에 붙어 있는 특이한 구조를 하고 있다. 남자 주인이 생활하거나 손님을 맞이하는 공간인 사랑채의 사랑방과 누마루가 바깥쪽으로 트여 있어 마을 입구를 조망하기에 적당하며, 누마루 위에 '관가정(觀稼亭)'이라는 현판이 걸려 있다. 마을에서 올라가는 길은 관가정이 있는 언덕의 왼쪽으로 크게 굽이쳐 돌아 들어가고 그 앞이 민가로 가려져 있어

그림 III-40. 관가정. 진입로, 입구, 내부 누마루, 평면도.

잘 보이지 않도록 되어 있다.

-수운정

수운정은 마을의 북서쪽 가장 깊은 언덕 위에 위치하여 마을 서쪽으로 펼쳐진 안강과 안강평야를 바라다볼 수 있도록 되어 있다. 양동마을의 여러 정자 중 가장 경관이 좋은 곳에 위치하고 있으며, 수운정이라는 이름은 "물과 같이 맑고, 구름 같이 허무하다는 수청운허(水淸雲虛)"에서 따 왔다고 한다. 정면 3칸, 옆으로 2칸의 아담한 크기의 정자는 휴식을 위한 공간으로서의 조건을 잘 갖추고 있으며 정자 뒤로는 숲이 조성되어 있고 마을 쪽으로는 대나무숲을 조성하여 시선을 차폐하고 있다. 수운정 역시 언덕을 따라 돌아 올라가게 되어 있어 길이 잘 보이지 않는데, 특히 수운정으로 올라가는 길은 얼핏 보면 바로 앞에서도 길인지 알 수 없을 정도다.

그림 III-41. 수운정. 입구, 내부전경, 내부에서 외부로 본 모습, 평면도.

전통마을의 여가공간은 주택에 있어서는 주로 대청마루, 마당 등이고, 마을 규모에서 본다면 마을 어귀, 안길, 수변공간, 그리고 누정 등이다. 활동과 연결지어 볼 때 이들 공간이 여가공간으로서의 기능을 하는 공통점은 두 가지 이상의 활동이나 영역이 접하는 접점으로서의 공간이라는 것이었다. 방 안의 영역을 차지하는 집 주인과 외부인인 손님이 잠깐 만나 환담을 나누는 툇마루가 그렇고, 여러 방으로 둘러싸여 공유공간으로 활용되는 대청마루가 그러하다. 또 행랑채와 안채, 건물과 외부의 접점이 되어 생산이나 작업과 여가의 활동이 중첩되는 마당도 마찬가지다. 마을에 있어서도 마을 내부와 외부의 경계가 되는 어귀에는 모든 사람들이 모여드는 축제와 행사의 공간이 마련되며, 집과 집이 가까이 마주보고 있는 마을 안길은 아이들의 친근한 놀이공간이 된다. 마을을 감싸고도는 수변공간 역시 내부와 외부의 접점이며 대체적으로 하천을 건너면 숲으로 이어져 자연과 인공의 접점이기도 하다. 마지막으로 정자 역시 주로 경계부에 만들어져 마을의 내·외부에 대한 감시의 기능을 할 수 있도록 조성되어 있으며, 마을의 영역에 속하면서도 마을 쪽으로 이어진 길을 일부로 가리고 바깥쪽으로 시야를 개방하여 일상에서 벗어난 느낌을 강조하도록 되어 있다.

2. 일제강점기의 행락문화

1) 한말의 변화와 행락문화

(1) 한말의 사회변화

19세기 중엽에 들어오면서부터 조선은 대내·외적으로 변화의 시기를 맞이한다. 내부적으로는 세도정치의 폐단이 극에 달하고, 밖으로는 일본을 비롯한 서양 열강의 세력이 밀려들어오게 되는 것이다. 양반 지주에 의해 지배되는 봉건사회는 한계에 다다랐으며 농민계층을 중심으로 하는 민중의 개혁 요구가 일어나고 개화사상가들의 사회개혁시도가 이어진다.[13]

이러한 상황에서 조선사회의 가장 중요한 변화는 신분계층구조의 변동이다. 중세적인 신분질서였던 양반 중심의 지배체제가 무너지기 시작한 시기가 바로 이때로 파악된다.[14] 호적류 등 여러 자료들의 분석결과에 의하면 18세기에 10-20%를 차지하던 양반층은 18세기를 거치면서 준 양반 또는 중인으로 분류되는 신흥양반층이 대폭 늘어나 전체 인구의 30% 정도로 늘어났으며, 19세기 중반에 이르면 대부분의 가호의 호주들이 유학(幼學)을 칭하는 상황이 벌어진다(이태진, 1999: 252). 이와 같은 양반계층의 양적 팽창은 백성들의 신분의식이 소멸되어 가는 것으로 생각할 수 있다. 신분매매 등의 수단으로 상민의 양반화, 천민의 상민화 및 양반화가 급격히 진행됨에 따라 종래에 양반이 가지고 있던 신분적 특권이 사라져 가면서 사람들은 경제력에 따라 신분을 상승시킬 수 있게 되었다.

이처럼 민중의식의 발달, 지도층의 사회질서 개혁 시도, 봉건적 신분질서의 붕괴와 자본에 의한 사회계층변화 등은 조선이 안으로부터 변화의 시기에 들어서고 있었음을 보여 주지만 일제에 의한 국권침탈로 인해 스스로 근대화를 이루는 데는 실패하고 만다. 역사에서 '만일'을 말하는 것이 무의미하다고는 하지만 일제에 의한 국권침탈

---

13. 동학농민운동은 당시 농민층의 불안과 불만의 팽배뿐만 아니라 이들의 정치·사회의식이 급격히 성장하였음을 보여 준다. 인간평등과 사회개혁을 주장한 동학운동은 봉건사회에서 근대사회로 전환하려는 민중의 자발적인 움직임이었다. 또한 개화파의 갑신정변은 일본에 의해 이용당한 것이라거나, 결국 실패하여 개화 세력을 크게 약화시켰다는 부정적인 측면이 있으나 위로부터의 자발적인 개화정책 추진 시도라는 의미를 가진다.
14. 18세기 조선은 경제적인 면에서 자본주의적 요소들이 적지 않게 내재적으로 대두하였고, 양반으로 신분을 상승한 부류가 많았으며, 사상적으로 근대지향적인 실학이 대두하는 등 근대적 역사의 여명을 이 시기에 찾아야 한다는 견해가 일반화되어 있다(이태진, 1999: 249).

을 겪지 않았더라면 우리의 근대화 과정은 지금과 전혀 다른 모습이었을 것이다.

청일전쟁의 승리로 조선에 대한 영향력을 강화한 일본은 조선의 보호국화를 기도하면서 고종의 왕권을 무력화시키려 하였고, 왕후를 시해하기에 이른다. 궁지에 몰린 고종은 아관파천을 단행하여 러시아 공사관의 도움을 받아 이른바 아관파천을 단행하여 일본의 간섭에서 벗어나려 하였으며, 이듬해 1897년 자주독립국가로서 대한제국을 수립하였다.[15]

이후 러일전쟁이 시작되면서 일본은 대한제국의 중립선언을 무시하고 한일의정서를 체결하였다. 이를 시작으로 대한제국의 주권은 침해되기 시작하였고, 일본은 7월 20일에는 군사경찰훈령(軍事警察訓令)을 만들어 치안권(治安權)을 빼앗았다. 8월 22일에는 한일외국인고문용빙(韓日外國人顧問傭聘)에 관한 협정서로 재정권을 빼앗아 갔고, 1905년 11월 17일에는 을사조약(乙巳條約)을 체결하여 외교권을 강탈하여 갔다. 그리고 1910년 8월 22일 한일병합조약이 강제 체결됨으로써 대한제국은 그 국운을 다하였다.

(2) 한말의 행락활동 기록

조선시대에서 대한제국시대로 넘어가는 한말의 행락문화는 앞서 살펴본 사회상의 변화를 반영한다. 즉, 내부적인 사회신분계급의 변화, 외세의 압력으로 인한 불안한 사회상, 새로운 문물의 도입 및 근대화, 도시화 등이 행락문화의 변화를 이끌게 되는 것이다.

당시의 행락활동에 대한 기록은 1896년부터 1899년까지 발행된 『독립신문』과 1904년부터 국권이 피탈되기까지 발행되었던 『대한매일신

15. 아관파천이나 대한제국의 자주성에 대해서는 여러 가지 견해가 엇갈리고 있다. 그러나 결과적으로 아관파천을 통해 고종은 대한제국을 성립시키고 대군주가 직접 통령하는 체제를 만드는 등의 기회를 만들었으며 광무개혁을 통해 자주적인 근대화를 추진하게 된다(이태진, 1995: 19-20).

보』의 내용으로부터 주로 수집하였다. 『독립신문』의 기록은 자주적인 개혁사상으로 사회를 비판하였던 우리나라 최초의 신문기록이라는 점에서 의의를 가진다. 또한 『대한매일신보』는 영국인 베델이 발행하여 일본이 한국에 대한 언론 검열을 시작한 시기에 창간되었음에도 불구하고 박은식, 신채호 등 민족진영의 자주적인 목소리를 잃지 않은 언론이었다는 의미가 있다. 다만 국권피탈 이후 발행인이 바뀌면서 조선총독부의 기관지로 전락하여 이후의 기록은 다루지 않는다.

행락, 여가, 관광, 여행, 소풍, 놀이 등의 검색어를 통해 발췌하여 『독립신문』의 관련기사 8건과 『대한매일신보』의 관련기사 382건 중 그 내용이 구체적이고 중복되지 않는 145건을 검토하여 살펴본 한말의 행락문화를 다음과 같이 분류 고찰하였다.

① 신문화·신문물과 새로운 행락활동

한말의 새로운 행락활동의 밑바탕에는 사회구조의 변화의 영향이 포괄적으로 깔려 있으며 그 가장 큰 부분은 사회계급구조의 변화다. 종래의 지배계급이었던 양반의 권위는 몰락하고 자본주의적 경제력에 의한 사회계층의 분화가 발생한다. 기존의 신분제도에 의한 규제가 사라지면서 사람들은 적극적으로 행락활동에 참여하고 과거의 귀족, 즉 양반의 행락문화를 모방하고자 하게 된다. 이들은 계절과 유행에 따라 집단적인 움직임을 보이며 대중문화의 형성에까지 영향을 미친다. 여기에 새로운 문물의 도입이 이어지면서 도처에 새로이 들어서는 '구경거리'들은 집단적인 의식과 유행을 만들어 내기 시작한다. 이러한 사회환경은 조선시대와 다른 민중들의 행락활동이 새롭게 자리잡을 수 있는 기회가 되었으나 외세의 경제침탈과 불안한 국권, 그리고 일본의 압력에 의한 권력층과 민중들의 갈등과 혼란으로 인해 다양하고 멋스러운 우리 전통행락문화의 발전은 실패하였다. 다만, 근대교육에 녹아든 행락의 전통 정도가 아직까지 명맥을 이어오고 있다.

· 근대교육과 학생들의 행락

공부하는 학생들이 자연을 접하며 휴식을 취하면서 교육과 행락이 혼합된 형태의 활동이 발생하는 것은 조선시대에도 일반적인 일이었으며, 그러한 전통은 I 장에서 언급되었듯이 멀리 신라의 화랑도에까지 거슬러 올라간다. 이와 같은 학생들의 행락문화는 한말 근대교육[16]의 도입과 함께 약간의 변형을 겪으며 이어졌으며, 이때에 시작된 학교 교육의 일부로서의 행락형태는 학교 소풍과 같이 최근까지 이어졌거나, 혹은 운동회, 수학여행 등과 같이 아직까지 남아 있다.

구체적인 기록의 예를 살펴보면 다음과 같다.

이 달 스무닷샛날 배재학당 교사가

이 달 스무닷샛날 배재학당 교사가 학원들도 더불어 강가에 가서 화류를 하는데, 이 화창한 때에 소풍도 잘 하려니와 맑은 물에 옛 마음을 씻어 버리고 이 몸에 만물의 새로운 뜻을 본받아 돌아온 후에 각색 학문을 널리 배워 새 사람들이 되기를 바라노라 『독립신문』 1896.4.28. 2면

평양 보통문 안 학당 학도들과 대동문 안 학도들이 뱃놀이를 하는데

평양 보통문 안 학당 학도들과 대동문 안 학도들이 뱃놀이를 하는데 뱃머리에 국기를 꽂고 애국가들을 부르니 귀경하는 사람들과 길에 왕래하는 사람들이 그 노래 뜻을 물으니 교사 모펫 씨와 리길함 씨와 또 여러 선생들과 학도들이 대답하기를, 이 노래는 나라를 사랑하고 백성을 위하는 뜻이라 한 즉 그 사람들이 매우 좋은 노래라 하고, 또 학도들에게 묻기를 너희 각각 마음에 생각나는 대로 글자 하나씩을 부르라 하니 학도들이 대답하되 사랑 '애'자, 믿을 '신'자,

---

16. 근대교육은 개화 운동의 일환으로 1880년대부터 시작되었다. 함경도 덕원의 원산학사(元山學舍)가 근대 학문과 무술을 가르친 우리나라 최초의 근대교육기관으로 알려져 있다. 갑오개혁에 의해 근대적 교육 제도가 마련되었고, 이어서 "국가의 부강은 국민의 교육에 있다."는 내용의 교육 입국 조서가 반포되었다. 교육 입국의 정신에 따라 정부는 소학교, 중학교, 사범학교, 외국어 학교 등 각종 관립 학교를 세웠다. 또한, 선교사들의 활동으로 배재학당, 이화학당, 숭실학교 등 기독교 계통의 여러 사립학교가 설립되었다. 1905년 을사조약 이후에는 애국 계몽 운동의 영향으로 대성학교, 오산학교, 보성학교, 진명여학교, 숙명여학교 등 많은 사립학교가 곳곳에 세워졌다.

충서 '충'자, 효됴 '효'자를 부르니 그 사람들의 말이 오늘부터 학도들의 행신하는 것을 보겠다고 하고 돌아갔다더라. 『독립신문』 1896.9.5. 2면

학당 놀이

일전에 정동 이화학당 여학도들이 놀이를 차려 자문 밖으로 나가서 화창한 일기에 좋은 산수와 화려한 꽃과 수림 사이에서 칭산한 공기를 마시며 재미있게 놀고 왔다더라. 『독립신문』 1899.5.1. 3면

위의 『독립신문』 기사 중 첫 번째와 두 번째의 기사는 강가에 가서 소풍을 하거나 뱃놀이를 하는 광경을 묘사하고 있으며, 특히 학생들의 행락활동을 보는 관점이 일종의 교육효과에 대한 기대에 있음을 알 수 있다. 반면 '학당 놀이'로 이름을 붙이고 있는 맨 아래 기사의 내용은 자연 속에서 즐기며 휴식을 취하는 행동으로 묘사된다. 이러한 활동은 전통적으로 있어 왔던 행락을 통한 교육이 근대교육의 도입 이후에도 계속 이어져 오는 과정을 보여 준다. 이전의 소풍이 풍류라는 의미가 강하다면 신교육과 관련된 소풍은 학습의 측면과 풍류의 측면이 혼재되어 있었던 것으로 보인다. 특히 교육기회가

그림 III-42. 1908년 이화학당 소풍행렬. 작자미상(자료: 숙명여대 그림으로 보는 한국여성 http://lis.sookmyung.ac.kr/~womenimage)

양반 등 일부 지배층에만 제공되던 이전 시대와 달리 보다 많은 사람들이 이러한 행락활동에 참여하기 시작하였다.

근대교육기관은 서당 등 과거의 교육기관에 비해 보다 많은 학생들을 일률적으로 통제할 수 있었으며, 여기에 전차나 기차와 같은 교통수단의 발달이 합해지면서 소풍장소의 범위가 점점 더 확대된다. 며칠간을 소요하는 보다 적극적인 여행이 학교의 교육적 행락에 도입되게 되었는데 이것이 수학여행, 혹은 졸업여행의 시작이다.

졸업생 여행

오는 28일에 각 보통학교 졸업생들이 연합하여 인천항에 여행한다는데 찻삯은 각기 그 학교에서 담당하고 연회비는 학도가 자당한다더라.

『대한매일신보』 1908.3.22. 3면

여행운동

근일 보성중학교와 청년학교와 흥화학교가 연합하여 여행운동을 개시하기 위하여 일간 개성지방으로 발행한다더라. 『대한매일신보』 1909.3.30. 2면

수학여행

서울에 거류하는 일본인의 소학교 학도들은 청국 안동현에 수학여행으로 간다더라. 『대한매일신보』 1909.10.26. 3면

위의 기사들을 보면 졸업생 여행, 여행운동, 수학여행은 짧게는 수일에서 길게는 일주일 이상이 걸리는 거리까지 여행을 하는 것으로 현재의 졸업여행이나 수학여행을 연상시킨다. 맨 아래의 기사는 일제강점기 이전에 이미 '수학여행'이라는 용어가 사용되었으며, 여행의 목적지가 중국으로서 당시의 학교 수학여행이 얼마나 대대적인 행사였으며 적극적인 여행이었는지를 말해 준다.

가깝거나 먼 여행의 형태를 취하는 소풍과 수학여행 이외에 근대교육기관의 도입과 함께 활성화된 학교교육의 일환으로서의 행락활동이 운동회다. 운동회는 여행의 형태가 아니라 이벤트의 성격을 가

진 행락활동이었으며 몇 개의 학교가 연합하여 대운동회를 개최함으로써 학생이나 교사뿐만 아니라 지역 주민들 전체가 참여하는 축제로서 기능하였다.[17]

함영교운동

김해군 답곡에 있는 함영학교에서 춘기 운동을 음력 4월 8일에 설행하였는데, 학도 53인과 교사 18인이 군서 무계리에 이르며 관광하는 자들이 구름같이 모였으며 그 동리에 사는 조경백 씨는 70여 인의 저녁밥을 담당하고 손기백씨는 아침밥을 담당하였으며, 주과로 대접하는 사람들도 다투어 가며 맞았다고 해군에서 온 사람의 칭송하는 말이 있더라. 『대한매일신보』 1908.5.14. 2면

부인의무

본 월 2일에 해주 추이면 정명학교에서 일주년 기념식을 설행하고 광명학교 학생과 연합운동을 할 때에 빈객과 관광자가 1,000여 명이오 상품과 오찬은 상6리 구교에 거하는 박춘근 씨의 부인 김씨가 담당하였다고 송성이 자자하다더라. 『대한매일신보』 1909.6.11. 1면

백천학교운동

백천군 읍촌간에 있는 여러 학교가 음력 3월 17일에 대운동회를 하였는데 국기를 들고 항오가 정제할뿐더러 시험하는 과정에 능소능대함으로 관광하는 사람들이 모두 칭찬하였으며 상품은 그 고을 군수 봉훈 씨가 자담분급 하였고 학업을 열심권연한 결과로 경내에 학교가 41처이오 입장한 학도가 1,386인 이라더라. 『대한매일신보』 1909.6.13. 3면

위의 두 기사는 1908년과 1909년에 있었던 대운동회에 대한 기사이다. 하나의 학교에서 개최되건 지역 학교들이 연합하건 간에 지역 주민 전체가 참여하여 축제의 성격을 가진다는 점에서는 동일하다. 이러한 운동회의 모습은 우리의 전통적인 세시풍속에서 온 마을 사람들이 함께 준비하여 줄을 꼬고 줄다리기를 하거나 기마전을 하는 등

17. 1896년 5월 우리나라 최초의 운동회가 삼선평(현 삼선교 부근)에서 열렸다. 화류회(花柳會)란 명칭으로 거행된 이 운동회는 영국인 허치슨, 핼리팩스 등이 지도하였다. 체육은 청소년의 신체를 단련시키고 건전한 정신을 함양시켜 준다. 특히 일제시대에는 체육을 일종의 민족운동으로 여겼기 때문에 각종 단체에서 체육회를 주최하여 성황을 이루었다(김열규 외, 1971: 9).

그림 III-43. 삼선평 운동회(출처: 김열규 외, 1971)

그림 III-44. 연합운동회(출처: 김열규 외, 1971)

의 모습을 연상시킨다. 농업생산양식이 사회문화 전반에 가장 강력한 영향을 미쳤던 근대 이전의 모습에서 근대교육의 도입과 세시풍속을 대체하는 듯한 운동회의 모습은 변화되어 가는 조선의 한 단면이다.

· 스포츠

스포츠는 근대화에 이은 서양 문물의 수입으로 도입된 새로운 행락 형태다. 그 후 많은 전통적인 놀이가 스포츠로 전환되어 현재에 이르고 있으나, 일단 한말의 다양한 스포츠의 도입은 대부분 조선인의 교육과 전도에 종사하였던 선교사들에 의해 이루어졌으며, 역시 교육의 일환으로 보급되기 시작하였다.

주로 양반들의 정적인 행락활동에 치우쳐 아무런 목적 없이 신체를 단련하거나 즐기기 위해 운동을 한다는 육체의 패러다임이 존재하지 않았던 조선에서 새롭게 등장한 스포츠는 '현대적인 문명' 중의 하나로 널리 소개되었다(김진송, 1999: 155-160).

표 Ⅲ-1. 스포츠의 도입

종목	유래
체조	다른 스포츠와 달리 일반단체가 아닌 학교계통에서 교육적 수단으로 취급. 학부령이 공포된 1895년 이후 한성사범학교와 외국어학교 교과목으로 규정됨.
수영	1898년 5월 14일 공포된 무관학교 칙령의 기록으로 볼 때, 무관학교 학생들 사이에서 최초로 수영을 배우기 시작한 것으로 보임.
스케이트	1908년 현순동이 미국 선교사 길레트의 가구 중 경매하여 삼청동 구천에서 얼음을 지친 것이 시초. 1910년 2월 6일에 조선일일신문사 주최로 서울 한강에서 처음으로 빙상운동회를 개최.
야구	1905년 미국인 선교사 길레트가 황성기독청년회원들에게 지도한 것이 우리나라 야구의 시초.
축구	1906년 봄부터 관립외어학교의 분교인 법어학교 교사였던 프랑스인 마뗄이 그 학교 학생들에게 지도한 것이 최초이며, 경기로서 공개된 것은 동년 5월 4일 동소문 밖 봉국사에서 거행된 법어학교 운동회 종목 가운데 이것을 포함.

그림 Ⅲ-45. 여자 정구선수들, 필드하키(1920년), 한강의 아이스하키(1923년)(출처: 서울시정개발연구원 · 서울학연구소 공편, 2000)

· 기차여행과 기차역

새로운 문물 중 행락과 가장 직접적으로 관련되며 큰 영향을 미친 것은 단연 기차와 전차다.[18] 기차나 전차와 같은 대량 운송수단이 가져 온 영향은 크게 다음의 두 가지로 나누어 볼 수 있다.

첫 번째는 이전에는 상상도 할 수 없을 만큼의 인원이 단체로 여행을 할 수 있다는 것이다. 예를 들어 어린 학생들이 하루 만에 동문밖 홍릉까지 소풍을 갔다가 온다거나, 혹은 국경을 넘어 만주까지 단체로 수학여행을 가는 것은 분명 철도 교통이나 전차의 등장 없이는 불가능한 것이었다. 이처럼 인솔자에 의해 확실히 통제되는 단체 관광이 아니더라도 철도나 전차는 수많은 사람들을 동일한 시간, 동일한 장소에 집중시킴으로써 요즘의 관광지에서 볼 수 있듯 개개인의 의사와는 무관한 단체관광을 유발한다.[19]

두 번째는 기차역의 발생이다. 기차역 주변은 새로운 교통의 요지로서의 기능뿐만 아니라 각종 물품과 사람들이 모여들게 된다. 도시를 들고나는 사람들이 모두 이 기차역을 통과하므로 기차역은 도시의 새로운 얼굴이 되고 남대문과 같이 지역과 지역을 연결하는 열차가 자주 드나드는 큰 역이나 교통의 결절점에서는 크고 작은 행사와

---

18. 우리나라에 기차가 처음으로 도입된 것은 1896년(고종 33년)에 제물포-노량진 사이에 철도가 부설되어 개통을 보게 된 것이 최초이며, 전차의 경우는 1898년 처음으로 청량리-서대문 간 운행을 시작하였으며, 부산 및 평양에도 그 후 개설되었으나, 1969년 자동차에 밀려 모두 폐기되었다.

19. 이러한 집단적인 행락활동과 시간거리의 단축, 혹은 이동거리의 소멸은 벤야민이 지적하는 복제를 통한 아우라의 상실로 나타나기도 한다. 기차표는 마치 영화관으로 들어가는 극장표와 같아서 마차로 여행하던 시절과 비교하면 일종의 하이퍼링크에 의한 공간이동이 가능하게 된 것이다. 표를 끊고 들어가서 문을 열고 나오면 어느새 원하던 장소로 이동해 있는 것이다. 각 지방을 손쉽게 빠른 시간 안에 여행할 수 있게 된다는 것은 복제를 통해 일회성을 자유자재로 다룸으로써 진품과 모조품 사이의 차이점을 점차적으로 제거하는 '기술복제시대의 예술작품'과 마찬가지 운명을 맞는다. 특히, 일제에 의한 국권침탈 이후의 우민화 정책과 민중에 대한 감시, 통제와 맞아떨어지면서 어쩌면 현재 우리 사회에서 흔히 볼 수 있는 통속적인 단체행락의 문화가 발생하기 시작한 것이 아닌가 생각된다(박진희 역, 1999: 48-59 참조).

이벤트가 일어나게 된다. 마을의 공터나 큰길가와는 전혀 다른 형태로 이전의 전통적 공간에서는 볼 수 없었던 새로운 광장이 등장하게 되는 것이다.[20]

관광인 금지

삼재 건너 영등포 근처에서 경인 철로에 화륜거 내왕하는 것을 구경하려고 사람이 많이 모여들어 다치기가 쉬운 이유로 해서 철도 감독 리채연 씨가 농상공부에 보고하여 해당지에 순검을 많이 파송하여 구경하는 사람들을 금지케 하여 달라 하였다더라. 『독립신문』 1899.9.25. 4면

관광인피효

금번 인산시에 관광자의 전차 탄 수효가 3만 6,000여 명이라더라.

『대한매일신보』 1905.1.9. 2면

위의 첫 번째 기사는 철도 교통이 생긴 지 얼마 되지 않아 구경꾼들이 많이 모여들어 안전상에 위험이 생기는 것을 막기 위해 순경을 파견하였다는 내용이다. 당시의 기차는 그 자체로서도 대단한 구경거리였던 것이다. 이후의 기사들을 살펴보면, 일제에 의해 수많은 일본으로의 관광단 등을 환송, 환영하기 위하여 기차역으로 동원되기도 하며 국가적 행사를 기차역 부근에서 대대적으로 벌이기도 한다.

두 번째 기사에는 전차를 통해 관광을 위해 이동한 사람의 수가 3만 6,000명에 이르는 것으로 기록하고 있는데, 1907년 한성의 인구가 19만 9,000여 명으로 추정되는 것을 생각할 때, 지금으로 말하면 서울 인구의 약 1/6 가량이 한꺼번에 움직인 것이 된다.[21] 이는 전차나

---

20. 기차역들은 이전의 역참과 비교할 수 있는데, 이는 기차를 마차에 그리고 선로를 지방도로에 비교할 수 있는 것과 동일하다. 하지만 이들은 근본적으로 새로운 어떤 것이다. 기차역은 도시에 통합되는 구성요소가 아니다. 우선 이미 위치에서부터 역은 옛 도시 성곽 외부에 놓여 있다. 도시 중심부의 주변에 놓인 역은 사방에서 밀려오는 열차교통을 맞이하고, 그것들을 도시로 안내했고, 또 그 반대 방향의 역할을 하기도 했다(박진희 역, 1999: 216-223).
21. 조선 후기 한성 인구의 추계 참고(권태환 외, 1997: 71-96).

그림 Ⅲ-46. 초창기의 기관차와 승객들(출처: 신석호 외, 1971)

그림 Ⅲ-47. 1920년대 평양 거리와 전차(출처: 신석호 외, 1971)

철도 등의 교통수단으로 인해 얼마나 적극적이고 집단적인 행락활동이 시작되었는지를 여실히 보여 주는 것이다.

· 새로운 행락공간

-공원 · 동물원

Ⅲ장 1절의 3) 조선시대의 정주환경과 행락활동 공간에서 살펴본 바

와 같이 조선시대 마을에서는 각 주택의 마당, 안길 및 정자 등의 휴식장소가 유기적으로 배치되어 있었으며 별도의 공원은 존재하지 않았다. 또한 마을 가까운 곳에 산과 들과 강이 펼쳐져 있어 아름다운 자연을 즐길 수 있었으므로 황폐화된 도시공간의 허파로서 서구적 의미의 도시공원을 조성할 필요가 없었다.

조선 말기 문호개방과 함께 외국인들이 거류하기 시작하면서 그들만이 모여 사는 장소가 형성되고 휴식장소가 필요하게 되었는데, 외국공동조계(外國公同租界)가 최초로 만들어진 인천에 우리나라 최초의 근대식 공원인 만국공원(萬國公園)이 1889년에 만들어지면서 우리나라의 공원의 역사가 시작된다.[22]

서울에 만들어진 공원으로는 1897년 조성된 독립공원이 최초다. 독립공원은 독립관, 독립문과 함께 독립협회의 활동에 의해 국민들에게 자주독립사상을 일깨우기 위한 상징적 장소로 건립되었는데 그 자취가 남아 있지 않고 독립공원의 범위 또한 오늘날 지적도가 남아 있지 않아서 독립문 부근의 어느 위치인지를 정확하게 판별하기 어렵다.[23] 1896-1899년에 걸쳐 조성된 파고다공원(현 탑골공원)은 당시 대한제국 정부에 의해 건설되어 현재까지 남아 있다.

만국공원이나 독립공원, 파고다공원 등이 국운을 일신하고자 하는

---

22. 만국공원은 오늘날에도 자유공원이라는 이름으로 남아 있으며, 1893년에는 인천 일본인 거류민단 지역에 동공원(東公園: 현재 인천여상 터)이 조성되었다(박인재, 2002: 17).

23. 독립공원은 구모화관 남쪽에 연못을 파서 연꽃과 버들을 재배하며 경관을 가꾸었으므로, 이 연못을 비롯해서 구모화관 일대도 모두 독립공원 안에 포함되어 있었음이 명백하다. 독립공원의 건설계획은, 과수와 관상목, 화초와 여러 가지 관목을 심어서 공원을 꾸밈과 동시에 실험단지를 만들고, 또한 공원을 세 부분으로 나누어 ① 그 일부는 실외의 운동을 위한 운동장으로 보존하고, ② 또 일부는 관사와 시민의 산책과 휴식을 위한 휴식처를 만들며, ③ 다른 한 부분은 시민들이 일주일에 1, 2회씩 시사문제에 대한 강연을 듣는 장소로 만들려는 포괄적 계획이었다. 이 계획은 막대한 경비가 소요되었으므로, 기금 부족으로 인하여 계획대로는 건립되지 못하였다(신용하, 2001b: 390-392).

그림 Ⅲ-48. 준공 당시의 독립문(출처: 방상훈, 1995)

그림 Ⅲ-49. 화성대공원(1908년경)(출처: 조선총독부, 1934)

취지에서 독립의 상징, 혹은 근대화의 상징물로 조성된 것과는 반대로 이후의 공원들은 일본에 의해 조성되기 시작한다. 임진왜란 당시 일본인에 의해 축조되어 왜성대, 혹은 왜장대라고 불리는 남산 북서사면에 1898년 청일전쟁 승리를 기념하기 위한 화성대공원이 축조되었으며, 이후 이와 같은 신사 및 공원의 조성은 일본인으로서는 하나의 도식처럼 되어 버렸다(박인재, 2002: 16-23).

동물원 역시 새롭게 들여온 행락의 공간이었으나 위의 공원과 마찬가지로 일본에 의해 의도된 대로 조성되었으며, 특히 왕후의 거처로 지어진 궁궐인 창경궁을 동·식물원으로 조성함으로써 의도적으로 조선왕조의 권위를 실추시키게 된다.

공원에서 원유회

재 작일 오후 3시에 법무대신 고영희 씨가 중부 사동 공원 내에서 원유회를 설행하고 해 부관 임관 이상과 대심원 판검사 이하와 법관양성소장 근 60여 명을 청하여 대접하였다더라. 『대한매일신보』 1908.9.22. 2면

공원관광

일본에서 건너온 관광단 일행이 본일 하오 2시에 탑골공원을 구경한다더라. 『대한매일신보』 1909.6.9. 2면

동물원종람

근일 창덕궁 안에 있는 동물원과 박물관의 설비가 점점 필역이 되는 고로 일간부터 관광케 한다더라. 『대한매일신보』 1909.3.23. 2면

당시 공원은 위의 첫 번째 기사에서와 같이 공식행사의 장소로도 사용되었으며 아래의 기사에서와 같이 관광을 위한 구경거리로도 여겨졌다. 이후 일제강점기의 기사에서 공원들은 주로 시민들의 꽃구경이나 피서지로 활용되었던 것으로 생각된다.[24]

-극장

연극이나 공연의 시작은 고대의 제천행사의 일종에서 시작되었다는 것이 정설로 받아들여지며 어느 나라에나 각기 고유한 형태의 연극문화가 이어져 내려온다. 우리나라의 경우 일부 인형극 이외에는 주

24. 위의 첫 번째 기사에서 말하는 '원유회'는 이후 일제강점기에 이르는 행락 관련 기사에서 자주 언급되는데, 여기서는 일종의 공식적인 연회로 생각된다. 야유회나 학생, 유치원생 등의 소풍과 같은 행사에도 원유회라는 용어가 사용되는데, 이는 자연을 즐기며 뛰노는 행위보다 공식적인 행사 및 이벤트가 주가 되는 활동의 경우로 나타난다. 따라서 오늘날의 소풍은 한말의 소풍, 학당 놀이 등과 원유회의 중간정도 형태로 생각할 수 있다.

로 마당놀이, 판소리, 탈춤 등 야외에서 공연되는 형태가 주를 이루었다.

한말에 이르러 실내에서 공연하는 연극의 형태로 소위 신파극(新派劇)이라고 불리는 신극이 시작되는데 이를 위한 공연장이 마련되어 새로운 행락장소가 되었다.25

아래의 기사에 등장하는 협률사는 궁내부의 관할로서 가무에 능한 기녀를 뽑아 여러 가지 연희를 교습시키고 이를 관리하는 관청이었다. 기녀・삼패・광대 등을 모집하여 가무를 공연하고 활동사진도 상영하여 흥행을 하는 곳이었으나 아래의 기사와 같이 풍속을 저해한다는 비난이 많아 폐지가 요구되었으며 결국 1906년 궁내부 관할에서 벗어나 사설단체로 전환되어 원각사에서 연극 상연을 계속하였다(김열규 외, 1971: 363-364). 이후 연극, 영화 등 상업적 공연예술의 성행은 근대적인 대중문화산업의 시작으로서 때로는 퇴폐적인 문화로 치부되며 보수적인 사회지도층의 비난을 받기도 하였으나 대중들의 애환을 달래주는 역할도 하였다. 그러나 일제의 간섭이 더욱더 심해지면서 오히려 친일적인 극예술이 문제가 되기도 하였다.

연극폐지

재작일 밤에 단성사에서 각색 연극을 차례로 거행하는데 관광하는 남녀가 300여 명인데 그때 어느 곳에서 돌이 비오듯 하여 일장 야유가 일어난 고로 즉시 그 연극을 폐지하였다더라. 『대한매일신보』 1909.5.27. 1면

협률사폐단

대구군에는 경성에서 협률사가 내려가서 밤마다 연극을 창설하는데 그곳 탕자와 음부들이 모여 관광하기에 매일 허비하는 돈이 200원 가량이나 되므로 그 고을 사람들의 원망이 낭자하다더라. 『대한매일신보』 1909.4.2. 2면

---

25. 우리나라에 처음으로 현대적인 개념의 연극이 상연되기 시작한 것은 1908년 11월의 일로서 이인직이 자신의 신소설 「은세계(銀世界)」를 서구적인 양식의 연극으로 각색하여 원각사에서 상연한 것으로부터 시작하였다(김열규 외, 1971: 362-370).

② 지배층의 행락과 비판적 인식

위에서 살펴본 바와 같이 대한제국시대에 들어서 들어온 새로운 문물과 신문화의 영향은 전통사회의 변화를 주도하며 새로운 여가 및 행락문화로 이어진다. 그러나 이러한 변화는 국력의 쇠퇴와 일제의 사회·경제·문화적 침략으로 인한 혼란의 가중 속에서 정상적인 발전을 하지 못하고, 특히 부패한 집권층의 친일적, 향락문화는 행락문화 전반에 대한 부정적인 인식으로 이어지게 된다.

· 지배층의 행락

신흥사 놀이

궁내부 대신 리재순 씨가 어제 동소문 밖 신흥사에 나가서 놀았다더라.

『독립신문』 1899.7.27. 3면

현씨 행락

재 작일 삼청동 사는 현흥택 씨가 기생을 청하여 노는데, 내부관인이 다 참석하여 진일토록 연락하였다더라. 『독립신문』 1899.3.14. 4면

삼씨 행락

궁대 이윤용 씨와 총리대신 이완용 씨가 법부문서과장 김희수 씨와 같이 지난 토요일에 동소문 등지에 나가서 하루를 소창하였다더라.

『대한매일신보』 1907.8.27. 2면

삼 작일에 총리대신 이하

삼 작일에 내각대신 이하 각 대신들이 학원정 길씨의 원유회에 가서 질탕히 놀았다니 지금 각 지방에 포성과 곡성이 진동하는 것을 한국 대신들은 격양가로 알고 태평성대의 연회를 자주 하는지… 『대한매일신보』 1907.9.13. 2면

기생은 무엇하나

지난번 각 학교 대운동회에 학부대신 이재곤 씨가 기생들을 데리고 갔더니 주전원과장 이겸제 씨가 순검을 지휘하여 그 기생을 내어 쫓으라 하니 학부대신이 만류하여 말하기를 내가 데리고 온 기생이니 그만두라 하거늘 이겸제 씨가 학부대신을 대책하여 말하기를 운동회가 원유회가 아니오, 하물며 황태자전하께옵서 친림하옵시고 고등관인들이 배종하는데 기생이 당하냐하며 대단히 논박하였다더라. 『대한매일신보』 1907.10.31. 2면

일전에 삼계동 운현궁 정자에서

일전에 삼계동 운현궁 정자에서 원유회를 하는데 참례한 내·외국 기생들을 황띠와 적띠로 둘에 나누고 학부대신 이재곤 씨가 기생과 같이 경주를 하여 황띠 편이 이겼다 하니 학부대신은 교육을 관리하는 대신으로 유명한 꽃떨기 속에 한 나비의 춤이 되어 향취를 탐코저 하였은즉 이는 꽃차지 대신인가.

『대한매일신보』 1907.11.13. 2면

연희장 소식

재 작일 밤에 야주개 관인 구락부에 관광하는 사람들이 구름 모이듯 하여 입장표가 부족이 되었는지라 어떤 사람하나가 소리를 질러 이르되 오늘날 시국이 어떠한데 국민들이 기생을 데리고 풍류가 무엇이냐 하고 일장연설하고 갔다더라.

『대한매일신보』 1907.12.29. 2면

유씨 언론

유길준 씨가 이번 원유회에 기생을 많이 쓴다는 일에 대하여 정대한 언론으로 정부관리를 논박하여 말하기를 대황제폐하께서도 그날 임어 하신다는데 지극히 천한 기생으로 어전에 가까이하는 것이 인군을 섬기는 도리가 아니라고 누차 설명하였다더라.

『대한매일신보』 1908.3.28. 2면

부끄럽지 아닐까

총리대신 이완용 씨가 통감을 위하여 원유회를 하려고 발기하는데 통감이 듣고 지금에야 말하는데 밤낮으로 원유회만 하면 나라 일이 진취되겠느냐하고 논박하였다더라.

『대한매일신보』 1908.4.25. 2면

기악질탕

한성부민회에서는 작일 상오 12시에 경복궁 안 경회루로 연회를 설시하고 일본관광단을 영접하는데 기악으로 질탕히 놀았다더라.

『대한매일신보』 1909.6.9. 2면

국운이 쇠락하고 외세에 의한 이권의 수탈로 경제적 어려움이 가중되는 상황에서 지배층의 향락은 민중에게 허탈감과 분노를 일으키기에 충분하다. 위의 기사들은 대한제국 관리들의 향락적인 행락에 대한 비판적인 시각을 읽을 수 있다. 이러한 지배층의 행락문화에 대한 비난의 기사들은 1986년에서 1910년에 이르는 『독립신문』과 『대한매일신보』의 행락 관련 기사 중 153건 중 40건 가량으로 26%에

이를 정도로 상당히 많은 부분을 차지한다. 경복궁, 운현궁, 학교 대운동회, 동소문 밖의 어디쯤을 가리지 않고 기생과 함께 향락에 빠져드는 이들의 행락문화는 당시의 사회분위기에 큰 영향을 미친다. 이후에도 친일파로 역사에 오명을 남긴 위 기사 속의 주인공들에 대한 민심이 어떠했는지는 다음의 『대한매일신보』 시사평론들을 통해 여실히 파악할 수 있다.

곤한잠을늦이깨어(1908.5.16. 2면)
곤한잠을 늦이깨어 귀를잠깐 기울이니
양류간에 황앵성도 새정신을 부르는데
이세상에 사람되고 저새만도 못할소냐
그소리가 청청하다 오장육부 다내주니
내각대신 정신없다 이강토를 고기같이
주린범께 던져보면 저일신은 무사할까
꾀꼬리가 우는구나 그소리가 청청하다
녹음방초 호시절에 능라주의 호사하고
기생들을 희롱할제 세상사는 어떻든지
행락하기 정신없다 꾀꼬리가 우는구나
그소리가 청청하다 어둔밤에 꿈을못깬
원로대신 거동보소 모슨생각 또있는지
옛날권리 얻으려고 세력가만 연락한다
꾀꼬리가 우는구나 그소리가 청청하다
몇몇해를 해외에서 유학하는 저동포는
문명풍기 열력하고 변화기질 하였으니
그칠바를 알았으나 고향생각 없을소냐
꾀꼬리가 우는구나 그소리가 청청하다
청년자제 양성하니 국가기초 이아닌가
급히급히 진보하여 애국가를 부르면서
일심단체 되고보면 국권회복 비난이라
꾀꼬리가 우는구나 그소리가 청청하다
깊고깊은 초당안에 시국형편 그려걸고
살펴보며 경륜할제 때기다려 안나오나
이시대가 어느때뇨 꾀꼬리가 우는구나
그소리가 청사하다 남북촌에 친구찾아

손을잡고 추축할제 주사청루 왕래키로
금과같은 이세월을 방탕하게 허송하다
환호성에 잠깨어라 꾀꼬리가 우는구나
그소리가 청청하다 지방풍진 이는곳에
대포성이 진동하니 사생존망 알수있나
심산궁곡 과부촌에 슬픈꿈도 깨려하네
꾀꼬리가 우는구나

큰길거리장석우에(1908.7.31. 2면)
큰길거리 장석우에 봉두돌빈 팔구인이
차례없이 앉고누워 저희끼리 수작하니
들을말이 허다하다 지등롱에 횡장죽은
완고양반 이아닌가 개화시대 몰랐던지
교만태도 그저있어 갈지자로 거리가니
그체격이 제일밉네 인력거에 권연분이
경박소년 이아닌가 학문사상 일호없고
주색장에 출입하여 전고후첩 양양하니
그체격이 제일밉네 석장옷에 금띠띠니
은군자가 이아닌가 여공범절 전폐하고
방탕자제 후릴적에 동서분주 왕래하니
그체격이 제일밉네 탑골치에 전립쓴자
세가구종 이아닌가 대단의세 한양으로
잔피한이 대해서는 무단행패 자심하니
그체격이 제일밉네 평량자에 목화단이
상무임원 이아닌가 실업방침 하나없이
기악에만 질탕할제 처자또한 불고하니
그체격이 제일밉네 몇층집에 높이눈자
부귀객이 이아닌가 동포어육 불구하고
제욕심만 채우면서 영구행락 하려하니
그체격이 제일밉네 객주집에 유연자들
구사향객 이아닌가 대관코만 한번보면
관찰군수 곧할듯이 양비대담 자긍하니
그체격이 제일밉네 제가제흉 모르는이
병문친구 이아닌가 땀흘리고 벌이하는
모주집에 다버리고 조석생각 아니하니
그체격이 제일밉네

· 원유회

원유회는 일종의 공식적인 연회의 의미로 주로 사용된 것으로 보인다. 지배층의 행락문화 중 대표적인 것으로 부패한 관리들의 연회도 있었으나, 대한제국의 황제가 직접 주관하여 권위를 나타내려 하기도 하였으며, 일본인들이 주최하거나 친일파들이 주최하여 민심을 어지럽히고, 자신들의 이권을 도모하는 사교의 장으로 이용하기도 하였다.

어로수축

음력 2월 8일은 대황제폐하 건원절이신 고로 창덕궁 안 비원에서 원유회를 배설할 터인데 대황제폐하께옵서는 그 날에 마차로 동가하시기 위하여 건양문으로부터 홍화문으로 비원까지 치도할 터인데 작일부터 시역하였다더라.

『대한매일신보』 1908.2.18. 2면

원유회 친림

이 달 18일에 비원에서 원유회를 성설한다 함은 이왕 게재하였거니와 대황제폐하께서와 황후폐하께서 친림하실 터인데 황후폐하께서는 종척 부인과 각 대신 부인으로 처소를 특별히 설치하실 터이오. 당일 회원은 각 회사장과 각 신문사장까지 청첩한다는데 일반회원 수효가 1,400여 명 가량이라더라.

『대한매일신보』 1908.3.15. 2면

재작일에 남산 왜장터에서

재 작일에 남산 왜장터에서 진고개에 거류하는 일본 사람들이 원유회를 성설하였는데 총리대신 이완용 씨와 궁내대신 이윤용 씨와 각부대신들이 가서 참여하였다니, 지금 각 대신은 이 나라를 팔아먹은 노예라 족히 책망할 것이 없거니와 이번 일본인 연회 중에 한국 사람의 면목으로야 어찌 참여할 수 있나.

『대한매일신보』 1907.8.13. 2면

헌의한 협의

재 작일 통감부 원유회에서 중추원 찬의는 한 사람도 청하지 아니하였다는데 그 곡절인 즉 윤길병 씨의 헌의한 까닭이라더라.

『대한매일신보』 1908.4.21. 2면

일진회기념

오는 18일은 일진회 창립한 제 사회 기념인고로 작일 오후 1시부터 기념 원유회를 개설하고 내·외국 신문기자들을 청하여 대접한다더라.

『대한매일신보』 1908.8.1. 2면

이 총리의 아첨

전보와 같이 작일은 일황폐하의 천장절인 고로 증미부 통감이 통감부에 원유회를 개하고 각부 대신을 청하였는데 총리대신 이완용 씨가 그 좌석에 참여하어 증미부 통감의 손을 잡고 백 가지로 아첨하였다고 비평이 낭자하더라.

『대한매일신보』 1908.11.4. 2면

관광자의 격분

일전에 이등 통감이 입성할 때에 각 대신들이 정거장에 나가 영접함은 이미 게재하였거니와 그날에 각 대신들이 돌아오는 길로 광통교를 지나는데 노상에서 관광하던 자 몇 사람이 큰 소리로 말하여 이르되 저것들이 어느 날이나 죽는고 저것들로 인하여 우리나라가 망하였다 하고 열장불을 하였다더라.

『대한매일신보』 1908.11.28. 2면

위의 네 번째 기사에서 통감부 원유회에 중추원 찬의를 청하지 않았다 함은 친일 인사들만을 모이게 하였다는 뜻이다. 중추원은 조선의 입법기관으로서 1898년 독립협회의 활동으로 의원의 반수를 민회에서 선거를 통해 선출하였는데, 1899년 독립협회의 해산과 함께 관선제로 전환되고 그 후 1905년에는 규모를 축소하여 찬의 15명만을 두었다. 이 밖에도 기사에서 볼 수 있듯이 일본에 협조하는 관리들의 원유회가 자주 이루어졌으며, 이완용 등의 당시 권력층의 부패와 매국적 행동들이 어떠했는지를 말해 준다. 마지막 기사는 이들에 대한 민중들의 분노가 나타나고 있다.

· 관광단

일제강점기에 행락활동 중 특이한 것으로 관광단의 활동을 들 수 있다. 일반적으로 이 시대의 관광단은 전통적인 관광의 의미와 같이 수려한 자연풍광을 관광하기 위한 것이 아니었다. 이들은 명분상으로는 발전한 선진문물을 보고 배워 오는 것을 목적으로 하여 주로 일본을 방문하는 관광단을 구성하였다.

관광자 피선

일전 총리대신 이완용 씨 집에서 일본에 유람 차로 보낼 사람을 택하였는데 김종한, 민영소, 조명희, 윤길구 등 제씨가 피선되었다더라.

『대한매일신보』 1909.3.17. 2면

관광단입찰자연회

일본관광단에 입찰한 제시들이 재작일 하오 7시에 전고개 천진루로 모여서 간친회를 하고 크게 연락하였다더라. 『대한매일신보』 1909.3.18. 2면

원로 입참

원로대관이 일본관광단에 간다는 말은 이미 게재하였거니와 대제학 이용원, 전대제학 김학진, 전판서 이용직 삼씨가 해에 입참하였는데 정부에서 여비 100원씩을 지발한다더라. 『대한매일신보』 1909.3.23. 2면

제2 관광단

일인이 발행하는 경성일보사에서 주창하여 관광단을 또 모집하기로 준비하는 중이라는데 이번에는 불평당으로 모집한다더라.

『대한매일신보』 1909.4.25. 2면

3회 관광단

제1회 관광단 일행은 십일에 귀국하고 제2회 관광단은 불평당으로 조직한다 하며 제3회 관광단은 각군에 한 사람씩을 모집한다더라.

『대한매일신보』 1909.5.6. 2면

관광단 설연

금번 관광단원 일동이 연합하여 경성일보 사원일동과 또 다른 신문기자와 민단을 접대한다 함은 각 신문에 이미 게재하였거니와 다시 들은즉 일자는 오는 일요일이요, 위치는 장충단으로 정하였다더라. 『대한매일신보』 1909.5.21. 2면

이러한 관광단은 수차례에 걸쳐 조직되어 차례로 일본을 방문하였으며, 주로 친일파들 관리나 유지들로 구성되었다. 관광단에 대한 기사는『대한매일신보』 382건의 기사 중 60건으로 약 16%에 이를 만큼 많은 부분을 차지한다. 관광단에 참여하는 것은 점차 하나의 이권으로 여겨졌으며 그 후 그들만의 모임을 만들어 정치세력화하였던 것으로 보인다. 관광단에 참가하기 위하여 많은 재물을 사용한 이도 있었음이 기사의 기록으로 남아 있다.

기괴한 광경

근일에 일본사람들이 발기하여 한국사람을 일본에 관광차로 보내는 소위 피없고 정신없는 자 100여 명이 일참 되어 파리같이 모이고 지렁이같이 연결하여 일본으로 건너간다는데 총리대신 이하로 각각 여비와 물품을 기부한다, 내각에서는 크게 찬성한다, 한성부민회에서는 전별기를 높이 달고 남대문에서 정거장에 전별회를 한다 하여 그 광경이 사람의 이목을 놀라게 할 만하더라. …(중략)… 관광단이라 하는 것이 이러하거늘 여비와 물품을 기부함은 무슨 뜻이며 평생에 학교에는 한 푼 보조도 아니하던 총리대신 이하가 각각 돈과 물품을 기부하니 실로 기괴한 일이며 크게 찬성하는 것은 무슨 뜻인가. 저희는 전일에 국민들의 새 사업하는 이는 일호도 찬성함이 없던 내각이라 크게 찬성하는 것이 실로 기괴하며 전별기를 높이 달고 전별회를 성설함은 무슨 의사인가. 저희는 전일에 허다한 신사들과 학생들이 일본에 갈 때에는 아무 전별함이 없던 한성부민회라 전별회를 성설하는 것이 실로 기괴하도다. …(중략)… 혹이 말하기를 근일 한국사회에서 외국에 아당하는 태도가 성하였으니 이것도 또한 한 가지 외국을 아당하는 일에서 난 것이라 하나 이는 결단코 그렇지 아니하니 아무리 외국에 아당하는 태도가 성하였은들 어찌 이런 기괴한 광경이 있으리요.

오호라, 관광단이여 저희는 기괴단이며 관광단의 일행이여 저희는 기괴단의 일행이며 관광단을 숭배하는 물건이여 저희는 기괴한 물건이 아닌가.

저 관광단 중에 무한히 기괴한 의미가 포함되지 아니하였으면 어찌 저런 기괴한 광경이 있으리요. 우리는 눈을 씻고 후일 광경이 어떠한 것을 기다려 보겠노라.

『대한매일신보』 1909.4.4. 1면

이처럼 당시의 관광단은 유익한 배움이 목적이 아니라 친일세력들의 세를 과시하고 일본에 아첨하는 의미를 가지고 있어 비난의 표적이 되었다. 결국 일제에 의해 국권을 상실한 후에도 이러한 관광단의 활동은 이어졌다. 일제에 의해 조직된 관광단은 그 후로도 계속해서 일본을 방문하며 친일을 조장하였으며, 견학단이나 시찰단으로도 불렸다. 이중에는 지방의 부인, 청년, 교원 등의 특정 단체가 실제로 경성이나 각 지방의 교육, 산업, 생활상 등을 시찰활동을 하는 등 본래의 취지에 맞는 경우도 있었으나 대한제국 말기의 관광단은 일부 부패한 인사들의 친일행위로 간주되었다.

다음은 관광단 등 친일행위에 대한 비판을 실은 『대한매일신보』의 시사평론 내용이다.

국가문명하려하면(1909.4.7. 2면)
국가문명 하려하면 마귀부터 없을텐데
온세계를 유람해도 마귀배가 충만키는
한국반도 제일이라 전일사는 고사하고
춘화이는 이시대도 마귀창궐 우심일세
이내포승 풀어내어 차례대로 묶어볼까
유지자로 자쳐하고 큰단체를 성립하여
외면으로 볼장이면 조국사상 있는듯이
전국인민 농락하나 그내용을 살필진데
망국기관 부리어서 세계이목 가리고져
운동하는 저마귀를 일호령에 묶어내고
완고자로 자처하고 흑암중에 은복하여
주사야탁 하는것이 어찌하면 괜찮을고
외국인을 연락하여 매국사업 할까하고
조부비듯 발광터니 관광단에 득참하여
환형가는 저마귀들 일호령에 묶어내고
개명자로 자처하고 사회상에 출몰하여
능라금수 반양복에 동등권을 찾는다고
모모회를 설립하다 그행동을 조사하면
제반악중 구비하여 어린여자 들에까지
물들이는 저마귀들 일호령에 묶어내고
신사라고 자처하며 화류장에 투신하여
부르는이 약산동애 잣키는이 오동봉황
교육계나 사회상엔 푼경보조 아니해도
이런일에 들어서면 불석천금 탕비하여
호탕하는 저마귀를 일호령에 묶어내어
무수마귀 묶어놓고 처치방법 연구할제
지옥으로 보내자니 참아인정 못할지라
사랑하신 상제께서 한국인을 구원코자
구세군을 보냈으니 그영문에 몰아드려
모든죄악 회개하고 착한사람 되게하세.

나라가 어지러운 때에 이러한 관광단의 활동은 민중들을 허탈하게 하였으며 위의 평론에서는 심지어 이들을 인민을 농락하고 망국으로 이끄는 마귀들로 묘사하고 있다. 더불어 관광단의 행사에는 서민들까지 동원되게 되었는데, 이는 일제에 의해 민중의 활동이 통제되는 시작 중 하나였으며, 행락에 대한 부정적인 인식을 가중시켰다. 그 중 대표적인 예를 살펴보면 다음과 같다.

학교반대

재작일에 한성부민회회장 유길준 씨가 금번 관광단일행이 환국하는 데 대하여 각 사회와 각 민단과 각 학교에 통첩하고 환영하자 하였는데 각 학교에서는 모두 반대하였다더라. 『대한매일신보』 1909.5.11. 2면

상민반대

재작일 관광단 일행이 입성할 때에 한성부민단에서 성내 상민은 대소를 물론하고 일제히 남대문 정거장으로 가서 제등하고 영하라고 지휘하였는데, 여항 상민들이 반대하여 말하기를 벌금을 낼지언정 관광단을 환영할 수는 없다 하였다더라. 『대한매일신보』 1909.5.12. 2면

아첨하는 학교

재작일 일본관광단이 남문 밖 정거장에 도착할 때에 각 학교에서 환영함을 모두 반대하였는데 진명여학교와 고아원과 봉명학교와 공성학교에서만 나가서 영접하였다더라. 『대한매일신보』 1909.6.9. 2면

이처럼 민중들의 극심한 불만과 반대에도 불구하고 지배층은 일본관광단의 환송과 환영을 위해 일반 민중들뿐만 아니라 학교까지 동원하였다. 각종 행사에 임의로 인원을 동원하여 실제 여론과는 상관없는 어색한 장면을 연출하는 행위는 아직까지도 남아 있는 듯하여 씁쓸함을 지울 수 없다. 이후 일제에 의해 국권이 침탈된 후에는 이런 행사 때마다 선전을 위하여 사람들을 동원하였으며, 3・1운동 이후에는 오히려 어디서든 사람들이 모이는 것과 이동하는 것을 통제하였는데, 이는 전통적으로 거리의 행사에 참여하여 자연스럽게 함께 즐기던 우리의 전통문화에 극단적인 왜곡을 가져오는 것이었다. 우리

의 문화행사가 정치적인 항쟁이나 소극적인 행사로만 이어져 오던 원인을 여기에서 찾을 수 있을 것이다.

· 행락문화에 대한 비판적 인식

지배층의 부패한 향락문화와 더불어 사회적 혼란 속에서 서민들의 그릇된 행락행위는 더욱더 비판의 대상이 되었다. 대중문화의 교육이나 정체성이 부재한 상태에서 사람들이 모여들어 노는 행위는 퇴폐적인 것으로 흘러가기 쉬웠으며, 아래의 두 번째와 세 번째의 기사에서와 같이 공연문화 역시 순조로이 발전하지는 못하였다. 더군다나 협률사에 관한 기사에서와 보는 바와 같이 신문화에 대한 이해와 개방적인 사고가 전무했던 사회지도층은 남녀가 모여들어 어두운 공연장에서 전에 없던 공연을 관람하는 행위에 대해 매우 부정적인 시각을 가지고 있었다.

윷놀다 잡혀

재작일에 중부 상사동에 사는 김홍석, 이치선, 장경오 3인이 윷을 놀다가 중부경찰서에 잡혀 갇혔다더라. 『대한매일신보』. 1908.9.10. 3면

폐지할 징조

중부 사동 연흥사에서는 소위 배비장타령이라는 것을 설행하며 탕자음부를 유인하여 돈을 빼앗고자 하여 별반 흉계를 내히되 족히 관광할 것이 없어 구경하는 사람이 매일 30여 명에 지나지 못함으로 불원간 폐지할 터이라더라.

『대한매일신보』 1909.3.24. 3면

협률사폐단

대구군에는 경성에서 협률사가 내려가서 밤마다 연극을 창설하는데 그 곳 탕자와 음부들이 모여 관광하기에 매일 허비하는 돈이 200원 가량이나 되므로 그 고을 사람들의 원망이 낭자하다더라. 『대한매일신보』 1909.4.2. 2면

괴악한 중

금구군 금산사 주장중 두행이는 금점꾼과 부동하여 그 절에 있는 물건을 방매하고 계집을 상관하여 행락함으로 그 절이 부지할 수가 없는지라 각 절 중들

이 회동하여 그 이유를 각 절 주관하는 총무에게 보고하고 두행을 퇴거한 후에 중 덕우로 그 절 주임을 차출하였다더라. 『대한매일신보』 1909.11.24. 3면

다음의 『대한매일신보』 시사평론은 어지러운 시대에 행락에 빠져 세월을 허송하는 것을 경계하는 내용을 담고 있어 당시의 행락활동 전반에 대한 부정적인 인식을 보여 준다.

장마비는 축축한데(1908.7.28. 2면)
장마비는 축축한데 파락호가 서로만나 손을잡고 반가우나 랑핍일전 하였던지
술한잔도 못사먹고 신세타령 하는말이
나날때를 생각하면 우리부모 기뻐하여 문호영광 바랐건만 번화장에 출몰하며
이문목견 방탕키로 무정세월 보냈으니 후회막급 이아닌가
남촌가에 벗을찾고 북촌에서 술취할제 이천지가 좁다하고 방약무인 왕래하며
무한행락 하려다가 오료평생 하였으니 후회막급 이아닌가
분벽사창 좋은집에 절대가인 종종만나 은근수작 하여가며 백년가약 다정할제
용전여수 하던것이 일장춘몽 되었으니 후회막급 이아닌가
불농불상 이내몸이 세전지업 자재키로 한량없이 쓸줄알고 모대관집 화투판에
몇만환씩 내기타가 일조탕패 하였으니 후회막급 이아닌가
릉라금수 고운의복 때를따라 바꿔입고 장안대도 횡행할제 호화자제 비견타가
무정천지 이내몸이 현순백결 되었으니 후회막급 이아닌가
양전미답 풀어다가 활수있게 잘쓰다가 천만금을 다버리고 조석절화 되었으매
처자또한 뉘죄인가 원망소리 낭자하니 후회막급 이아닌가
모모관인 추축하며 벼슬운동 비밀할제 저별연과 환영회로 외국요리 몇몇턱씩
밤낮으로 대접타가 여간재산 탕패하니 후회막급 이아닌가

2) 일제강점기 사회상의 변화와 행락활동

(1) 일제 식민지 시대

1910년 대한제국은 외교권, 군권, 사법권, 경찰권을 차례로 일본에 빼앗기다 마침내 국권까지 강탈당하였다. 일제의 조선 총독부는 강력한 헌병경찰통치를 실시하여 언론 · 집회 · 출판 · 결사의 자유를 박탈하고 무단통치를 자행하였다. 식민지 치하 조선의 사회문화적 분위기

는 급속히 얼어붙을 수밖에 없었다. 3・1운동 이후 일제는 소위 문화통치를 표방하여 가혹한 식민지 통치를 은폐하려 하였다. 헌병 경찰제가 보통경찰제로 바뀌었으나 그 수는 오히려 증가되어 결과적으로는 조선인에 대한 통제가 더욱 강화되는 결과를 낳았다. 또한 친일분자를 키우고 친일 교육을 강화함으로써 민족에 대한 말살정책은 한층 강화되었다. 1930년대에는 일제의 대륙침략이 본격화되면서 병참기지화가 자행되었고, 태평양전쟁이 발발한 이후에는 우리 민족에 대한 수탈과 문화적 말살정책이 더욱 강화되었다. 1945년 해방을 맞이하기까지 우리민족은 그야말로 암울한 시대를 견뎌야 했다.

3・1운동 이후 문화통치가 시작되면서 일제는 『동아일보』, 『조선일보』 등의 신문 언론을 허용하였다. 이들 신문은 일제의 탄압에도 불구하고 민족의 의사를 대표하고 민족운동을 이끌어 나가기 위해 노력하였으며, 여러 번의 정간과 폐간 위기를 겪으며 명맥을 이어가다가 결국 1940년에 이르러 모두 폐간되었다. 하지만 이 기간 동안의 신문기록들은 일제에 의한 총독부 기관지의 통치기록과 선전기록이 아닌 민족의 역사기록으로서 큰 의미를 가진다.

일제강점기의 행락활동에 대한 기록은 문화통치 기간인 1920년대의 『동아일보』 신문기사를 중심으로 살펴보고자 한다.

(2) 일제강점기의 행락문화 기록

1920년대 『동아일보』의 기사들을 살펴보면 행락문화의 변화가 대한제국시대의 연장선에 있음을 알 수 있다. 근대화에 따른 신문물에 의한 행락활동 변화가 가속화되었으며, 여기에 식민지 통치의 영향도 심화된다. 언론에 대한 일제의 통제로 인해 『대한매일신보』나 『독립신문』에서와 같은 직접적인 비난의 어조를 담은 글은 찾기 어려우나 조선인에 대한 불평등과 식민지 치하에서 백성들이 겪는 고통을 담은 기사들이 여러 번에 걸쳐 발견된다. 다음은 『동아일보』의 700여 건의 기사를 검토하여 발췌한 당시의 행락문화에 대한 서술이다.

① 계절에 따른 대규모 인원의 행락활동 발생

대한제국시대에 만들어진 철도교통은 일제강점기에 들어와 대중적인 교통수단으로 자리를 잡아 간다. 여기에 일본의 문화통치가 시작되면서 철도관리국에서는 곳곳의 명승지에 대해 관광편의를 제공하는 열차를 운행하기 시작하였다. 이러한 집단적인 관광행위가 일제의 통치에 있어서 하나의 수단으로 활용되었는지는 확인할 수 없으나 흔히 '행락지'라고 불리며 계절에 따라 행락객들로 붐비는 장소들의 시작은 여기에 있었던 것으로 보인다.

· 관광탐승

자연경관이 수려한 명소를 찾아 관광을 가는 여행을 '탐승(探勝)'이라고 하였다. 우리 민족은 본래 수려한 경치를 즐겨, 각 지방에 볼만한 자연경관과 명소에 이름을 붙였다. 그 속에 선인들의 풍류가 녹아 있는 것이다. 기차여행이 가능하게 되면서 이러한 명소로의 여행이 매우 유행하게 되었다. 전에 없이 많은 사람들이 이들 명소를 탐승하기 위한 행락활동에 참여하였다. 계절에 따른 탐승 행위는 주로 봄의 꽃구경과 여름의 피서, 가을의 단풍구경 등으로 요즘과 크게 다르지 않았다.

서울에서는 주로 우이동, 창동, 장춘단, 창경원 등이 봄, 가을의 주요 행락지였다. 본래 서울 시내의 여가공간은 서민들의 경우 일상생활공간 내에서 수용되었으며, 양반들의 경우 정자나 특별한 연회장소를 사용하였고, 자연을 즐기는 행락장소는 주로 사대문 밖에 가까운 물가나 숲이 이용되었는데, 일제강점기에 들어와서는 대한제국시대부터 만들어지기 시작한 공원들이 많이 이용되었다.

기차를 이용하면 개성이나 인천 월미도까지도 놀러 갈 수가 있었다. 그 밖에 지방의 경우 금강산이나 개성 등 각지의 관광명소로 정기적인 열차 혹은 임시열차를 운행하거나 탐승자동차를 운행하였다. 이들 탐승차는 관화열차, 관앵열차, 관풍열차, 금강산탐승자동차 등의 이름으로 불렸다. 철도교통에 의한 행락활동의 열기는 당시로서는 매우 대단한 것이어서, 본래 자연경치를 즐기는 것을 좋아하였던 우리 민족은 신분제도의 붕괴와 새로운 교통수단이 제공으로 인해 너나없이 이러한 행락지를 찾게 되었다.

관광기차 감료

사쿠라 피는 동안

양춘가절이 돌아오니 춥지도 덥지도 아니한 때가 되니까 새로 지은 봄옷을 차리고 우이동이나 월미도로 꽃구경 가는 사람이 날로 늘어간다. 만철 경성관리국에서는 특히 꽃구경 가는 손님의 편의를 돕기 위하여 임시열차를 운전할 터인데 우이동으로 가는 부분을 소개하건대 (1) 꽃필 기간은(약 10일간) 할인 왕복권을 발매할 일 (2) 꽃필 기간에는 일요일에 한 번이나 또는 두 번씩 지정하여 남대문에서 창동까지 가는 임시열차를 운전하고 또 필요한 경우에는 임시열차를 더 증발할 일 (3) 우이동이나 창동 정거장 앞에 휴게소나 구호소를 설치할 일 (4) 임시열차에 타는 승객에게는 그림엽서를 배부할 일 (5) 꽃구경 가려고 산 표는 발매 당일이 지나더라도 꽃필 기간은 임의로 사용할 일. 『동아일보』 1920.4.11. 2면

관앵열차 운전

오는 25일에 남대문 창동 사이

남만주 철도회사 경성관리국에서는 우이동의 벚꽃이 만개함을 기다리어 임시열차를 운전할 계획이 있다 함은 이미 보도한 바이거니와 요사이에 꽃이 만개하였으므로 지난 17일부터 오는 26일까지 10일 동안만 한하여 남대문 용산에서도 같은 창동역 간의 왕복차표를 발행하여 3등에 60전, 2등에 1원 받는다 하여 특별히 오는 25일은 일요일이므로 꽃구경 가는 승객을 위하여 임시열차를 운전한다는데 시간은 다음과 같더라.

◇갈 때: 남대문발 오전 8시 45분 발, 창동착 오전 9시 40분.

◇돌아올 때: 창동발 오후 4시 20분, 남대문착 오후 5시 30분.

『동아일보』 1920.4.21. 3면

임시 도화열차

개성 가는 이를 위하여 오전 9시 10분에 출발…

남만주 철도회사 경성관리국에서는 개성에 만발한 복사꽃의 아름다운 경치를

경성의 만도 남녀에게 구경시키기 위하여 이번 2일에 남대문 개성 간 임시열차를 운전하고 차삯을 할인하여 왕복표를 판다는데 가기는 오전 9시 10분에 남문을 떠나서 10시 50분에 개성에 도착하여 반일을 소창하고 오후 4시 30분에 개성을 출발하여 6시에 남대문에 도착한다는데 왕복차표는 3등에 1원 50전, 2등에 2원 50전이라더라.

『동아일보』 1920.5.2. 3면

금강유람과 자동차

OO주식회사에서는 예년과 같이 금강산 유람객의 편리를 위하여 7월 1일부터 원산역 온정리 간에 자동차 4대를 운전할 터이라는데 그 발차시간은 동 1일부터 개정할 터이며 하계열차운전시간을 경원선O직통열차 원산착발시간에 연락케 할 터이라더라.

『동아일보』 1920.6.28. 4면

만철 탐승자동차

본월 1일 이래 운전을 개시한 만철 경성관리국의 금강산 탐승자동차는 고산-장안사 간 24리 21丁, 약 6시간, 원산-온정리 간 29리 8丁, 약 5시간 반을 요하는 2선인데 매일 정기로 운전하고 발착시각은 경원선열차와 고산 또는 원산역에 접속하여 경성과 장안사는 온정리 간에 교통은 1일이 되었다더라.

『동아일보』 1921.7.16. 2면

餞春日曜

꽃철의 마지막 공일 어디로 화류를 갈까. 우이동에, 동물원에, 탑골공원.

꽃빛을 사모하는 마음으로 친구와 가족의 손목을 이끌고 시내·시외 각 명승으로 놀러 나가는 이가 매우 많아지게 되었다. 더욱이 오늘은 경성부민이 모두 쉬는 일요일이요, 오늘만 지내면 금년 봄 고은 꽃빛은 다시 보기 어려운 마지막 일요일이라 이와 같이 귀중한 하루를 어디로 가서 어떻게 놀까? …(후략)…

『동아일보』 1920.4.25. 3면

고대하던 今日曜

꽃도 피지 않고 비바람까지 올 듯

나날이 꽃봉오리가 자라감으로 만도 인사는 금 일요일을 일각여삼추로 고대고대하여 오던 터이라. 오늘이야말로 동물원과 장충단 등지와 기타 문밖 명승지에는 사람의 사태가 나고 꽃밭이 될 줄로 알았더니 불행히 필 듯 필 듯하던 벚꽃은 마침내 피지 아니하니, 사람의 마음만 간지르며 겨우 꽃빛이 좀 보이는 곳이라고는 장춘단 개나리와 북한산 진달래밖에는 없게 되어 가뜩이나 모든 시민에게 큰 실망을 주게 된 위에 설상가상으로 작일 하오 2시경에 인천 측후소에서는 야속한 소식을 전하여 주었다. 그는 중국 양자강 하류에 750미터나 되는 열은 기압이 생기어 금일 중에는 큰바람과 궂은비까지 오리라 하니 실로 하늘을 우러러 원망하는 사람이 한두 사람이 아닐 것이로다.

『동아일보』 1921.4.17. 3면

九十春光今一日

다홍치마에 누런 저고리의 단장이 고운 꽃밭이 아닌 곳이 없고, 화려한 꽃도시의 금쪽같은 오늘 하루는 과연 만산편야하여 늘어선 사람이 모두 꽃구경꾼이요, 봄놀이꾼일 것이다. 우선 동물원만 하더라도 지난 23일에도 반공일이라 그러하였는지 오후부터 사람이 물밀듯하여서 일시는 크게 혼잡하여 마침내 동대문경찰서에서는 경관까지 출장하여 질서를 정돈하기에 힘쓴 사실을 미루이보면 오늘은 필경 구경꾼의 사태가 날 것이라. 그러하므로 이왕 직장원과에서는 미리 이를 염려하여 2만 5,000명 가량만 들어오면 滿員이라는 패를 붙이고 다시는 표를 팔지 않을 터이라 하며, 될 수 있는 대로는 오전 안에 가서 남에게 뒤지지 말고 표를 사 가지고 들어가 고운 꽃빛과 잔잔한 물결에 원앙의 노래소리를 귀 곁에 들으며 하루 동안을 유쾌히 놀 기회를 잃지 말아야 될 것이며, …(후략)…

『동아일보』 1921.4.24. 3면

· 행락객의 집중

4월 봄꽃이 피는 철이 되면 근교의 행락지는 인파로 가득 차게 되었다. 특히, 일요일이나 토요일과 같은 주말이 되면 공원과 동물원 등의 시내의 새로운 행락지는 밤낮으로 수많은 이용자들로 붐비었다. 아래의 기사에서 1923년 4월 15일 일요일 하루에 아침부터 정오까지 창경원에 입장한 사람들의 수는 1만 2,000여 명에 달한다. 1924년에는 봄꽃 구경이 한창인 4월의 일주일간 창경원의 이용자가 15만여 명에 이르고 있다. 당시의 경성인구가 약 36만여 명이라고 할 때 거의 경성 사람의 절반가량이 창경원을 방문한 것이 된다. 또 북한산과 창경원을 거치는 전차의 일요일 하루 이용객은 8만 2,000여 명이었으며 당시 공원이나 동물원과 같은 새로운 행락장소와 전차 및 철도와 같은 새로운 교통수단을 이용하는 행락객이 가히 폭발적이라고 할 만하였음을 알 수 있다.

춘색을 尋하여 창경원에

작일 입장자가 만여 명, 교통순사까지 출동해

요사이 일기는 갈수록 따뜻하고 바람은 때맞춰 가벼우매 나날이 깊어 가는 봄은 꽃을 데리고 새를 데리고 장충단으로 창경원으로 기어오기 시작하였다.

…(중략)… 평시보다도 10채나 더 늘린 45채의 전차도 구경꾼을 미처 수용치 못하여 창경원 들어가는 배오개 네거리에는 대혼잡을 일으키어 전에 없던 교통순사까지 출동하여 질서를 정돈하게 되었다. 빈틈없이 사람이 들어찬 전차는 그칠 사이도 없이 땀이 흐르게 분주하되 대해 중에서 한 방울 물을 덜은 듯이 아무 가감이 없이 길바닥에는 사람의 천지였다. 이 구경꾼들의 수효는 얼마나 되나. 일전에는 하루 종일 들어온 구경꾼이 5,000명에 지나지 않던 것이. 놀라지 말라. 작일 아침부터 정오까지 들어간 수효가 1만 2,000여 명이나 된다 한다.

『동아일보』 1923.4.16. 3면

낙화 지는 창경원의 앵화 — 30일까지 관객 15만 인 예상

봄은 끝없이 무르익어 창경원의 벚꽃은 지금이 한창인데 봄의 행락을 무심히 안 보내려는 사람들은 모두 창경원으로 모여들어 낮에는 가족을 데리고 꽃구경 오는 사람! 밤에는 눈인가, 구름인가 끝없이 만개한 밤의 벚꽃을 구경 오는 사람들로 연일 2만 명 이상의 관광객을 계산하게 되었다. …(중략)… 창경원의 문이 열린 후로부터 재 작 24일 밤까지 나흘 동안에 구경 온 사람의 통계를 보면 23일 낮에 9,323인과 그날 밤에 1만 4,622인이 가장 다수였는데, 나흘 동안에 낮에 구경 온 사람이 3만 3,987인이오, 밤에 구경 온 사람이 3만 7,098인으로 총계가 7만 1,078인인바 이러한 형세로 나아가면 「밤의 벚꽃」으로 문을 닫는 30일까지는 15만 이상이 될 터이라 한다. 관객들도 매우 정숙하여 23일 밤에 술 취한 사람 하나를 제한 외에는 모두 신사의 태도를 가진 사람뿐이었다더라.

『동아일보』 1924.4.26. 2면

秋水를 거울삼아 淡裝한 북한산단풍

가을 찾는 손님으로 전차는 10채를 늘여

창경원 단풍은 멀었으나 손님은 2,000여. 누런 나뭇잎이 하나 둘씩 너불너불 떨어져 뜰 앞에 쌓이고 시들은 풀잎이 서리를 머금는 늦은 가을이 되었다. 재작일은 마침 일요일이라 가을을 단장하는 단풍을 찾아 북한산과 창경원으로 떼를 지어 놀이를 나가는 사람이 대단히 많아 전차는 보통보다 10대나 늘려 95대나 운전하여 8만 2,000여 명의 손님을 실었으며, 창경원에 구경 들어온 사람은 2,094인이나 되었었다는데, 북한산의 단풍은 될 대로 활짝 되어 한참 좋은 구경거리나 창경원 단풍은 아직 10여 일이나 지내어야 만발하겠더라.

『동아일보』 1924.10.14. 2면

· 행락지의 상업화

이와 같이 일부 행락지에 대한 폭발적인 이용자의 증가는 행락지의 상업화를 유발하였다.

행락지로 모여드는 사람들의 인파는 비단 경성의 일만이 아니었으며, 결과적으로 이러한 행락지는 요즘과 마찬가지로 장사터가 되어갔다. 관광지의 숙박시설과 공중목욕탕 등 부대시설이 들어서서 이용자들을 끌어들였고, 먹을거리, 탈거리, 놀거리 등이 모두 상업적으로 개발되었다. 행락지의 질서유지가 경찰의 주요한 일이었음을 알 수 있는 기사가 여러 번 발견되며 당시에도 이미 행락지의 물가단속에 대한 기사가 등장하고 있음은 재미있는 일이다.

금강산 탐승객 다수

남만주철도주식회사 금강산호텔은 지금 탐승시기를 당하여 여객이 점점 많아져서 근일 원산에서 오는 자동차는 항상 만원인 성황인데, 경성관리국에서는 근일 일반여객의 편의를 도모하여 동지 유지의 경영하는 공동목욕장을 빌어서 오는 15일부터 개장한다더라. 『동아일보』 1920.8.17. 3면

觀花時節의 단속

통행과 기타 인사는 물론 음식값까지 단속한다고

…(중략)… 우이동 같은 요사이 사람이 많이 모이고 또 거리가 먼 대에는 특별히 구호반을 설치하여 부상한 사람이 있을 때에는 속히 구호할 터이며 기타 맥주, 사이다 등 음료와 음식값을 엄중히 취재한다는데 물가는 대개 다음과 같이 정하였다더라. ▲탁주 한 병 75전▲사이다 한 병 30전▲일본비빔밥 1인분 50전▲점심 상등 1원, 보통 70전▲좌석 값 30전▲과자 1인분 30전

『동아일보』 1921.4.21. 3면

船遊에 川獵에

편주에 청풍을 실어 감상에 소창할 시기

어느 덧 폭양이 만물을 태우고자 하는 여름 더위가 왔다. 더위를 피하고자 하는 우리의 고심과 괴로움은 날로 심하여지게 되었다. …(중략)… 경성 시내에서는 선유를 하려면 마포나 구룡산 두 곳으로 갈 것이니 4원만 주면 어부 한 사람 끼워서 여덟 사람 타는 배 한 척을 얻을 수 있으며 낚시 한 벌에는 하루 50전이요, 그물 한 벌에는 1원이라 한다. 요사이 한강에서 매일 잘 잡히는 고기는 숭어, 밝앙이, 위어 등속인데 낚시질은 재미있어도 많이 잡을 수는 없는 것이며, 그 외에도 연회 비슷하게 단체로 노는 데는 40인 타는 배가 20원, 20인이 타는 배는 10원이면 얻을 수 있다 하니 가족과 함께 가던지 정다운 친구와 함께 가던지 공일을 이용하여 하루 동안 소창에는 매우 취미가 있을 것이며 배와 그물을 비는 데에는 룡산元町에 있는 류선구락부에 전화로 부탁을 하는 것이

매우 편리하겠다더라. 『동아일보』 1921.7.5. 3면

놀이터가 벌이터로

명승고적의 한가한 해안이 밥을 다투는 벌이터가 되어

함남 정평군 정평역전에 있는 상하광포는 동해를 통한 길이가 30여 리나 되고 폭은 가장 넓은 것이 5리나 된다. 거기서 나는 것은 여러 가지 물고기와 가막조개가 많이 난다. 그리고 동남편에는 고려명장 윤관 씨가 여진을 물리치고 쌓은 장성의 터가 력력히 있고 임진공신 문동호 선생의 기념비 海月軒은 송림 사이에 그대로 서 있고 그 앞에는 유명한 용암이란 바위가 물 가운데 솟아 있다. 그리하여 때를 따라 선인의 충군대국의 굳은 절개를 사모하는 이름의 탐승지가 되었으며, 낚싯대는 여기저기 매어 있을 뿐 아니라 화조월석으로 노래하고 춤추는 이들의 가장 좋은 놀이터가 되었었으나 금년에는 여러 가지 자최가 보기도 드물더니 늦은 봄부터 지금까지 조개잡이꾼이 남녀노소를 물론하고 매일 300여 명이 너르나 너른 포구를 덮는다. 그 가운데에 혹은 흰밥에 입맛이 나지 아니하여 반찬거리를 구하는 자도 있을 터이지만은 대다수는 그 생을 위하여 내려쪼이는 볏을 세이지 아니하고 그와 같이 먹을 것을 구한다. 조선사람들은 해가 갈수록 먹을 일이 없다고 일반 인사들의 개탄이 심하더니 남녀가 모두 벌이에 열중하는 모양이다. 『동아일보』 1924.8.18. 2면

맨 아래 기사에서 역사적으로 뜻 깊은 명승고적의 관광지가 돈벌이를 위한 장소가 되어 감을 개탄하는 모습은 요즘의 행락문화에 대하여서도 시사하는 바가 크다고 하겠다.

② 여성과 젊은이들의 행락활동

여성과 젊은이들의 행락활동 중에는 근대화의 일환으로 도입된 활동이나 민족운동의 일환으로 받아들여지는 활동들이 있었는데 이러한 행락활동은 일종의 교육적 의미를 가지고 있었다고 볼 수 있다. 반면에 신문화의 도입과 함께 시작된 일부 새로운 행락문화는 풍속을 저해하는 것이나, 혹은 저속한 것으로 경시되기도 하였다.

· 여성행락

다음의 두 기사는 여성들의 행락활동 중 서로 정반대되는 두 가지와 그에 대한 상의한 시각을 보여 준다. 하나는 여성교육과 개화를 위한 것이고 다른 하나는 전통적인 여성상의 붕괴로 인한 사회적 혼란을 말한다.

첫 번째 기사에는 특별한 행사가 없어도 집 밖으로 행해지는 여성들의 행락행위가 증가하고 있음을 보여 준다. 이는 전통적 유교의식이 사라져 가고 있음을 말한다. 사회의 전통적인 권위가 흔들리면서 그동안 유교적 전통의 족쇄로 인해 집안에 묶여 있던 여성들도 적극적으로 행락활동에 참여한 것이다. 아래의 기사에는 통영 지방의 부인들이 등산과 선유놀이는 즐기는 것이 잦고 그 노는 모습이 크게 노래를 부르는 등 정숙치 못하게 보임을 남성들이 걱정하여 가장의 단속을 촉구하는 내용이며, 두 번째 기사는 일반 가정의 부녀들로 조직된 견학단이 멀리 함경남도 지방에서 경성과 개성을 견학하기 위해 방문하였음을 알리는 내용이다.

통영부녀자의 폐습

일기가 화창하여지며 만산에 녹음방초가 가득하면 고해에서 舊鬪하는 우리 인생이 그 대자연의 경치를 玩賞코자, 혹은 山水淸秀한 곳에 산보도 하며, 登山臨流의 원족도 하여 우리의 일상고락을 위안도 하며, 복잡한 두뇌를 쾌락케 함이 좋지 아님은 아니건마는, 그러나 우리 조선가정의 부인, 더구나 우리 통영사회의 부인계는 自來의 習慣으로 市邊行商의 일부여자를 제한 외에 소위 중류이상의 가정부녀들은 외출이 사실상 흔하지 못하였었다. 그런데 시대풍조의 覺悟인지 방임의 소치인지 근래 통영 부녀계에서는 등산놀음, 또는 閑山島船遊놀음이 日甚하여 靑裝紅顔의 20, 혹 30 내외의 부인 등이 放歌處謔이 그 극에 달함은 통영이 생긴 후 공전의 일이라 하여 一般父老와 부 청년측에서는 우려하며 비난하는 소리가 날로 심한 모양이라. 우리 조선여자를 해방할 필요는 이제 두말할 여지도 없지만은 이렇게 몰상식, 무규칙적인 방임은 동 지방의 풍기를 反히 문란케 함이니 일반가정책임자는 특별주의할 바이라더라.

『동아일보』 1921.6.4. 4면

가정부인으로만 조직된 利原 부인견학단

멀리 경성, 개성을 견학차로 왔다.

함남 리원군에서는 리원청년회연합회의 주최로 부인견학단을 조직하여 함흥, 원산, 경성, 인천, 개성 등지를 견학할 차로 …(중략)… 시찰단장 리협자 여사는 지금 공립보통학교 여자부의 전신인 동지 정덕여학교장으로 여자교육에 매우 진력하던 선각자이며 기타 단원들도 전부 여염집 부인으로만 조직되었다는데 이와 같이 순전한 여염집 부인으로 원거리의 견학을 하게 됨은 좀 희귀한 일이라 하겠더라.

『동아일보』 1923.5.29. 3면

初夏의 麗日을 卜하여, 전조선여자정구대회

만물이 성장하는 첫 여름 맑은 날에 승리를 다툴 조선 새 여자의 운동회

경향 각교의 贊同이 蔚然集中!

연례에 의지하여 제2회 전조선여자정구대회를 첫 여름 명랑한 날을 기하여 오는 21일과 22일 양일 간에 열게 되었다. 4,000년 동안 규중에서만 지내던 조선의 여자도 한번 새 사조를 받은 이래로 교육이 왕성하여 도처에 의기헌앙한 여학생의 모양을 보게 되고 이에 달리어 여학생의 체육문제도 일반 유식자간에 성대히 창도되어 근래에는 학교에서도 여자의 운동열이 남자에 내리지 않을 만하다. 이때를 타서 작년 이맘때에 본사는 조선에 유사 이래 처음으로 제1회 전조선여자 정구대회를 열어 공전한 성황으로 마친 것은 세상이 다 아는 바이어니와 …(중략)… 금년에도 이 대회 열고 아니 엶을 문의하는 등 더욱이 대회를 열 필요가 절박하여 한번 이 계획이 발표됨에 경성 안 각 여학교에서는 거의 전수가 찬동하고 재삼 헌의한 결과 전기 양일에 열게 되었다. (후략)

『동아일보』 1924.6.1. 2면

금상첨화의 상춘원방초

바야흐로 우거진 녹음방초에 꽃밭을 이룬 작일의 상춘원

옛날부터 천중가절이라는 단오명절을 기약하여 신여성사주최와 본사 후원으로 동대문 밖 상춘원에서 부인원유회를 개최한다 함은 루보한 바거니와 이날 하루를 환락스럽게 지내고자 일각이 천추 같이 기다리던 일반 여자들은 제각기 깨끗한 새옷들을 갈아입고 혹은 곱답게 명절의복을 입힌 아이들을 데리고 삼삼오오 작반하여 작일 아침부터 상춘원을 향하여 나가는 사람들이 동대문행 전차 칸마다 가득가득 하였다. 상춘원 안에는 바야흐로 푸른빛이 뚝뚝 떨어지는 그윽한 녹음 사이의 언덕위로는 각종 매점이 천막을 치고 있으며 또다시 그 너머로는 여흥장과 녹음가지 위에 높다랗게 맨 그네 줄 두 개가 치렁치렁 늘어져 있어서 손님들의 오기를 기다리는 듯하였으며, 아침부터 청아하게 울려오는 胡笛소리는 더욱 당일의 환락을 말하는 듯하였다. (후략)

『동아일보』 1925.6.26. 2면

선교사들의 활동과 함께 우리나라에 근대교육이 시작되면서 근대적인 여성교육도 시작되었으며, 이는 일제강점기에도 이어졌다. 이후 살펴볼 학교교육 과정의 행락과 각종 스포츠 활동 등에 여성들도 참여하게 되었다. 여성인력의 교육과 사회참여는 민족의 근대화 운동과도 맥을 같이하였다. 위의 두 번째 기사는 당시 신여성사 주최로 열린 여성들의 단오명절 기념 원유회를 묘사하고 있다. 18세기 이후 유교적 통념에 의하여 집 안에만 갇혀 있던 여성들이 단오를 기념하여 새로운 행락의 장을 마련한 것이다. 1925년의 단오명절 기념 여성 원유회의 기사는 여러 번에 걸쳐 상세히 기록되어 있으며, 그 행사 내용도 전통적인 놀이와 함께 변장한 여학생 찾기와 같은 이벤트, 새로운 유행의 음악감상, 탁구와 테니스 대회와 같은 운동경기 등 다채롭게 진행되었다.

이처럼 여성의 행락은 새로운 시대에 맞게 여성을 교육하고 사회에 참여하도록 개화하려는 민족의 근대화 운동의 일환으로도 생각할 수 있다.

· 학생들의 행락

학생들의 행락활동은 대한제국시대에 변화된 모습이 그대로 이어져 주로 소풍이나 수학여행 등의 활동이었다. 특히, 철도여행이 보편화됨에 따라 열차를 이용한 먼 거리의 수학여행이 발달하였음을 알 수 있다. 또한 중국이나 일본 등 해외로의 수학여행 기록도 자주 등장하는데, 특히 일본을 견학하는 의미의 시찰이 많았다. 이러한 일본 시찰, 견학 등의 여행은 학생들뿐만 아니라 교원들에 대해서도 실시하였다. 아래의 기사에서 일본인 감독 하에 총독부를 참관하거나 선린상업학교, 평양고등보통학교 등이 차례로 일본으로 수학여행을 갔던 기록 등을 볼 때, 당시 학생들의 수학여행이나 시찰 등이 식민지 교육의 일환으로 이용되었던 것으로 생각된다.

副岡師範生 입경

부강사범학교 3, 4년 생도 140명은 직원의 인솔하에 수학여행차로 1일 밤 익산에 도착하여 同地를 견학한 후 3일 아침 入京, 4일 인천시찰, 5일 아침 출발, 귀교할 예정이라더라. 『동아일보』 1920.5.2. 2면

奉天高師 수학여행

봉천고등사범학교 생도 30명은 교원 2명 인솔 하에 18일 오후 7시에 입경하여 동금여관에 1박 후 19일 오전 8시부터 경성시내를 견학하고, 동일 오후 7시 20분 남대문역 열차로 渡東하였더라. 『동아일보』 1920.5.20. 2면

山口高商 生徒 입성

山口縣 산구고등상업학교 생도 43명은 감독자 名食次郎 씨 인솔 하에 27일 오후 8시에 입경하여 28일 오전 10시에 총독부를 참관하였더라.

『동아일보』 1920.5.31. 2면

兩校 수학여행

일본 각 도회지로

선린상업학교 직원, 생도 45명은 다음 22일에 왕복 2주일의 예정으로 일본에 수학여행을 가겠으며, 또 5월 OO에는 평양고등보통학교에서도 약 2주일의 예정으로 일본에 수학여행을 갈 터이라더라. 『동아일보』 1921.4.21. 3면

東倉公普 수학여행

安岳郡 용문면 동창공립보통학교 1, 2, 3학년생도 50여 명은 수학여행차로 校長山 田文逸副 訓導, 전경유 양씨 인솔 하에 지난 2일 오전 6시경 남포를 回하였다가 동 3일 무사히 귀교. 『동아일보』 1922.11.7. 4면

海州高普 수학여행

해주고등보통학교 제2학년생 일동은 지난 3일에 약 1주일 예정으로 인천, 경성, 평양 등지로 수학여행. 『동아일보』 1923.6.7. 4면

보는 바와 같이 수학여행은 주로 몇 개의 학년 단위로 이루어졌으며 그 수는 30-40명에서 100명을 넘는 규모인 경우도 있었다. 그 여행 범위도 전국 각 지방을 포괄하며 일본이나 중국에까지 미쳤고 1주일, 혹은 2주일의 여정으로 지금의 수학여행보다 훨씬 대대적인 활동이었다.

이 밖에도 각 지역의 사회단체 및 청년단체의 원유회와 소학교 운동회, 어린이들을 위한 원유회 및 최초의 어린이날 행사 등도 기록되어 있는데 이러한 활동들은 단순한 행락이 아니라 민족의 힘을 키우고 단결을 도모하기 위한 한 방편으로 활용되기도 하여, 특히 청년들이나 특정 단체의 원유회의 경우 일제에 의해 모임이 금지되는 일이 발생하기도 하였다.

· 스포츠

대한제국시대의 행락문화에서 전술한 바와 같이 체육활동은 일종의 민족운동의 일환으로 여겨졌다. 일제강점기에는 서구의 문물의 유입과 YMCA 등의 종교단체, 각종 민족단체 및 신문사, 교육기관 등의 활동으로 각종 스포츠가 도입되고 대회가 개최되었다. 이러한 활동들은 식민지 통치 하에 우리의 젊은이들이 심신을 단련하고 단합을 도모하는 한 방편이었을 것이다.

東明學生 退京

3일 아침에 수학여행차로 입경한 동래 동명 고등보통학교 직원생도 60명은 3일간 경성시내 각지를 구경하고 중앙학교와 배재학당과 더불어 「풋볼매치」까지 하였는데 아무 승부는 없었고 지난 6일 오전 7시 20분 남대문발 부산행 열차로 돌아갔다더라. 『동아일보』 1920.5.7. 3면

승마대회는 명일부터

여의도에서 개최

경성승마구락부의 추계경마대회는 명 23일부터 노량진 정거장 앞에 있는 여의도에서 개최하게 되었는데 그 구락부의 위원들은 재작일에 본사를 방문하였더라. 『동아일보』 1921.9.22. 3면

화장한 월미도

마라톤 20분 동안 자동차 통행을 정지

금 27일은 일요일마다 인천의 봄을 홀로 차지한 듯한 월미도의 꽃놀이가 한두 곳이 아니다. 조선매일신문사의 주최인 관앵대회가 있으며, …(중략)… 「마라

톤」경주자들을 위하여 오전 10시 20분부터 20분 동안 월미도에서 시내로 오는 자동차는 모두 정지를 시킨다 하며 월미도로 가는 자동차는 속도를 줄이어 다니게 한다고(인천) 『동아일보』 1924.4.27. 3면

江上의 短艇競漕

조선에서 처음 보는 「뽀트데스」 대회는 만철사우회 운동부 주최로 얄궂은 여름비가 오락가락 뿌리다 마다 하는 작 25일 아침 7시 반부터 한강 인도교 아래에서 성대히 열리었다. 강물 위를 목지로 삼고 하늘의 별따기보다도 더 신선한 여러 가지 재주가 많았으며 만철 각과의 경주로부터 27종의 취미 진진한 경기가 마친 후 결승경주가 있어 강사의 풍미 있는 경기도 성황리에 마치었다 한다. 경기의 성적은 명일에…(사진은 강우에 돈 「뽀트」의 우승을 당도하는 찰나). 『동아일보』 1924.5.26. 3면

아래의 기사는 민족운동으로서의 스포츠에 대한 당시의 관점을 보여 준다. 기사내용 중 조선체육회는 1920년 7월 13일 설립된 민족체육 단체로서 그해 11월 전조선 야구대회를 개최하였는데 이것이 현재의 대한체육회가 주최하는 전국체육대회의 시작이다.26

특히, 올림픽과 같은 국제적인 스포츠 행사는 우리 민족의 저력을 보여줄 수 있는 좋은 기회로 생각되었다. 아래 기사로부터 11년 후인 1935년 손기정의 베를린 올림픽 마라톤 우승이 민족적 감동이었을 주었음은 두말할 나위가 없다.

세계적으로 웅비하려면 육상경기대회에 참가하라

조선청년의 원기를 일으킬 장쾌한 이 운동회, 세계 올림픽에 참가할 선수는 다투어 오라

조선체육회 주최와 본사 후원의 전조선육상경기대회는 오는 14, 15 양일 간

---

26. 조선체육회는 1934년 창립 15주년을 기념하여 야구・축구・테니스・육상・농구 5개 종목의 제15회 전조선종합경기대회를 열었는데 이것이 종합경기의 시작이다. 야구는 당시에도 특히 인기가 있어 1923년 5월 23일 당시 체육계의 중진으로 활약하던 윤치영(尹致暎)・이원용(李源容)・허성(許城)・이석찬(李錫贊)・유용탁(柳容鐸) 등의 발기로 조선야구협회가 창립되기도 하였다. YMCA의 야구단은 동포들의 초청으로 하와이 원정경기를 갖기도 하였다. 민족체육의 총본산이었던 조선체육회는 1938년 일제에 의해 강제 해산되어 조선체육협회에 흡수되고 말았다.

원동 휘문고등보통학교 운동장에서 열게 되었다. 조선청년이 다른 나라 청년에 비하여 현저히 체질이 심약하고 따라서 원기가 부족함은 여러 가지 원인이 있겠지만 그 중요한 원인은 우리가 일찍이 체육이 무엇인지 모르고 살았기 때문이라는 말을 식자 간에 하게 되기도 최근 수십 년간의 일이요, 그동안에 여러 가지 사정으로 마음이 있으면서도 뜻과 같이 하지 못하던 일도 많았다. 회고컨대 다섯 해 전에 쇠퇴한 조선체육계를 다시 살려보겠다는 취지 아래에 조선체육회라는 것이 생기어 해마다 축구, 정구, 야구 대회를 열어 운동계에 공헌이 많음은 세상이 다 아는 바이어니와 이번에 열리는 육상경기대회는 다른 운동회와 같이 어떠한 한두 가지 부분적인 운동이 아니라 실로 모든 운동을 모아 대성하여 놓은 조직적 운동이라 더욱이 이후부터는 조선인의 운동계도 세계적으로 확대되어 갈 것이요, 극동 올림픽이니 세계 올림픽이니 하는 중대한 회합을 앞에 두고 있는지라 장래 세계적 운동회에 참가하여 영광의 월계관을 얻으려는 웅장한 선수는 미리부터 이 회에 참가하여 재주를 단련하라! 용기를 단련하라!

『동아일보』 1924.6.3. 2면

③ 식민지 통치의 영향

행락지의 발달과 여성 및 청소년의 행락활동, 그리고 새로이 도입된 체육활동 등에 대해 살펴보았다. 그러나 식민지 통치하에서 이러한 행락활동의 문화가 순조로이 발달되어 현재에 이른 것은 아니었다. 특히, 1920년대에 문화통치를 기회로 하여 민족운동의 일환으로 인식될 수 있는 행락활동들이 등장하기는 하지만 많은 경우에 일본에 의해 통제되는 왜곡된 활동들과 심지어는 민족적 모멸감을 주는 만행들이 자행되었다.

· 여행의 통제

탐승열차의 운행, 학생들의 수학여행 등은 극도로 통제되어 있는 당시의 분위기 속에서 그들이 통제할 수 있는 일부 행락지를 양성화한 것에 불과하였다. 시내의 공원이나 이름난 명승고적에서의 행락행위가 허용된 반면 일반적인 경우 조선인의 자유로운 이동은 심하게 통제를 받았다. 특히 3 · 1운동 이후에는 여행증명을 발급하여, 조선인은 허가 없이 여행을 할 수 없게 하였으며, 국경 근처에서의 활동은 더욱 심하게 통제를 받았다.

여행자의 불편

강계지방에는 행인까지 조사

요사이 평안북도 강계지방에서는 면면촌촌마다 군사를 배치하여 여행하는 행인에게 주소성명을 조사하며 그중에도 조금 주저하는 기색이 있으면 용서 없이 신체수색까지 하며 동 군내에 어떠한 주재소에서는 여행하는 사람을 잡아서 5일 동안씩 두었다가 내보내는 일이 적지 아니하여 …(중략)… 문흥주재소의 순사는 별안간에 강석문 씨의 신체를 수색하며 동지 주재소로 인치하여 4일 동안이나 유치하였다가 내보내었다는데 아무 불온한 말도 쓰지 않은 수건을 압수하고 내보내었는데 지금 동 지방에는 여행하기에 매우 곤란하다더라.

『동아일보』 1920.8.25. 3면

왕래까지 구속

전라남도 법성포 사는 신명균은 휘문고등보통학교 재학생으로 방학 중에 고향에 돌아갔다가 추계 개학기가 불원하였으므로 경성으로 올라오고자 21일에 영광읍에 이르러 자동차를 타고자 할 즈음에 영광경찰서에서는 경관 두 명이 달려와 즉시 신명균을 경찰서로 대려다가 행구를 수색한 후 서장은 그 개학기일이 아직 멀었으니 29일 이내에는 절대로 서울로 갈 생각을 말라고 설유를 한 후 돌려보냈다더라.

『동아일보』 1920.8.27. 3면

여행증명위조

수년을 두고 위조, 마침내 발각체포

지나간 19일 아침에 부산 부두에서 博愛丸이란 배가 떠나고자 할 때에 10여 명의 조선인이 배에 오르고자 하는데 행동에 수상한 점이 있으므로 임장하였던 수상경찰서경관이 취조하여본즉, 그들이 가진 여행증명이 모두 위조인 것이 발견되었으므로 즉시 본서로 인치 취조하였더니 그들은 함경남도 함흥군 운전면 김진자 외 10여 명으로서 지나간 15일경에 부산에 와서 장기로 건너가고자 하나 여행증명을 얻지 못하여 해를 쓰고 부산 부내에서 방황하며 여러 사람에게 문의하여 보던 중 대창정 낙동여관에서 사무보는 리의조라는 자에게 여행증명을 샀노라 자백함으로, 즉시 리의조를 불러 취조한 즉 그자는 김경수라는 자를 부하에 두고 모 여관 안에 비밀실을 만든 후 등사판, 기타 여러 가지 인쇄기제로 수년 이래 대규모로 여행증명을 위조하여 한 벌에 4원씩 받고 팔아먹은 일이 판명되었는데 다른 범죄의 혐의가 있으므로 계속하여 엄중 취조 중이라더라.

『동아일보』 1921.9.22. 3면

여행증명과 신체검사

지방여행의 소감

조선인이 국경을 越하는 경우에 여행증명을 요하는 제도가 생활상으로 관찰하나 법률상으로 관찰하나 도저히 불가할 뿐 아니라, 인민을 인민으로 대접하지 아니하고 노예와 같이 금수와 같이 대우하는 것이 되는 것은 吾人이 전차 논술하고 반대한 바이어니와 吾人은 지방을 여행하여 그 실지의 상황을 목도할 시에 그 불비와 불편에 대한 격분이 한층 尤甚하였나니…(후략)

『동아일보』 1922.4.3. 1면

문화통치가 시작되면서 헌병 경찰제는 폐지되었으나 일반경찰의 수는 더욱 증가하여 이전에 비해 통제가 심해진 상황이었다. 더욱이 경찰이 임의로 사람들을 연행하여 4, 5일씩을 가두고 취조할 수 있는 상황에서 자유로운 여행은 불가능한 것이었다. 따라서 행락이나 여행, 관광이라고 하는 것은 총독부가 허가한 행락지로 몰려들 수밖에 없었던 것이다. 1921년의 『동아일보』에는 7월 5일과 9일에 연이어 여행증명 발급의 폐지를 주장하는 글이 실렸다. 기사에는 여행증명을 발급하여 조선인의 자유로운 이동을 통제하는 것이 3·1운동 이후 그와 같은 독립운동이 다시 일어날 것을 두려워한 조치임을 밝히고 있으며, 여행의 통제로 인해 조선인의 경제적 활동이 어려워져 그렇지 않아도 나날이 궁핍해 가는 조선사람들의 살림살이가 더욱 힘들어진다는 내용의 항의를 전하고 있다. 결국 위의 기사에서와 같이 여행증명을 위조하는 사건에 대한 기사도 여러 차례에 걸쳐 등장하게 될 정도로 여행증명에 의한 일제의 통제는 당시 우리 민족에게 매우 괴로운 것이었다.

여행증명의 폐단을 지적하는 여러 차례의 항의와 사회 분위기로 말미암아 1922년 12월 15일 여행증명제도는 전격적으로 폐지되었고, 다만 일본으로 여행하는 사람들 중 직업을 구하기 위해 가는 사람이나 유학생의 경우 관할 경찰관헌의 증명이나 민적등본을 소지하도록 하였다. 그러나 이러한 여행증명의 폐지가 자유로운 여행이 가능하게 되었음을 의미하는 것은 아니었다. 여행증명이 폐지되면서 경관들의 경계와 검문은 더욱 강화되고, 특히 조선인에 대해서는 모욕적인 언행들을 일삼고 가혹한 태도를 취했기 때문이다. 문화통치 자체가 가면을 쓴 위선적인 것이었던 바와 같이 여행증명의 폐지 역시 그와 같은 것이었다.

> **증명폐지의 產한 新苦痛**
> 여행증명을 폐지한 반대로 경관의 태도가 가혹, 이렇게 할 터이면 무슨 의사로 폐지는 하였는가.
> 국경 밖에 여행하는 조선사람에게 대하여 지나간 15일부터 여행증명을 폐지하였다 함은 본보에 누차 보도한 바이어니와 이에 대하여 지나간 16일에 경성을 떠나 만주로 여행을 갔다가 지난 19일 아침에 경성에 돌아온 모씨의 말을 듣건대 기차가 국경 부근에 이를 때에는 5, 6인의 순사가 혹은 정복을 하고, 혹은 사복을 한 후 기차 안에 들어와 조선사람이면 1등객이나 2등객이나 3등객이나 누구를 물론하고 신체를 창피하게 수색하고 그 다음에는 가지고 오는 짐을 모두 뒤져보며 그 후에는 수첩을 들고 그들이 조금 의심스러운 사람이라고 인정한 사람이면 대략 3, 40분 동안이나 주소가 어디고 성명이 누구며 어디를 갔다가 어디로 가며 또는 누구를 찾아 무슨 일을 하러 다니며 어젯밤은 어디서 자고 오늘밤은 어디까지 가려는가 하며 이마에 땀이 나고 숨이 답답하도록 여러 가지로 성가시게 질문하기를 마지 아니한다는데 이로 인하여 일반여객의 곤란과 불평은 여간이 아니라 하며, 따라서 이렇게 성가시게 굴려면 무슨 이유로 여행증명을 폐지하였는가. 여행증명을 사용할 때에는 지금보다 썩 평안하였다 하며 당국을 원망하는 소리가 매우 자자하다더라.
> 『동아일보』 1922.12.20. 3면

· 관광단, 시찰단, 견학단

『대한매일신보』의 기사들 중 '관광단'이라는 것이 친일적인 유력 인사들이 모여 일본을 다녀오는 것을 이르는 말로 사용되었던 것으로 반복적으로 나타나는 것과 같이, 이 시기의 『동아일보』 기록에는 '관광단', '시찰단', 혹은 '견학단' 등의 여행에 대한 기사가 많이 발견된다. 대한제국시대의 관광단이 명목상의 관광이요 친일적인 인사들의 모임 활동으로서 그 후 정치세력화했던 것과는 달리 일제강점기의 관광단, 시찰단, 견학단은 크게 두 가지 경우로 나누어 볼 수 있는데, 하나는 주로 일제에 의해 선전용으로 이용되는 일본견학이고, 다른 하나는 민족운동의 일환으로 각계각층의 사람들의 개화와 교육을 위해 경성 등지를 구경시키는 것이었다. 아래의 첫 번째와 두 번째 기사는 각각의 예이다. 세 번째 기사를 통해 당시의 일본관광에 대한 비판의 목소리를 담고 있다.

학부형관광단

경성부 내 각 공립보통학교 교장의 발기로 교육상황을 시찰키 위하여 학생의 부형을 권유하여 일본관광단을 조직하고자 목하 계획 중 이라더라.

『동아일보』 1920.4.25. 3면

조선, 동아 양지국 주최 청주부인견학단

신입기한 4월 19일까지. 정원 100명. 견학할 곳 시내 각 관공청, 병원, 각 학교, 수도저수지 등. 견학시일과 회합장소 추후발표. 신입장소 조선, 동아 양 지국.

『동아일보』 1925.5.12. 3면

근래 유행의 일본관광

그 목적이 무엇. 無識見의 弊端

근래경향을 勿論하고 혹은 도주최, 혹은 군주최로, 혹은 O생의 실업가의, 혹은 所謂 有志 紳士의 일본 내지 관광단이 유행하는도다. 관광은 원래 좋은 것이라 개인적 一興業으로 논할지라도 日暇風和할 때에, 혹은 綠陰芳草目由로 생명을 OO할 때에 輕裝하여 異域의 아름다운 산천을 대하며, 기이한 사회문물에 접하는 것이 호남아의 한 취미가 아닌 것이 아니며, 사회적 가치로 논하자면 진보발달의 타민족, 타 사회와 접촉하는 가운데 만들어지는 자아의 문화만 선하다 하여 자만하지 아니하고 넓은 지역의 모든 풍속과 생활양식을 관찰하여 取長補短하는 것이 가하지 아니한 것이 아니니 吾人은 근래에 유행하는 일본관광단이 과연 의의 있는 운동이 되기를 충심으로 희망하거니와 實地에 있어서는 간혹 무의미에 결하는 폐단이 없지 아니하니 그러므로 吾人은 자에 일언을 발하여 참고의 일부분을 만들고자 하노라.

『동아일보』 1921.5.20. 1면

일제에 의해 관광단으로 동원되는 것이 어떠한 의미를 가지고 있는지를 추측하기가 쉽지 않을 것이다. 다음의 1922년 일본평화박람회에 동원된 관광단의 치욕적인 수모를 알려준다. 일제에 의해 동원되는 관광과 시찰, 견학이라는 것은 결국 일본의 우리 민족 말살정책일 일부였던 것이다.

저주하라! 평화박람회

평화박람회와 조선인의 격렬한 공분, 추악한 조선관과 눈물나는 관광단원. 동포여! 관광을 단연 중지하라 …(중략)… 소위 조선관이라는 것을 먼저 소개하면 첫째 그 제작이 박람회 안에 있는 모든 진열관 중에 제일 추악한 것이다. 외모는 전각 모양으로 지었으나 기둥은 속이 보이게 박송 조각으로 둘러싸고 그 외의 구조가 어떻게 연약하든지 2층이라는 곳에는 일반관광인을 올리지 못하고 …(중략)… 양철 조각으로 우그려 덮은 기와모양이라든지 조선사람의 눈으로는 차마 볼 수가 없는데 전각 2층의 장식으로는 사가의 부엌 위에 붙이는 한 장에 5, 6전짜리 계견사를 붙여 놓은 데는 기가 막혀서 말이 나오지 아니한다. 그러면 그 속에 진열한 것은 어떠한가. 집안에 들어서서 제일 먼저 눈에 띄는 정면에는 험상한 조선 농군의 인형을 아무토록 보기 싫도록 만들어서 세워놓았다. 외국사람이 처음 이것을 보고 조선사람은 야만이라고 생각할 만큼 인형을 만들어서 제일 먼저 눈에 띄는 곳에 세워 놓은 것도 기괴하거니와 …(중략)… 중류 이상 가정의 모형이라는 것도 말할 수 없이 추악하고 조선의 공업이 아무리 유치하기로 그다지 진열할 것이 없는지 수수비, 바구니 종류가 진열한 물품의 중요한 것이며, 조선쌀은 무엇에 쓰려고 그렇게 많이 가져왔는지 큰 병에 몇 말씩 담아 여러 가지를 벌여놓았는데 이것도 종류의 선택을 잘못하고 돌이 섞인 것처럼 썩지 아니할 약을 넣은 까닭에 조선쌀은 좋지 아니한 것이라는 광고를 훌륭히 한 결과가 되었으며, 총독부의 원조로 시작하였다는 조선관 앞 조선음식 파는 곳에는 조선요리와 같지도 아니한 음식을 파는데 더욱이 조선사람의 입에는 구역이 나도록 괴악망측한 것이라 어떠한 것인지 모르고 들어갔던 사람은 내・외국인을 물론하고 조선요리라는 것은 침 괴악한 것이라는 생각을 가지게 한다. …(중략)… 유학생계가 중심이 되어 불평의 소리가 사방에 일어남에 총독부당국자는 무슨 사고나 생길까 겁이 나서 밤에 다수한 순사가 조선관을 옹위하고 밤이 새도록 경계를 하여 총독부의 하는 일은 어디를 가든지 순사가 아니면 부지를 하지 못하는 추태를 밤마다 진열하여 있다.

통곡할 치욕의 광고

…(중략)… 요사이 동경에서 일본사람의 손가락질하며 조롱하는 재료가 되어 있는 소위 조선 단체라는 조선인의 관광단이다. 조선사람으로 단체를 지어서 박람회 구경을 오는 사람은 매일 수백 명에 이르는데 이러한 사람들은 거의 전부가 향촌사람으로 박람회의 의미도 자세히 모르는 이가 적지 아니하므로 박람회를 시찰하여도 아무 효과가 없을 것은 물론이나 …(중략)… 여행에 별로 경험

도 없으며 의복도 대개는 조선의복이거니 양복을 입었다 하여도 거의 말이 못되는 모양뿐이라 여관의 불편과 냉대는 박람회 중이라 평일보다도 심하거니와 소의 영솔하여 가고 다니는 자는 대개는 일본인 군서기 종류인데 이자도 동경구경이 처음인 고로 어느 겨를과 무슨 지식으로 단원의 편의를 도모하여 줄 수가 있으랴. 도처에서 실례와 낭패가 생길 것은 당연한 일이다.

觀하라. 此를

불쌍한 그 모양, 보는 이는 눈물…

고국에 있는 동포는 도저히 생각하지 못할 만큼 동경의 가로에서 보는 조선관광단의 모양은 참혹하여 동경에 있는 조선 사람들은 뜨거운 눈물이 흐를 지경이다. 요사이 의복은 대개 흰 것이요 풀기운으로 입는 것인데 행장을 많이 가지고 다니지 못하게 한 까닭에 의복은 대개 입고 온 것뿐이다. 의복 한 벌을 가지고 수 십일을 객지로 끌려 다니노라니 그 모양이 과연 어떠할까. 더욱이 일본은 비가 많이 오고 습한 곳이라 더럽고 젖은 옷에다가 인도로 신짝을 끌고 우산에다가 물통이나 둘러메고 떼를 지어 영솔자에게 몰려다니며 고루 거각이나 치어도 보고 입을 딱 버리는 모양을 볼 때에는 무엇이라고 형용할 수 없이 아프고 쓰리다.(하략) 『동아일보』 1922.5.4. 3면

기사의 하략된 부분에 따르면 한 고을의 관광여비를 가지고 그 마을의 상당한 공익사업을 할 수 있을 정도이며, 평화박람회에 동원되어 동경에서 소비되는 비용을 모두 합하면 100개의 학교를 세울 수 있을 정도라고 하였다. 결국 일본관광단은 조선에서 충당하는 비용으로 일본에까지 와서 식민지 백성의 치욕을 느끼고 모멸감을 맛보도록 하는 일이 아닐 수 없었다. 이러한 상황에서 '관광'이라는 말 속에 풍류를 담았던 우리의 전통은 퇴색되어 가고, 경박스럽고 속된 느낌이 배어나게 되었던 것으로 생각된다.

3) 한국의 근대화와 행락문화

(1) 일제 통치 하에서의 근대화

우리의 근대화는 양반이라는 지배계급과 중인, 상민, 천민으로 구분되는 계급사회의 종말과 봉건사회에서 자본주의 사회로의 변화, 그리

그림 Ⅲ-50. 전등과 야경. 전등은 '이루미네순'이라고 불렸다. 특히, 창경원이 야간개장 되면서 전등빛에 의한 야경은 경성의 유명한 볼거리가 되었다 (출처: 한국역사연구회 편, 1998).

고 도시화와 대중문화의 형성으로 이어진다. 한말의 사회적 변화는 지배층의 부패와 전통사회의 급격한 변화로 인하여 다소 혼란스럽기는 하였으나 개화파의 노력과 농민운동 등에서 볼 수 있듯이 자주적인 근대화의 움직임을 시작하고 있었다. 그러나 불행하게도 1910년 국권을 잃게 되면서, 우리의 근대화는 일제의 손에 넘어가게 된다.

일제 치하에서의 상황적 조건은 모든 근대적 변화에 대해서 극단적인 양극화와 갈등을 낳았다. 개화세력과 수구세력의 갈등은 친일과 반일로 이어지고, 새로운 문화는 세련된 유행으로 무작정 따르는 것이거나 반대로 천박한 외래문화로 경시되었다. 대한제국시대 서구문물의 유입 당시까지만 해도 새로운 문화는 두려움의 대상이거나 신기한 호기심의 대상이었다.

그러나 일제의 민족말살정책은 우리의 문화에 대한 패배주의로 이어졌으며, 근대화 전반에 걸쳐 우리의 정체성을 상실한 혼란의 원인이 되었다.[27]

---

27. 문화주의는 1920년대를 풍미한 식민지 정책과 결합하였다. 일제는 미개한 야만의

행락문화의 경우에도 자연을 벗 삼아 자기를 수양하면서 휴식을 취하고 즐기는 여유로운 자연과의 합일이 아니었다. 그것은 일제의 탄압 속에서 가까스로 힘을 기르기 위한 민족운동과 근대화 운동의 하나이거나 지배층의 향락, 혹은 서민들의 퇴폐였다. 근대의 옷을 입은 사람들은 힘겨운 투쟁의 길을 걷는 계몽주의자들이거나 천박한 유행에 따르는 '모던 보이', '모던 걸'로 나뉠 수밖에 없었던 것이다.[28]

(2) 행락문화의 왜곡

근대화의 과정 속에서 신분계층에 따른 행락문화는 각기 영향을 주고받으며 뒤섞이게 된다. 양반들의 여유로운 풍류의 문화는 거의 소실되고, 대중들의 단체행락은 다분히 일제의 통제를 받으며 왜곡된 형태로 나타난다. 일부는 혼란한 사회적 상황 속에서 친일적인 지배층의 매국적인 행태나 향락문화로 나타나고 문화적 정체성을 잃은 민중의 퇴폐적인 행락문화도 등장한다. 반대로 민족운동에 대한 절박한 필요성은 자연을 즐기는 행락문화가 아닌 계몽주의적인 행락문화로 나타난다. 철도교통으로 대중들의 장거리 여행이 가능해졌으나, 제한된 행락지에서의 통제된 활동만이 가능할 뿐이었고, 경제사정이 나날이 악화되어 가던 상황에서 행락지의 무분별한 상업화가 이루어

반대어로서 문화에 대한 헤게모니를 끌어들였으며, 문화주의적 태도들은 사회적, 국가적 모순이나 계급적 갈등까지 개인적인 품성이나 인격의 범주에서 그 해결점을 찾으려 함으로써 사회에 대한 객관적인 인식을 차단하는 결과를 가져온다는 중대한 자각이 있기 전까지는 언제 어디서나 통용될 수 있는 이념으로 자리 잡았다. (김진송, 1999: 35-38).

28. 문화정치와 함께 민족운동의 정신이 의도적으로 희석되기 시작하면서 '모던'이라는 용어는 개조와 문화가 지니고 있던 계몽주의적인 무게가 사라지기 시작한다. 일상에 등장하기 시작한 모던은 굳세게 지향해야 할 의지가 아니라 경박하고 자유분방하며 천박스러운 유행으로 등장한다. 마치 1990년대 초의 압구정동 오렌지족이 그랬던 것처럼 '모던 뽀이', '모던 껄'이란 이름으로 수사되었던 군상들이 점차 현대를 상징하는 인간으로 나타났다(위의 책: 42).

지면서 문화를 느낄 수 없는 행락이 시작된 것이다.

일제의 문화통치는 공원조성과 행락지의 부대시설 구비, 관광탐승열차의 제공, 그리고 많은 민중들의 행락 참여로 겉보기에는 행락의 활성화로 비추기도 하지만 여행증명의 발급 등 자유로운 활동의 통제와 강제적으로 동원된 관광 및 시찰단 등의 활동은 결국 진정한 자연과 하나가 되고 스스로를 성찰하는 진정한 의미의 행락활동을 사라지게 한 것이다.

이러한 왜곡의 영향은 아직까지 상당부분 남아 있는 것으로 보인다. 의미 없이 인파 속에 밀려다니는 행락철의 피서객들, 심신의 휴식을 취하는 것이 아니라 피곤하기만한 단체관광 등이 또한 일제의 잔재가 아닌가 한다.

일제강점기를 통한 행락문화의 변화는 전통적인 공간질서의 변화를 가져왔다. 앞서 살펴본 바와 같이 우리민족의 전통적인 행락공간은 인위적인 것이 아니며 생활 속에서 접하게 되는 일상의 공간이었다. 길과 마당, 마을의 공터 등이 유기적인 행락활동공간으로 생활과 연결되어 있었으며, 따라서 자연스럽게 공동체 의식을 높일 수 있었다. 또한 좀 더 깊숙이 자연을 찾아가는 양반들의 행락장소는 인위적인 조성을 최소화하고, 오히려 스스로 자연에 맞추는 모습이었다. 그러나 일제강점기에 들어오면서 도시화가 가속된 지역들에서는 무분별한 치도사업으로 의미 있는 장소가 파괴되었고, 일본 통치의 상징처럼 곳곳에 공원이 조성되면서 근대화의 상징인 것처럼 서구적인 행락공간들이 만들어지게 된다. 도시공간에서 전통적인 행락의 장소들이 일제강점기를 통해 어떻게 변화되어 갔는지에 대한 기술은 제4장에서 서울을 사례로 자세히 알아보고자 한다.

3. 해방 이후의 전개

1) 경제성장과 사회상의 변화

해방 후 1950년대는 6·25전쟁과 전후의 혼란과 절대적인 빈곤의 시대였다고 할 수 있다. 1960년대 들어서 경제개발5개년 계획이 추진되었고, 생활수준이 점차 나아지기 시작하였으나 서울의 급속한 공업화는 사회적인 혼란과 농업기반의 파괴, 그리고 전통문화와의 단절을 가속화시켰다. 여기에 전후 미국문화가 유입되어 사회 문화적으로 미국적인 것과 일본적인 것, 한국적인 것이 뒤섞여 혼란을 가중시켰다. 전반적으로 일반 시민들은 단지 먹고살기 위해 열심히 노동을 했던 시대였지만 미군에 의한 물자와 문화의 유입으로 패션쇼나 댄스와 같은 문화도 생기기 시작했으며, 다방의 숫자도 급속히 늘어났다(김문식 외, 2001: 771-773). 그러나 1970년대 이전까지 서울 시민들의

표 Ⅲ-2. 여가지출액 변화(한국통계연감 '54-'61 중 생계비 조사) (단위: 환)

연도	실지출		외식		기호품		미용, 청결		교양, 오락		여행	
	금액	비중	금액	비중	금액	비중	금액	비중	금액	비중	금액	비중
1951	4,680	100	250	5.3	340	7.3	90	1.9	320	6.8	20	0.4
1952	9,060	100	370	4.1	570	6.3	210	2.3	560	6.2	30	0.3
1953	16,968	100	713	4.2	994	5.9	270	1.6	1,350	8.0	109	0.6
1954	26,444	100	859	3.2	1,443	5.5	432	1.6	1,543	5.8	142	0.5
1955	38,240	100	1,067	2.8	2,241	5.9	790	2.1	2,336	6.1	191	0.5
1956	51,940	100	1,195	2.3	2,290	4.4	1,068	2.1	2,778	5.4	187	0.4
1957	60,116	100	1,186	2.0	1,979	3.3	1,235	2.1	3,125	5.2	222	0.4
1958	65,050	100	1,446	2.2	2,063	3.2	1,665	2.6	3,688	5.7	235	0.4
1959	108,983	100	965	0.9	3,060	2.8	2,855	2.6	3,549	3.3	-	-
1960	111,819	100	689	0.6	3,101	2.8	3,005	2.7	3,694	3.3	-	-

여가활동은 그다지 다양하게 전개될 수 없었다.

1970년대에 들어서야 경제개발5개년계획의 성과가 나타나기 시작하였으나, 유신체제 하에서의 문화발달에는 한계가 있었다. 계급간의 격차가 증가해 갔으며, 군대식의 경직된 사회체제로 인한 문화적 암흑기는 1980년대까지 이어졌다. 다만, 고속도로의 개통과 교통의 발달 등으로 이전에 비해 관광산업이 비약적으로 발달하였다. 서울의 관광객을 보면 1970년에는 327만이었던 것이 1978년에는 586만 명으로 지속적인 증가현상을 보여 주고 있으며, 총 관광객수에서 서울시 관광객수가 차지하는 비율이 50%를 훨씬 넘었다(위의 책: 802-803).

2) 여가문화의 새로운 전개

1970년대의 급속한 경제성장으로 인한 풍요 속에서 1980년대가 시작되었다. 경제적 여유는 대중문화의 발전으로 이어졌으며, 이는 다시 1990년대 문화산업의 비약적인 발달의 밑거름이 되었다. 바야흐로 1980년대는 여가의 성숙기라고 할 수 있으며, 여가활동이 단순한 오락 활동에서 문화적 여가를 지향하는 추세를 보이며 가족단위의 여가활동이 두드러진 시기였다(김광득, 1998: 142).

1990년대 이후의 여가문화는 개개인의 개성과 취향에 따라 매우 다양하게 전개된다. 단순히 경치를 즐기던 여행, 관광 등은 스키, 골프여행, 패러글라이딩, 수상스키, 레포츠 등 다양한 레포츠 활동으로 전환되었고, 이전에는 저급문화로 취급받던 만화나 영화, 게임 등도 매니아 문화가 확산되면서 점차 산업화되었다.

군대문화의 종식을 알린 1990년대의 혁명에 가까운 문화적 변화는 서태지 신드롬에서의 예와 같이 극적인 열광과 혼란으로 기성세대의 우려를 자아내기도 하였으나, 2000년대 들어 문화적 성숙과 함께 하나 둘씩 열매를 맺기 시작한다.

먼저 국내 영화산업의 비약적인 발달은 우리나라를 할리우드 영화를 제치고 자국시장에서 40% 이상대의 시장점유율을 보이는 있는 세계 유일의 국가로 만들었다. 현재 우리 영화는 제2의 홍콩으로 불리며 동아시아 영화시장을 주도하고 있다. 이 밖에도 음악, 방송 등 다양한 우리 문화는 '한류'로 불리며 중국, 홍콩, 일본, 대만 등에 수출되고 있으며, 뮤지컬 「명성황후」, 「난타」 등과 같은 공연예술도 유럽 등지에서 호평을 받으며 성공하였다. 또한, 스포츠 분야에서도 박찬호, 김병현 등이 야구에서, 박세리는 골프에서 세계적인 명성을 얻고 있다. 특히, 우리나라는 2002년 월드컵을 유치하여 4강에 진출하면서 세계를 놀라게 하고 있다.

이러한 문화의 다양한 성장은 여가문화의 양적 발전뿐만 아니라 다양한 규모의 참여활동으로 인한 질적 발전으로 이어진다. 블록버스터 급의 대규모 영화뿐만 아니라 디지털 캠코더의 보급으로 인한 저예산 영화가 개봉관에서 상영되기에 이르면서, 영화는 보는 문화로서뿐만 아니라 직접 만들고 즐기는 문화로서의 가능성을 보여 주고 있다. 클럽문화의 발달은 기존의 퇴폐적인 향락문화 이미지를 벗어나 보다 다양한 모습으로 전환하고 있다. 록, 테크노, 국악 등 다양한 독립음악 밴드들과 이색적인 퍼포먼스를 마련하는 이색적인 카페형 클럽들이 성업 중이며, 살사, 스윙 등 각국의 댄스를 배우는 모임들도 건전한 레저 스포츠로 확산되고 있다.

인터넷의 발달은 여가문화에 새로운 바람을 불러일으키고 있다. 가장 대표적인 예가 게임문화라 할 수 있는데, 인터넷은 소수의 매니아들이 공간적 제약 없이 모일 수 있게 해 줌으로써 이전에는 산업화가 불가능했던, 혹은 공공에 공개되는 것이 불가능했던 것들을 누구나 즐길 수 있는 여가문화의 한 부분으로 끌어내고 있다.

살펴본 바와 같이 여가문화는 사회·경제·문화의 변화와 함께 변화하고 성장해 나가고 있으며, 앞으로도 보다 다양한 모습으로 발전해 나갈 것이다.

3) 행락문화의 숙제

스포츠, 공연예술, 게임과 같은 놀이문화 등은 강력한 기술력의 발달로 인하여 과거의 흔적을 알아볼 수 없을 만큼 급격하게 변화하고 있다. 인터넷의 발달과 국제적인 교류의 확대는 오히려 각각의 구체적인 콘텐츠에서의 문화적 정체성의 문제를 인식하도록 하는 기회가 되어 주고 있는 것으로 보인다. 세기말에 혼란스럽게만 보이던 신세대의 문화와 급격한 변화 역시 지킬 것은 지키면서, 개방적인 태도로 모든 다양한 개성을 수용하는 성숙한 모습을 찾아가고 있는 것으로 생각된다.

그러나 행락문화의 경우 아직 풀어야 할 숙제를 많이 안고 있다. 행락활동은 스포츠, 공연예술, 게임 등과 달리 일상생활에서의 환경, 혹은 여행지의 자연경관과 같은 우리나라의 공간·환경과 밀접한 관계를 맺고 있다. 따라서 행락활동은 지극히 개인적인 활동이면서도 사회적, 경제적, 환경적 측면과 관련된 성숙한 문화의식을 필요로 한다.

수준 높은 행락문화는 다음의 세 가지 조건을 필요로 한다.

첫째는 행락활동을 위한 소재가 되는 공간·환경적, 혹은 문화적 자원에 대한 체계적인 관리이다. 앞서 설명한 바와 같이 행락활동은 환경을 매개로 일어나기 때문이다. 경제적인 측면에서 볼 때에도 행락활동의 소재가 되는 공간·환경의 관리는 매우 중요하다. 생산업의 위기가 다가오고 있는 가운데 관광은 국가의 핵심 산업으로 떠오르고 있으며, 잘 관리된 아름다운 경관만으로도 도시전체, 국가 전체의 경제를 유지하는 예는 세계적으로 허다하다.

둘째는 행락활동을 위한 구체적인 프로그램이다. 사람들의 욕구는 점점 더 세분화·다양화되고, 기술력의 발달로 인해 이에 대응하는 상업적 프로그램들은 점차 고도화되고 있다. 과거에는 생활에 지친 심신을 달래기 위해 북적거리는 마을을 떠나 경치 좋은 계곡에서 휴식을 취하는 활동이 있었다. 여기에는 친구들이 함께 따를 수 있고, 그곳에서 가지고 간 음식과 술을 마시고 흥에 겨워 노래를 부르고 춤을 추기도 하였다. 현재는 이러한 활동이 요소별로 또는 그것을 즐기는 계층별로 세분화되어 제공된다. 한 걸음 내디디면 포장마차에서 룸살롱까지, 노래방에서 나이트클럽까지 어디든 갈 수 있다. 내가 아닌 누군가가 되어 모험을 즐기고 싶다면 인터넷에 빠져들면 그만이다. 결국 아름다운 경치를 감상하고 좋은 음식을 먹고 돌아오는 단순한 형태의 행락은 점차 쇠퇴하고 있다. 새로운 행락 프로그램의 경향은 문화체험, 자연체험, 녹색관광, 생태관광 등 대상을 객체로 바라보는데 그치지 않고 실제로 현지의 문화, 자연, 생태계의 특징적인 모습 등을 배우고 참여하여 하나가 되는 것이다. 이러한 행락의 개념은 자연과의 합일을 지향하던 전통적인 행락문화의 정신과 일맥상통하기도 한다.

셋째는 우리 자신의 인식 전환이다. 여전히 행락이라고 하는 것을 단순히 즐기고 노는 부정적인 것으로 생각하는 경향이 있다. 그러나 행락은 일상생활의 활력을 되찾는 재충전의 기회일 뿐만 아니라 자신을 확장하고 사고를 자유롭게 하는 훈련이며, 더 크게는 인간의 문명과 자연환경의 평화로운 만남이다.

Ⅳ. 서울의 행락공간

1. 조선시대 서울의 행락공간

1) 서울의 공간구조

조선 태조(太祖) 3년(1394년) 10월 28일 이래 서울은 한반도의 수도가 되었다. 태조 3년 송도(개성)에서 서울로 도읍을 옮기고 한양(漢陽)이라 하였으며 그 후 1년 뒤인 태조 4년 6월 6일에는 한성(漢城)이라고 고쳐 불렀다. 일제 36년 동안 서울의 이름은 경성(京城)이었고 해방 이후에는 다시 서울이 되어 현재에 이르고 있다(김영상, 1958: 1-2). 풍수지리설에 따라 자리 잡은 한성부(漢城府) 서울은 북한산과 북악산, 인왕산, 낙산, 남산으로 둘러싸인 분지이며, 안으로는 청계천, 밖으로는 한강이 흐르는 명당이다. 서울 주변의 산들은 그 산세가 수려할 뿐만 아니라 겨울의 북서풍을 막아 주는 동시에 방어를 위한 지형적 이점을 가져다주며, 한강은 생활용수를 공급함과 동시에 서해와 연결되는 해상운송로의 역할을 한다(김기빈, 1993: 314-315). 굳이 장풍득수(藏風得水)의 형국(形局)으로 풀이하지 않더라도 가까이 산이 있어 자연을 접할 수 있고, 바다가 가깝고 수량이 풍부

한 한강을 끼고 있으니 물류에 유리하여 생활에 필요한 물을 쉽게 구할 수 있으니 살기에 좋은 땅이다.

서울의 물리적 경계는 조선조 한성부 시대에는 도성 내의 16.5km^{2}와 성 밖 10리까지의 성외 지역 약 234.1km^{2}를 합하여 약 250km^{2}였으나, 일제강점기인 1914년 이후에는 그 지위가 경기도의 산하로 격하되면서 36.2km^{2}로 면적이 줄어들었다가 해방될 당시에는 134km^{2}로 늘어나는 등 계속 변화하고 있다. 특히, 해방 후 그 범위가 계속 확대되어, 1960년대 강남지역의 편입으로 현재는 그 면적이 605.3km^{2}에 이르고 있다.[1]

내사산(북악산[白岳], 인왕산, 낙산, 남산)과 외사산(북한산, 덕양산, 용마산, 관악산), 내수(청계천)와 외수(한강)가 이루어 내는 완벽한 풍수지리적 공간구조 이외에도 서울은 조선시대의 유교사상의 영향으로 독특한 사회적 구조를 보여 준다. 즉, 내사산을 연결하는 서울의 성곽은 유사시 방어를 위한 기능뿐만 아니라, 당시 사대문 밖 성저십리까지의 공간에 비해 신성한 왕도의 공간을 구획한다.[2] 또한 서울 내부의 주거공간은 주민들의 신분계층에 따라 자연스럽게 구분되어 있었다.[3]

---

1. 성저십리에 관한 최초의 기록인 『세종실록지리지』를 보면 동쪽으로 송계원(松溪院)과 대현(大峴), 서쪽으로는 양화도(楊花渡)와 덕수원(德水院), 남으로는 한강과 노도(노량진)에 이르는 지역이었으나 오늘날의 지명이 확실치 않은 곳이 있다. 영조시대에 간행된 『사산금표도(四山禁標圖)』를 보면, 성저십리는 대체로 동으로는 중랑천, 서로는 사천, 남으로는 한강, 북으로는 북한산까지였다고 할 수 있으며 이는 곧 한성부 서울의 도시경계다(권태환 외, 1997: 28-29).
2. 조선왕조 시대의 서울은 왕이 기거하는 곳으로서 신성시되었다. 이에 따라 도성 안에서 사는 백성이 지켜야 할 규범 네 가지가 있었는데, 1) 서울 사산의 솔을 베지 말 것, 2) 도성 안에 보리밭을 이루지 말 것, 3) 성을 타고 넘어 다니지 말 것, 4) 성 아래에서 백토를 파지 말 것 등이 그것이었다. 이 밖에도 도성 안에 무덤을 쓰지 못하였으며, 억불숭유 정책에 의해 도성 안으로는 중의 출입조차 엄하게 통제하였다(김기빈, 1993: 163).
3. 양반들은 종로를 중심으로 북부와 남부지대에 거주했고 중인 이하는 중부지대에 살았다. 관리들은 주로 계동 · 가회동 · 원서동 · 안국동 등에, 벼슬하지 못한 선비들은 남산 밑 지금의 회현동 · 필동 등에 살았으며 청계천 일대는 중인계층과 돈

2) 조선시대 서울의 명승지

풍수지리를 근간으로 하는 서울의 자연환경은 서울의 전통적인 행락공간의 뼈대를 구성한다. 그중에서도 서울을 둘러싸고 있는 많은 산과 계곡, 그리고 강물은 앞서 살펴본 자연과 어우러지는 전통행락활동의 중요한 근거지가 되었다. 대부분의 행락공간과 활동에 대한 기록이 이러한 산과 강에 관련된 것이다.

표 Ⅳ-1는 서울시청 홈페이지의 자료를 바탕으로 조사한 조선의 주요 행락지 분류다. 이러한 행락공간들은 거의 예외 없이 한성부의 성 밖에 위치하고 있으며, 대체로 성저십리(城底十里)의 영역 내에 위치해 있다. 도성 밖 10리까지의 구역에서는 입장(入葬)이나 벌목 등이 금지되어 산야보존이 행해졌는데, 아마도 그것은 우리나라 최초의 개발제한구역(green belt)이었다고 할 수 있을 것이다(권태환 외, 1997: 28). 이러한 입지적 특성은 아마도 앞서 살펴본 서울의 상징적인 측면 때문일 것이다.

서구적 도시 개념으로 보면, 성 안은 당시로서 고도로 도시화된 공간인 반면, 성 밖은 자연을 접할 수 있는 곳이다. 또, 유교적 관점에서 보면, 풍류나 놀이 공간은 왕도(王都)인 서울 성 안에 수용될 수 없었다.

3) 조선시대 서울 행락공간의 유형

위에 나타난 조선시대 서울의 행락공간들은 크게 서울 성곽 주위의

많은 상인들이 거주하였다. 농민들은 서대문구 신촌동, 마포구 도화동, 동대문구 제기동, 성북구 종암동 방면에 살았고, 군인들은 성동구 왕십리 쪽에, 배를 갖고 오가며 장사하는 상인들은 마포 등지에 살았다. 장의에 관계되는 사람들은 광희동 시구문(屍口門) 쪽에, 백정들은 종로구 혜화동 쪽에, 상인이나 관리를 상대로 하는 기생들은 청진동・서린동・다동에 주로 살았던 것으로 전해진다(이규목, 2002: 60).

표 IV-1. 조선시대 행락장소

<table>
<tr><th rowspan="2">구분</th><th colspan="2">장소</th><th rowspan="2">특징</th><th rowspan="2">활동</th></tr>
<tr><th>조선시대</th><th>현재</th></tr>
<tr><td rowspan="5">서울의 5대명승지</td><td>삼청동</td><td>삼청동</td><td>계곡과 소나무숲, 바위와 연못</td><td>여름철을 중심으로 도성 사람들의 행락</td></tr>
<tr><td>인왕동, 옥류동</td><td>인왕산 동쪽계곡</td><td>계곡과 수석의 자연풍경</td><td>도성 시민들의 꽃구경, 활쏘기터</td></tr>
<tr><td>쌍계동, 낙산 계곡</td><td>낙산, 이화동</td><td>계곡물과 수석, 수림이 우거짐</td><td>문인들의 산책장소. 영정시대 문인 이심원(李心源), 일옹정(一翁亭)을 짓고 주(酒), 금(琴), 기(棋)로 소견(逍遣)하던 여기 기록으로 『일옹만록(一翁漫綠)』을 남김</td></tr>
<tr><td>백운동</td><td>백운동</td><td>자하문 고개 아래 골짜기와 송림</td><td>서울에 가까운 명승지로 문인들이 모임</td></tr>
<tr><td>청학동, 남산(목멱산)</td><td>남산 남소문고개</td><td>서울의 내사산 중 가장 오르기 쉽고 풍경이 아름다움</td><td>조망: 도성, 한강 굽어보기, 북악산 조망
단오: 중턱의 예장(藝場)일대 잔디밭에서 씨름대회
청학동 계곡의 문인들
남산팔경:
1. 구름이 북쪽 궁궐을 가로지른 것
2. 물이 남강(南江)에 넘치는 것
3. 바위 밑에 그윽한 꽃
4. 고개 마루의 높은 소나무
5. 3월의 답청놀이
6. 중양의 등산놀이
7. 언덕에 올라 관등행사 구경
8. 시냇물에 갓끈 빨기</td></tr>
<tr><td rowspan="3">한강</td><td>남호(용산강)</td><td>용산 일대</td><td>산수형세가 좋음 동작진, 노량진 방면의 풍경</td><td>심원정, 함벽정 등의 정자에서 문인들의 휴양</td></tr>
<tr><td>서호(마포, 서강)</td><td>마포, 양화, 서강 일대</td><td>넓은 강. 율도와 청계산의 풍광</td><td>마포와 율도사이에서 도성 사민들의 뱃놀이</td></tr>
<tr><td>동호(두모포)</td><td>옥수동</td><td>누정이 많고 도성과 가까움</td><td>유하정, 황하정, 독서당터 등 문인들이 몰렸으며, 사민들의 소풍, 유연(遊宴)장소로 이용</td></tr>
</table>

표 Ⅳ-1. 계속

구분	장소		특징	활동
	조선시대	현재		
한강연안	전관평(살곶이벌)	성동구 한강연안	평원지대, 목장	세조, 성종 때 봄, 여름, 가을 시외 행락지
	뚝도(두모방)	뚝섬	전관평 남쪽 강안의 버드나무	선유(船遊)와 낚시 장소
	양화도(잠두봉)	양화, 절두산	버드나무숲, 나루터	교통의 요지, 강상풍경, 낚시
기타	세검정(세금정, 금정)	세검정	성곽과 인접, 산과 계곡의 풍경	수도(修道), 독서, 문인 묵객들의 모임
	회동, 남창동	회현동, 남창동	남산 북측, 수림이 울창하고 계곡을 따라 샘물이 많음	문인들의 모임과 등산
	동지	동대문 근처	태종 때 만든 인공연못	서울 시민의 연꽃구경
	남지	남대문 밖 연지동		
	서지	서대문 밖		
	성북동	성북동	혜화문과 숙정문 사이 계곡	복사나무로 유명한 꽃구경 장소, 부녀자들의 놀이장소

산이나 계곡을 배경으로 하고 있는 공간과 한강변의 공간으로 나누어 볼 수 있다. 먼저 성곽 주위의 공간은 안과 밖의 경계부로서 서울이라는 순치된 공간을 벗어나는 경계부이므로 행락활동이 매우 활발하게 일어날 수 있는 곳이다. 특히 서울 성곽은 내사산에 걸쳐 이루어져 있기 때문에 이러한 지역의 자연경관이 매우 아름다웠음을 짐작할 수 있다. 따라서 서울 성곽을 둘러싸고 있는 4대문과 4소문 인

그림 Ⅳ-1. 한성부 일대의 행락공간(首善全圖, 1840년대)

접 공간은 매우 활발한 행락장소가 되었다.

서울을 둘러싸고 있는 각각의 산에는 저마다 이름난 명승지가 위치하였는데, 그 분포는 그림 Ⅳ-1과 같다.

그림 Ⅳ-1에서 보는 바와 같이 명승지의 기록이 많은 공간은 모두 서울을 둘러싸고 있는 내사산과 북한산 및 도봉산 일대로 집중되어 있다. 왕이나 양반들의 경우 궁궐이나 자신들의 저택 안에 정원을 꾸미고 정자를 만들어 즐길 수 있었으나, 그 밖의 시민들을 위한 위락의 장소는 성문 밖에 있었던 것이다.

대체적으로 산속에 계곡이 수려하여 정자가 만들어지고 풍류를 읊는 등 양반들 위주로 활용되던 공간은 양반층이 거주하던 북쪽의 산과 계곡이었던 것으로 보이는데, 가까운 곳은 자하문 일대의 북악산(삼청동, 백운동)과 인왕산(옥류동) 부근으로, 세검정, 석파정 등 양반들의 여흥을 위한 정자가 많이 조성되었다. 또 멀리는 혜화문을 통해 나아가는 길을 따라 있는 북한산과 도봉산 일대의 장소인데, 이 일대에는 특히 사찰이 많이 분포하고 있고, 우이동 계곡 등에서 여인들의 행락활동이 활발했던 것으로 보인다.[4]

이에 비해 남산은 다른 산에 비해 오르내리기 쉽고 남산팔경이 생길 만큼 풍경이 아름다워 시민들의 휴식처로 활용되었으며, 봄철 단오날에는 씨름대회가 열리는 등 다양한 행락활동이 이루어졌다.

그림 Ⅳ-2는 한강 일대의 명승지 위치다. 성문 안팎과 성곽 일대의 산과 계곡 외에 서울을 감아 돌아 흐르는 한강은 운송과 생활용수 공급 이외에 도시의 수변공간으로서 중요한 행락활동의 무대가 되었다.

한강의 공간은 크게 지금의 뚝섬과 옥수동 일대의 동호, 용산 일

---

4. 북한산 방면의 소풍은 일종의 일탈적 성격을 나타내는 경우가 많았던 것으로 보인다. 북한산으로 이어지는 빠른 문인 숙정문은 사실상 4대문의 하나로 정북문이었으나 한적한 산속에 인적이 드물어 대문의 이름을 얻지 못하였고, 음양설에 의해 숙정문을 열어두면 성 안에 "상중하간지풍(桑中河間之風)"이 불어댄다 하여 문을 폐하였는데, 이는 부녀자의 풍기문란을 뜻하는 것이다. 서울의 세시풍속에 여인들의 해방일인 정월보름 이전에 부녀자들이 북문까지 세 번 다녀오면 그 해의 액운이 없어진다 하여 왕래가 무척 빈번하였는데, 이것이 연중 계속되므로 북문 나들이에 따르는 외진 곳에서의 풍기문란을 단속하기 위해 숙정문이 폐쇄된 것으로 보인다(이규태, 1993: 320-322).

그림 Ⅳ-2. 한강 일대의 명승지(漢城全圖, 18세기 후반)

대의 남호, 그리고 마포 및 양화도 일대의 서호로 구분되었다. 대체로 동호 일대는 왕과 귀족들의 사냥터였던 전관평이 위치했고 옥수동을 중심으로 독서당, 쌍호정 등 조선시대 선비들이 글을 읽고 휴식하여 일종의 별장지대 성격을 띠고 있었다. 여의도나 마포나루 등은 서민들도 즐길 수 있는 수변행락공간 역할을 하였다.

2. 서울 행락공간의 변화

1) 일제강점기 행락활동의 변화

일제강점기에 들어서면서 우리의 행락활동은 앞서 Ⅲ장에서 살펴본 바와 같이 급격하게 변화하게 된다. 전차나 철도 등 새로운 교통수단의 제공과 일제의 영향으로 사람들의 행락활동은 일본식의 단체행락 성격을 띠게 된다. 또, 도성 안에 새로이 조성된 공원 등의 서구식

행락공간은 기존의 서울이 지닌 상징적인 질서를 의도적으로 파괴함으로써 자연과의 합일이라는 정신적인 측면이 중요시되던 우리의 행락문화는 점차 소실되어 가기 시작하였다.

특히 일본식의 단체행락문화는 학생들의 소풍이나 수학여행 등에 크게 영향을 미쳤으며, 군사독재 시절을 이어 1990년대까지도 그 흔적이 남아 있었다.[5]

그림 Ⅳ-3은 1919년 서울출생으로 일제강점기 이래로 지난 2002년까지 서울 성북동에 거주한 노태선 옹(85세)과의 인터뷰를 통해 알아본 일제강점기의 소풍 및 수학여행의 모습이다. 그는 효제초등학교, 중앙중학교(당시 중고등학교 5년제 통합과정)를 졸업 후 춘천사범학교를 거쳐 강원도에서 초등학교 교편을 잡았으며, 1년 후 제2차 세계대전 발발과 함께 서울로 돌아왔다. 이후 계성초등학교, 혜화초등학교, 돈암초등학교에서 교직생활을 했으며, 종전과 함께 약학대학에 진학하였다. 6·25전쟁 당시 해군(당시 해안경비대)으로 참전하였으며, 종전 후 메디컬센터에 근무하였고, 스칸디나비아 3국에 유학을 하였으며 이후 2002년 5월까지 서울 성북동에서 생활하였다. 1920-30년대 초등학교와 중학교 시절의 소풍에 대한 기억은 다음과 같다.

> 효제초등학교를 다닐 당시 소풍은 삼선평, 여기가 널따란 벌판인데, 성북동에서 내려오는 개천이 여기 와서는 물이 굉장히 많아지고 넓게 퍼지는 거야. 삼각

5. 현재까지도 일본은 세계에서 가장 많이 단체여행을 하는 민족이다. 일본의 단체여행은 군사적 목적의 이동이나, 상업적 목적에 의한 조직적 여행, 신앙에 따른 순례여행 등에서 비롯되었으며, 이것이 특히 "센다츠"라고 하는 참배지의 안내업이 발달하면서 점차 확산되었다. 이후 근대화의 과정에서 수학여행이라는 단체여행이 확산되었는데, 이는 부국강병을 명분으로 한 일종의 군사훈련적 성격도 포함하고 있었다. 한말에서 일제강점기에 이르면서 급격히 확산된 우리의 수학여행은 분명 일본의 영향을 받았으며, 수학여행 이외에도 우리 전통적인 여유롭고 멋스러운 행락활동과 어울리지 않는 단체행락활동이 철도교통 발달과 행락지의 통제 등에 의해 확산되게 된다(문옥표, 1997).

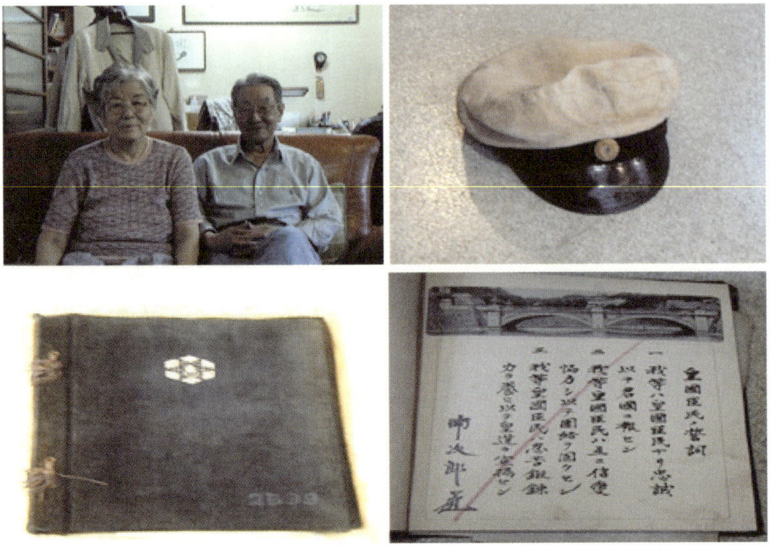

그림 Ⅳ-3. 노태선 옹 부부, 노태선 옹의 스칸디나비아 유학 당시 학생모와 중앙중학교 (1925년) 졸업앨범

주를 만들어서 펴지니까 얕고, 그 대신 풀도 있고, 물도 맑으니까 여기 풀어놓고, 점심 먹고 다시 들어가는 거지. 아니면, 동물원. 지금 말하는 창경원, 고궁에 가서 점심 먹고 나오고, 또 청량리, 망우리 쪽으로 나가서 산에 풀어놓고 점심 먹고 돌아오고.

또, 이미 1930년대에 현재와 비슷한 형태의 수학여행이 행해진 것으로 보인다.

(이난석 할머니)그리고, 우리 때는 4학년은 수원, 5학년은 인천, 6학년은 개성으로 갔었고. (할아버지)그건 수학여행. 중학교(중앙중학교) 때는 만주까지 수학여행을 갔었어. 만주, 금강산, 경주가 서울에 있는 중학교의 대표적인 수학여행지였지. 경기고등학교는 일본으로 수학여행을 갔지. 그 당시에는 같은 나라라 가기가 쉬웠으니까. 중앙중학교는 민족주의 사상이 강한 학교라서(노태선 옹의 초등학교 6학년 때 이미 한글교육이 사라짐) 학교 수업도 아직까지 한글을 쓰고, 일본으로 수학여행을 가지 않았지. 그 당시 수학여행은 기차로밖에 갈 수 없었

그림 Ⅳ-4. 1900년경의 돈암동(삼선평 일대) 전경(출처: 서울학연구소, 1995)

그림 Ⅳ-5. 탑골공원, 뚝섬 소풍 가는 길, 덕수궁(출처: 노태선 옹 졸업앨범)

어. 경의선으로 만주 봉천까지 갔고, 금강산은 철원, 내금강, 비로봉, 원산으로 가서 기차 타고 서울로 내려왔고. 중학교 5년 동안 만주 한번, 금강산, 경주로 한번씩 수학여행을 갔었지. 수학여행은 한번 가면 3박에서 4, 5박은 하고 왔었지.

노태선 옹은 우리나라에서 수학여행이 시작된 것을 일본에 의한 교육이 시작된 즈음으로 기억하고 있다. 당시 일본은 우리 학생들에게 일본에 대한 숭배와 더불어 체육과 체력의 교육을 강조하였는데, 이는 전시체제였던 당시 상황으로 볼 때 일제의 군국주의적인 교육

그림 Ⅳ-6. 1930년대의 중앙중학교 수학여행과 재동소학교 수학여행(출처: 노태선 옹 졸업앨범, 재동100년사(1996))

그림 Ⅳ-7. 1930년대의 중앙중학교 소풍과 재동소학교 소풍(출처: 노태선 옹 졸업앨범, 재동100년사(1996))

의 일환이었던 것으로, 앞서 살펴본 일본식의 단체행락과 학생들에 대한 훈련으로의 변화 등과 일맥상통한다. 원족(소풍)을 하는 날에는 꽤 먼 거리를 하루 종일 걷게 되어 발이 부을 지경이었다고 한다. 1930년대 초등학교 교직생활 시절의 소풍은 다음과 같이 행해졌다.

> 소풍은 차차 차차 하루 도시락 싸 가지고 갔다 오는 소풍이 정착이 되었어. 학생들은 돈이 부족해서 멀리 갈 수도 없었고. 혜화국민학교에서 서울 근교로는 우이동 산에 올라갔다가 걸어 내려오면 하루 걸리는 원족이 되지. 또, 뚝섬에까지도 걸어갔다 오고. 우이동이나 뚝섬까지 우마차 길로 걸어서 다녀오면 하루가 걸려.
>
> 그 당시에 도시락이라는 것은 알미늄 도시락에 밥과 찬통이 들어가고, 잘사는 집은 계란 후라이, 사과, 장조림이 들어갔지. 보통 먹는 김치, 깍두기 넣어 주고,

콩자반이나 멸치볶음도 있고. 지금 말하는 김밥은 거의 없었지. 소풍가서 하는 놀이는 보물찾기, 둘러앉아서 수건돌리기, 그리고 경주(달리기) 같은 거 하고 오지.

위의 인터뷰에서 언급된 행락활동의 장소들은 앞서 3장에서 신문기사들을 통해 파악된 서울의 행락장소들과 틀리지 않다. 다만 이러한 과정을 통해 우리나라 사람들은 일본식의 단체행락에 점차 익숙해졌고, 그러한 영향이 최근까지 지속되었음을 알 수 있다.

2) 일제강점기 행락공간의 변화

(1) 교외 행락

일제강점기의 교외 행락장소는 성문 밖의 명승지들로서 조선시대와 크게 다르지 않다. 그러나 전차 및 철도교통의 발달과 더불어 여행증명 발급 등의 여러 가지 통제로 인해 자유로운 여행과 행락활동은 더욱 제한되었으며, 이에 따라 서울의 행락공간도 성문 밖의 장소는 멀리는 인천 월미도, 그 외에는 대부분 정거장이 있는 창동과 우이동에 국한되어 있어 조선시대에 비해 오히려 선택의 폭이 좁아졌다. 다른 지방으로의 장거리 여행은 대부분 철도교통을 통해 이루어졌으나 일제 통치의 전 기간에 걸쳐 다양한 방법으로 조선인들의 자유로운 여행을 통제하였기 때문에 일본이 허용한 일부 명승지에 한하여 단체관광이 이루어졌다.

그림 Ⅳ-8. 교통수단의 변화. 가마, 인력거, 전차(1898년부터)(출처: 서울시정개발연구원 · 서울학연구소, 2000).

(2) 시내의 행락

조선시대에는 사대문 안에 일반인을 위한 행락장소가 별도로 마련되지 않았다. 대신에 길과 마당, 논과 들, 모든 생산장소가 때에 따라서 이벤트가 발생하는 여가공간이 되었을 것이다. 여가, 놀이, 행락 등의 활동에 있어서 명확한 구분을 하기는 어려우나, 일반적으로 조선시대의 여가활동은 일상생활의 공간을 떠나 자연을 찾는 행락활동과 일상의 공간에서 일어나는 놀이 및 이벤트(축제, 제사 등)로 구분할 수 있다. 일상공간에서 일어나는 여가활동은 주거공간, 거리, 또는 생산활동이 이루어지는 노동공간별로 다양하게 나타난다. 다음 글에서 조선시대 거리문화의 한 면을 엿볼 수 있다.[6]

> 서울에는 커피나 차를 마실 수 있는 곳도, 극장이나 술집도 없다. …(중략)… 작은 집들이 얼마나 꼭 붙어 서 있는지 마치 대문이라는 것이 없는 양 이 집 저 집이 모두 연결되어 있는 것처럼 보였다. 수많은 아이들이 발가벗은 채 골목길에서 뛰어 놀고, 남정네들은 긴 담뱃대를 입에 물고서 허물어진 흙담 벽에 기대서 웅크리고 앉은 채 장기를 두거나, '투전'놀이를 한다.

그림 Ⅳ-9. 투전놀이(좌, <기산풍첩도>)와 포교들에게 체포되는 도박꾼들(우, 윤보의 <형정도첩>)

6. 1884년 10월 24일 독일 라이프치히(Leipzig) 매일신보 특집에 소개된 서울면 보도 내용으로 헤세 바르텍(Hesse Wartegg)이 기고하였음.

그림 Ⅳ-10. 1890년대 말의 돌싸움. 돌싸움은 고려 말부터 시작되어, 조선시대에도 정월대보름 세시놀이로 행해졌다. 이처럼 거리나 들판 등 일상의 공간은 구경이나 축제 등 일시적인 이벤트의 공간이 된다(출처: 서울시정개발연구원 · 서울학연구소, 2000).

그러나 일제강점기에 들어오면서 서울 시내에 공원과 같은 인위적인 행락공간이 발생한다. 명목상으로는 서구의 공원과 마찬가지로 시민들의 편의를 위한 것이었으나, 실질적으로는 창경궁, 장충단공원, 비원 등의 공원화에서 볼 수 있듯이 우리 민족에게 상징적인 공간을 격하시키기 위한 것이었다. 특히, 현재 남산공원인 남산 일대는 국사당을 옮기고 들어선 조선신궁과 조선총독부청사 및 일본인들의 거주지가 밀집한 곳으로서 공원화라기보다는 일본인들에 의한 성역화가 이루어진 곳이었다. 표 Ⅳ-2는 한말과 일제강점기에 조성된 공원의 계기와 의도로 본 한국도시공원 태동기의 공원약표다.

표 Ⅳ-2. 조성계기와 의도로 본 한국도시공원 태동기의 공원약표

조성계기/의도		조성주체	대상공원	비고
외세에 의한 조성	제물포 각국 조계장정 조인	제물포 각국 거류지회(공동)	만국공원	각국 공동의 정원
	일본인 거류민을 위한 신사 건립	일본 거류민	왜성대공원, 남산공원, 용두산공원(부산), 동공원(인천), 달성공원(대구), 송도공원(목포), 군산공원(군산), 서공원(개성) 등	
자발적 대응에 의한 조성	영국인 건의 원각사지/유물 활용	조선정부 한성부	파고다공원	
	자주독립, 민권신장 추구	독립협회	독립공원	독립문과 동시 조성
일제 식민지에 의한 조성	기존 경승지 활용	일제	삼청공원, 월미도공원(인천)	
	조선 왕실소유지 개방	일제	궁궐: 창경원, 경희궁, 덕수궁, 경복궁 기타: 사직단, 장충단, 효창공원	
	기존 사적지 활용	일제	모란대공원, 대동공원(평양), 고적공원(김해), 선죽공원(개성), 촉석루공원(진주) 등	
	도로계획 관련	일제	진해, 나남의 교통광장 광화문통/태평로 등의 유보지	군사신도시
	도심부 공원 확보	일제	중앙공원(대구)	민간단체(일본인)의 요구에 의함
	운동시설 확보	일제	경성운동장(동대문), 철도공원, 덕진공원(전주) 등	
기타	개인소유 정원 공개	개인	삼화화원(진남포, 1902)	개인(야나기) 소유정원→부소유공원(1932)

출처: 성종상, 「한국도시공원의 조성계기와 형성과정 연구: 태동기를 중심으로」.

그림 Ⅳ-11. 1900년경의 비원, 원각사탑과 비석, 장충단. 일제에 의해 훼손되기 직전의 전경이다. 이후 장충단은 장충단공원으로, 원각사는 탑골공원으로 변하게 되었다.

그림 Ⅳ-12. 장충단공원(1910년)과 남산 총독부청사(1911년). 명성황후 시해 사건의 충신을 기리는 장충단은 일제에 의해 일반 공원화되었다. 오른쪽은 서울을 내려다보고 있는 남산 총독부청사의 전경.

그림 IV-13. 독립문과 영은문 주초(1899년), 인왕산 선바위와 국사당, 조선신궁 앞길(1930년). 남산 국사당은 인왕산으로 옮겨지고 그 자리에 조선신궁이 들어선다.

그림 IV-14. 왜성대공원(1900년)과 신조선총독부청사(1930년경)

그림 IV-15. 창경원의 1909년 동물원 조성 직후 모습과 1920년 모습

그림 IV-16. 일제강점기 탑골공원의 1930년 및 1940년 모습
(그림 IV-11 ~ 그림 IV-16의 출처: 서울시정개발연구원 · 서울학연구소, 2000)

표 IV-3. 일제강점기 서울 일대의 행락장소 분석

<table>
<tr><th>구분</th><th colspan="3">장소</th><th>특징</th></tr>
<tr><td rowspan="8">서울 성문 밖</td><td colspan="2">창의문(자문, 자하문)</td><td>금정, 세금정(현 세검정)</td><td>성문 밖 1km 이내
세검정, 홍제천, 북악산</td></tr>
<tr><td colspan="2">동소문(혜화문, 홍화문)</td><td>삼선평(현 동소문동, 삼선동 일대)</td><td>성문 밖 1km 이내
넓은 들판, 성북천, 낙산</td></tr>
<tr><td colspan="2" rowspan="2">동대문 밖</td><td>상춘원(현 숭인동 부근)</td><td>성문 밖 1km 이내
손병희 선생의 집</td></tr>
<tr><td>청량리, 홍릉(현 청량리 홍릉)</td><td>성문 밖 약 4km
고종과 명성황후의 능</td></tr>
<tr><td colspan="2">한강</td><td>한강철교, 인도교</td><td>용산과 노량진을 연결</td></tr>
<tr><td colspan="2" rowspan="2">산</td><td>북한산</td><td>서울의 진산</td></tr>
<tr><td>창동, 우이동</td><td>북한산의 남쪽 기슭</td></tr>
<tr style="display:none"></tr>
<tr><td rowspan="7">서울 성문 안</td><td colspan="3">비원</td><td>창덕궁의 후원</td></tr>
<tr><td colspan="3">장충단공원</td><td>을미사변 때 순국한 장병들의 제를 지내는 단</td></tr>
<tr><td colspan="3">창경원(현 창경궁)</td><td>왕후들의 처소</td></tr>
<tr><td colspan="3">탑골공원</td><td>옛 원각사터로 1897년 공원으로 조성</td></tr>
<tr><td colspan="3">훈련원</td><td>1392년 조선개국 시 설치된 훈련과</td></tr>
<tr><td rowspan="2">일본인 시설</td><td>남산총독부관저</td><td>구 청학동, 현 남산동 2가 -예장동</td><td>남산기슭으로서 경복궁을 내려다보는 위치</td></tr>
<tr><td>왜성대 공원</td><td>현 필동일대</td><td>남산기슭으로서 경복궁을 내려다보는 위치</td></tr>
</table>

이상에서 살펴본 일제강점기 서울의 행락장소는 표 IV-3과 같다.

3) 행락장소의 변화와 보존

행락장소의 변화와 보존은 행락활동이 발생한 특정 장소의 변화와 보존의 관점에서 보면, 일반적인 환경설계의 변화와 보존과 같은 관점에서 볼 수 있다. 예를 들어 어떤 절이 있다고 할 때, 조선시대에 절이라는 공간은 단순히 종교시설이라기보다, 부녀자들에게 행락의 기회를 제공하는 곳이었다고 할 수 있다. 현재의 이 절은 여전히 종교시설인 동시에 행락활동의 공간이고, 그 성격과 활동의 본질은 보존되었을 수 있다. 그러나 이 공간에서 일어나는 행락활동의 특징은 이전의 그것과는 매우 다르며, 따라서 공간의 물리적 환경도 변화한다. 유적지이자 행락지가 되어 버린 이 공간에는 관광객을 위한 편의시설이 도입되고, 차도와 주차장이 새로 만들어졌을 것이다. 절의 마당 한가운데 있는 탑이 문화재로 지정되어 보존되고, 스님들이 기거하는 처소는 현대식으로 개조된 그러한 절들을 발견하는 것은 어렵지 않다.

또한, 명절이 되면 아직도 이러한 절의 탑에서 탑돌이를 하는 마을이 실제로 있을 수 있고, 때에 따라 유명한 사찰이나 문화재급의 탑을 보유하고 있는 절의 경우 창건 당시의 탑돌이를 재현하는 등의 행사를 열 수도 있는데, 이것은 지속적이지는 않지만 민속촌이라는 과거의 공간에서 현재의 사람들이 과거의 생활양식을 연기하며 살아가는 것과 비슷하다.

행락문화에 있어서의 공간은 위와 같이 특정 장소로서의 문제뿐만 아니라, 도시 전체에서의 위치와 관계가 보다 중요하다. 국가의 상징인 경복궁에서 박람회가 개최되고, 창경궁이 동물원으로 전락하거나 장충단이 공원이 되는 과정 등에서 발생하는 인위적 의도에 의한 장소의 조작과 변화는 장소 자체뿐만 아니라 도시 맥락의 측면에서도 의미 있다. 우리 민족은 행락을 열정적으로 즐기는 민족이다. 그럼에도 불구하고 성스러운 왕도 서울의 사대문 안에는 공원의 기능을 하는 특별한 공간을 만들지 않았으며, 단지 생활공간이나 길의 문화에서 소극적인 행락활동의 모습이 나타난다. 대신 사대문 밖 어디에나 수려한 자연경관을 뽐내는 행락장소들이 있었다. 그러한 우리 민족에게 특별한 의미가 있는 공간이 일제강점기에 공원으로 변형되었다. 물론, 대한제국 말기에 이미 독립공원, 탑골공원 등이 조성되었으나,

그 입지상 탑골공원은 원각사 절터였고, 독립공원은 사신을 맞이하던 영은문 자리라, 성스러운 공간이라기보다는 행락문화와 간접적으로나마 관련이 있는 곳이라고 볼 수 있다. 오늘날에도 서울 시내에 많은 공원이 조성되어 있고, 계속 새로운 공원이 들어서고 있다. 또한 창경원은 창경궁으로 복원되었고, 경복궁 역시 총독부 건물 철거 이후 복원작업이 계속되고 있다.

다음 제3절에서는 앞서 살펴본 일제강점기의 행락활동 기록에 나타나는 행락장소들을 중심으로 서울의 전통적인 행락장소의 지도를 살펴보고자 한다.

3. 행락문화로 본 서울의 문화지도

1) 자하문, 돈의문 일대

주지하는 바와 같이 조선시대 서울의 북부지역은 왕궁인 경복궁을 비롯하여 지배계급인 양반귀족 계급의 활동공간이었다. 이러한 가운데, 서울성곽의 북쪽 경계부는 인왕산, 북악산 등이 이루는 아름다운 자연경관으로 인해 양반들이 정자를 짓고 풍류를 즐기는 행락장소로 이용되었으며, 조선 후기에는 학생들의 소풍장소가 되었고, 일제강점기 이후에는 시민들의 피서지가 되었다.

그림 IV-17. 세검정, 세검정 계곡, 석파정 사랑채(출처: 정재정 외, 1998)

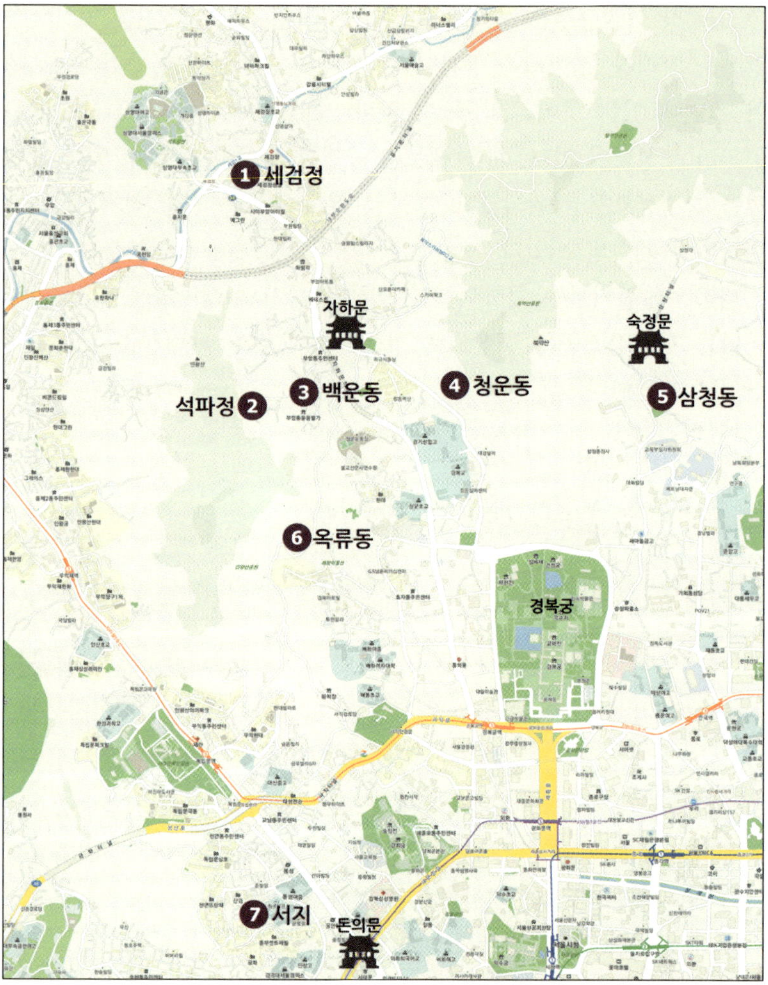

① 세검정: 원래 탕춘대라고 불렸으며, 연산군이 즐기던 곳. 조선 후기 이화학당의 학당놀이(『독립신문』 1899.5.1.)나, 고학생갈돕회 원족(『동아일보』 1921.8.22.)의 기록도 이 부근일 것으로 생각됨. ② 석파정: 안동 김씨 소유의 별장이었으며, 그 후 흥선대원군의 소유가 된 곳. 연합운동회 임원 원유회(『대한매일신보』 1907.11.6.) 기록으로 보아 이후에도 관리들의 연회장소로 사용된 것으로 보임. ③ 백운동, ④ 청운동, ⑤ 삼청동, ⑥ 옥류동: 북악산과 인왕산 일대의 계곡들은 조선시대부터 수려한 경치로 사랑받는 행락장소였음. ⑦ 서지: 지금의 금화초등학교 부근의 연못, 천연지와 천연정이라는 정자가 있어 행락장소로 이용됨.

그림 Ⅳ-18. 서울 북부, 서부 행락장소

2) 동대문 일대

서울의 북서지역이 인왕산, 북악산 등으로 둘러싸인 아름다운 계곡들로 이루어진 행락장소였던데 반해 서울의 동쪽은 주로 하천과 넓은 평지, 언덕과 숲 등으로 이루어진 서민적인 행락장소였다. 서울의 내

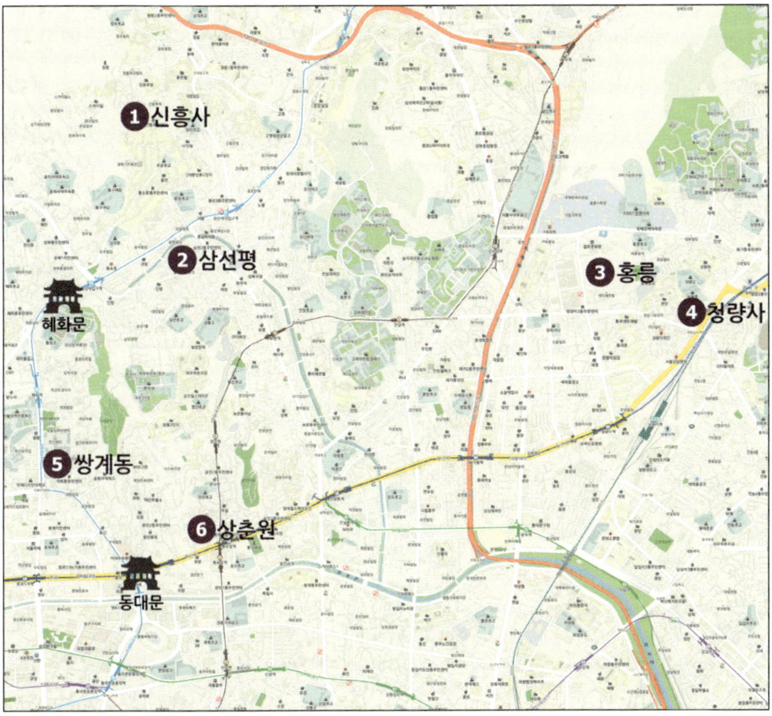

① 신흥사: 현 홍천사. 조선시대 절은 부녀자의 행락장소이기도 함. 조선 말 궁리대신 이재순의 신흥사 행락기록(『독립신문』 1899.7.27.). ② 삼선평: 화랑의 수양처로 추측. 조선시대 연무장으로 사용되었으며, 일제강점기에는 운동회 장소. ③ 홍릉, ④ 청량사(청량리): 일제강점기 시민들의 소풍, 꽃구경 및 피서장소로 활용(『동아일보』 1921.3.22.). ⑤ 쌍계동: 낙산 계곡, 서울 5대 명승지 중 하나. ⑥ 상춘원: 손병희 선생의 별장. 이후 신여성 및 어린이 원유회 장소로 활용(『동아일보』 1924.5.4., 『동아일보』 1925.6.24.).

그림 IV-19. 동대문 일대의 행락장소

그림 Ⅳ-20. 혜화문, 동대문 밖, 청량리(출처: 경기도박물관, 2003)

사산 중 하나인 낙산계곡 일대의 쌍계동은 삼청동, 옥류동, 백운동, 청학동과 더불어 서울의 5대 명승지 중 하나였으며, 종로 시전거리의 끝이면서 서민들의 생활무대인 청계천이 흘러나가는 동대문 일대는 매우 인간적인 모임의 장소였다. 동소문인 혜화문 일대는 삼선평(현 삼선교 일대)이라는 널따란 모래사장과 개울이 있어 연무장으로 사용되었으며, 일제강점기에는 이곳에서 운동회 등이 벌어졌다. 동대문 밖으로 4-5km 거리에 청량사와 청량리의 숲, 또한 행락장소로 이용되었는데, 홍릉은 이화학당 학생들이 매년 소풍을 갔던 기록이 있어, 능원으로의 소풍이 이미 조선 후기부터 있었던 활동임을 알 수 있다.

3) 남대문 일대

서울의 남쪽은 남대문 일대 재래시장과 남산 등지가 시민들의 중요한 행락장소로 이용되었다. 특히, 북촌의 위쪽에 자리 잡은 아름다운 계곡들이 주로 양반 남성의 공간이었던 것에 비해, 남산은 누구나 쉽게 접할 수 있는 행락지였던 것이다. 그러나 일제강점기 들어 남촌에 일본인 거주지가 들어서면서 남산 기슭의 현 남산동, 필동 일대는 왜장대, 왜장터, 왜성대 등으로 불렸으며, 특히 왜성대공원이 들어서고 국사당 자리에는 조선신궁이 세워지면서 이 일대는 일제 식민지배의 상징적인 장소가 되고 말았다.

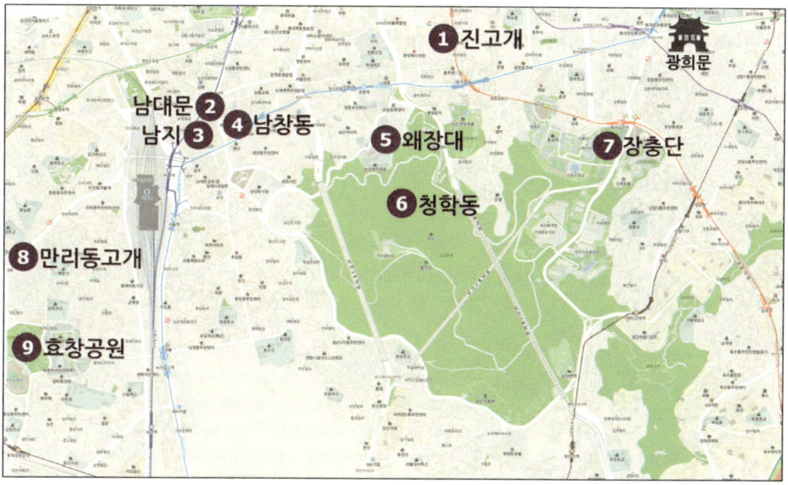

① 진고개: 일본 관광단 입찰자들이 진고개 천진루에 모여 연회를 즐김(『대한매일신보』 1909.3.18.). ② 남대문 일대: 전차 및 열차 교통이 발달하면서 남대문 역은 사람들의 모임의 장소가 되었음. 특히 일제강점기 관광단 및 일본인들의 환영을 위해 시민들이 동원된 장소이기도 함(『대한매일신보』 1909.5.12., 1909.6.8.). ③ 남지: 한양의 화기를 막기 위한 세 연못(서지, 남지, 동지) 중 하나로서 연꽃이 무성하였음. ④ 남창동: 회동, 회현동 일대로 남산의 북측 수림지(『동아일보』 1921.3.22.). ⑤ 왜장대: 남산 기슭 일본인 거주지. 왜성대 공원. 일본인이나 친일파 관리들의 연회(『독립신문』 1899.4.18., 『대한매일신보』1907.8.13.). ⑥ 청학동: 남산 골짜기 깊은 곳의 마을. 삼청동, 인왕동(옥류동), 쌍계동, 백운동과 더불어 서울의 5대 명승지 중 하나. ⑦ 장충단: 명성황후 시해 사건 당시 희생된 충신들을 기리는 곳. 일제에 의해 공원화됨. ⑧ 만리동고개: 정월 보름날 서울의 3대문, 곧 동대문, 남대문, 서대문 밖에 사는 사람과 아현동 사는 사람들이 돌싸움을 하던 곳. ⑨ 효창공원: 정조의 아들 문효세자의 무덤. 철도관리국의 원유회 예정 기록으로 보아 한말에 이미 일종의 공원으로 이용된 것으로 보임(『대한매일신보』 1908.5.3.).

그림 Ⅳ-21. 남대문 일대의 행락장소

그림 Ⅳ-22. 진고개 일대의 일본군 야외군사훈련장(출처: 경기도박물관, 2003)

그림 Ⅳ-23. 남대문 재래시장과 일제강점기 명동거리(출처: 정재정 외, 1998)

그림 Ⅳ-24. 회현동 일대와 남산 조선신궁(출처: 정재정 외, 1998)

4) 도성 내부

조선시대에는 서울 성곽 내부에 별도의 공원이 조성되지 않았으나 현재의 서울 지도에서도 볼 수 있듯 주위를 둘러싸고 있는 크고 작은 산과 계곡이 충분한 행락장소를 제공하였으며, 왕궁 내부에도 넓은 녹지가 조성되어 있었다. 다만 적극적인 행락 전용 장소가 만들어지지 않았을 뿐, 지형을 따라 유기적으로 들어선 마을과 하천, 주변

① 정고개: 명륜동 일대. 성균관의 선비와 노비의 딸의 사랑이야기가 전해지는 나들이길. ② 비원, ③ 향원정, ④ 경회루, ⑤ 창경궁: 궁궐 및 후원 등으로 왕과 귀족의 연회장소로 활용되었으나, 일제강점기 이후 동물원, 박람회장 등이 설치되어 그 격을 낮추었으며, 이완용을 비롯한 친일파 관리들의 원유회 장소로 이용됨. ⑥ 사직공원: 사직단이 있던 곳이나 일제에 의해 공원화됨. 효창원, 장충단 공원과 함께 일제가 공원화에 힘쓴 기록이 남아 있음(『동아일보』 1922.5.5.). ⑦ 운현궁: 흥선 대원군의 사가였으나 이후 관리들의 행락에도 사용되었던 것으로 보임(『대한매일신보』 1907.11.13.). ⑧ 연흥사: 현 종로구청 자리에 1907년 세워진 극장. 처음에는 예기창, 판소리 등이 공연되다가 이후에는 신파극이 공연되었으며, 1915년 문을 닫음. 퇴폐적인 행락객들(『대한매일신보』 1909.3.24.)로 비난을 받기도 하였으나, 일부 관리들 또한 몰래 공연을 즐겼음을 알 수 있음(『대한매일신보』 1909.9.1.). ⑨ 아주개: 아주개 관인 구락부에 연희장이 조성되었던 것 기록(『대한매일신보』 1907.12.29.). ⑩ 탑골공원: 한말에 원각사 터에 조성된 공원. 세조 때 만들어진 원각사는 연산군에 이르러 관기들의 숙소가 되었고, 중종이 즉위하자 잠시 관청이 되었다가 빈 절로 방치되었으며, 1897년 공원으로 꾸며졌음. 일제강점기 동안 서울 시민들의 쉼터로 역할을 하였음. ⑪ 단성사: 1907년 연예공연장으로 개설되었으며, 1918년 상설 영화관으로 개축(『대한매일신보』 1909.5.27.). ⑫ 훈련원: 조선시대 군사 훈련 및 무예 시험장으로 현 동대문운동장 부근. 일제강점기에는 운동회 및 어린이들의 원유회 등이 열렸음.

그림 Ⅳ-25. 도성 내부의 행락장소

자연환경 등이 도시와 잘 어우러져 있었던 것이다. 일제강점기에 들어오면서 조성된 서울의 행락장소는 위의 지도에서 보는 바와 같이 왕의 비원이나, 장충단, 사직단 등 신성시되던 공간을 왜곡하는 방향으로 조성되었다.

5) 서울 주위의 산과 한강변 행락장소

그림 Ⅳ-26과 같이 서울은 주변을 둘러싸고 있는 산과 외수를 이루는 한강 등으로 별도의 인위적인 행락장소를 조성할 필요가 없었다. 다만 한강변의 많은 정자에 관한 기록에서 볼 수 있듯, 자연 풍광이 수려한 곳을 찾아 이를 즐기기 좋은 자리를 마련하는 정도가 행락지의 인위적인 조성이라고 볼 수 있다. 한강 일대의 나루터들은 교통이나 물류의 요지이면서 또한 사람들이 모여들어 물놀이를 하는 등의 행락지로도 활용되었으며, 그 부근의 언덕이나 나지막한 산세를 이용한 정자는 문인과 귀족이 풍류를 즐기는 장소가 되었다.

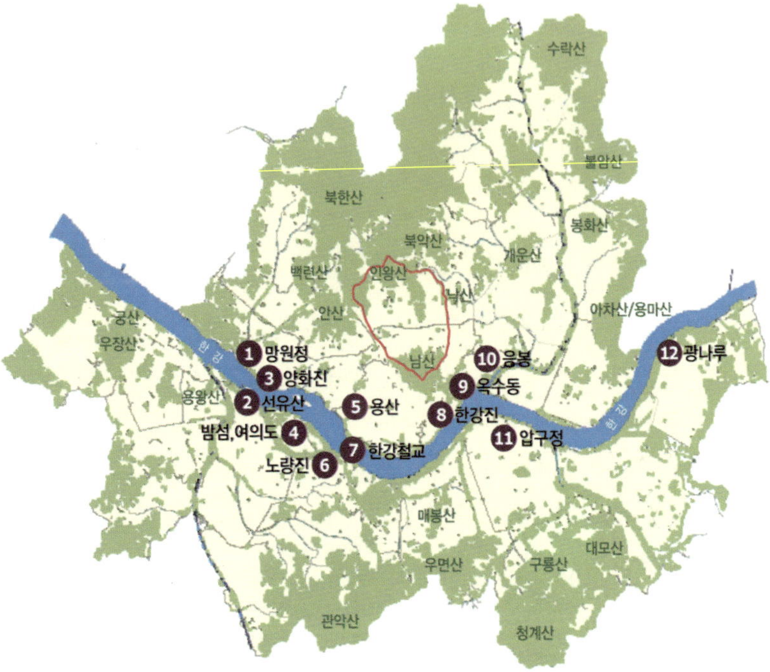

① 망원정: 양화도 근처의 정자로 명나라 사신이 오면 연회를 베풀었다고 함(김영상, 1958: 297-298). ② 선유산: 현 선유도. 한강변의 경승지로 유명했으며 많은 정자가 자리잡고 있었음. ③ 양화진: 서울의 삼진 중 하나, 아름다운 경치로 정자가 많았음. ④ 여의도, 밤섬: 밤섬은 마포팔경의 하나로 유명. 여의도에서 일제강점기 승마대회가 열렸던 기록이 있음(『동아일보』 1921.9.22.). ⑤ 용산: 동작진, 노량진 방면의 풍광이 수려하여 용산팔경으로도 유명하였음. 심원정, 함벽정 등 정자가 많아 문인들의 휴양소. 일제강점기에는 마포 일대를 포함한 선유 놀이 장소로 이용됨(『동아일보』 1921.7.5.). ⑥ 노량진: 노량진 용금루 일대에 물놀이 등 유흥 기록(『동아일보』 1924.4.21.). ⑦ 한강철교: 한강철교 일대는 여름철 물가로 놀러오는 시민들로 붐비었음. 강상에서 물놀이와 보트 대회 등 다양한 행락활동 기록(『동아일보』 1924.5.25.). ⑧ 한강진: 송파진, 양화진과 함께 서울의 삼진 중 하나로 현 한남동 일대. 근처에 제천정이라는 국가 소유의 정자가 자리함. ⑨ 옥수동: 두무개, 두모포 등으로 불리던 곳으로 근처에 유하정, 황화정 등의 정자가 있었으며 독서당이 있었음. 경치가 아름다웠으며 상류층의 별장지대 같은 역할을 하였음. ⑩ 응봉: 뚝섬 위쪽의 봉우리. 동쪽으로는 전관평이라는 벌판이 있었는데, 이곳은 일찍이 국왕이 매를 놓아 사냥하였던 곳. ⑪ 압구정: 한강변을 조망하기 좋아 압구정이라는 정자가 있었음. ⑫ 광나루: 나룻배들이 떠 있는 풍광과 남한산 조망.

그림 Ⅳ-26. 서울 주위의 산과 한강변의 행락장소

그림 Ⅳ-27. 마포와 한강 인도교. 마포에서는 멀리 밤섬이 보인다. 아래 사진은 노량진에서 바라본 모습이다(출처: 정재정 외, 1998).

그림 Ⅳ-28. 두모포(현 옥수동 일대)와 천일정(옥수동 앞 한강변에 있던 정자)(출처: 서울학연구소, 1995)

V. 결론

본 연구는 조선시대를 중심으로 하여 한국의 전통적인 행락문화의 원형을 파악하고, 우리의 전통 행락문화가 일제강점기를 거쳐 현재에 이르기까지 어떻게 변화해 왔는지를 고찰하고자 하였다. 이를 위해 활용한 자료는 주로 신문자료들로서 구한말의 『독립신문』, 『대한매일신보』, 폐간되기 전까지의 『동아일보』 등은 그 내용에 있어서 객관성을 갖고 있다고 생각했기 때문이다.

행락(行樂)의 한자어 의미로부터 파악해 볼 때, 우리의 행락은 서양의 레크리에이션(recreation)과 매우 다른 성격을 갖고 있음을 알 수 있었다. 일상생활의 재충전을 위한 개개의 활동을 의미하는 레크리에이션에 비해, 우리의 행락은 공간적 의미와 즐기는 활동을 모두 포함하고 있으며, 특히 자연을 즐기는 것을 직접적으로 의미하고 있다고 볼 수 있다. 본 연구에서 검토한 신문자료 중 가장 오래된 『독립신문』의 기록에서 자연을 벗 삼아 심신을 가다듬는 학생들의 활동을 발견할 수 있었는데, 이는 신라의 화랑도와 통하며, 또한 현재까지 이어져 내려오는 학생들의 소풍과도 유사하다.

소풍(逍風)은 "자연 속을 거닐다"라는 의미로 이해할 수 있어, 행락의 본래 의미와 가장 가까운 활동이다. 이러한 소풍의 모습에서,

또 소풍의 원형이라고 할 수 있는 화랑도의 풍류(風流)로부터 우리 민족의 행락활동의 원형을 추정할 수 있었다. 우리 민족의 전통적인 행락활동은 자연환경과 밀접한 관계를 갖고 있으며, 환경이라는 대상을 객체로 생각하지 않고 환경과의 동화, 합일을 통해서 즐거움을 느끼고, 정신적인 자유를 경험하는 고차원적인 정신활동을 포함하고 있었던 것이다. 이에 따라 본 연구에서는 행락문화를 행락활동과 공간환경과의 관계로 통합하여 고찰하고자 환경설계적인 해석 방법을 동원하여 행락에 대한 이해를 시도하였다.

결과적으로 우리의 전통적인 행락활동은 인위적으로 한정(限定)되고 순치(馴致)된 공간을 벗어나 자연과의 합일을 시도하며, 이러한 행위는 현대의 가상현실체험에 비유될 수 있다. 자연과 하나 되어 자기 자신의 정신세계를 무한 확장하는 우리의 행락활동은 정신적인 자유와 비일상적인 모험의 즐거움을 주는 것이었다. 이는 자연을 극복의 대상으로 보고, 주로 생존에 관련된 훈련의 변형으로 나타나는 서양의 레크리에이션과는 확연히 구분된다. 결과적으로 우리나라는 도시 안에 따로 공원 등의 행락을 위한 시설과 장소를 조성하지 않았고, 풍수지리적으로 입지하여 마을과 유기적으로 연결된 주변의 자연환경이 다양한 행락활동의 장소가 되어 주었다.

자료 수집의 어려움으로 인해 조선시대와 일제강점기를 주로 다루고 있기 때문에 우리 민족의 행락활동의 원형에 대해 구체적으로 파악하는 데는 미흡한 점이 많았으나, 행락활동의 구체적인 모습이 대체로 그 시대의 사회적 신분체계에 따라 다양한 양상으로 나타났음을 알 수 있었다. 특히, 조선시대에는 양반귀족과 평민들의 행락활동이 확연히 구분되며, 그중에서도 여성과 아이들의 행락활동은 지금까지 역사 연구의 주 대상이 되었던 양반 남성의 행락활동과는 크게 달랐다.

양반 남성들의 행락활동이 주로 자연경관이 수려한 곳을 찾아 정자를 짓고 시작(詩作)을 즐기며, 자연을 통해 정신을 수양하려 했던 것에 비해 생업에 종사하는 서민들에게는 일상생활, 특히 생산활동의 시간과 공간이 행락활동의 시·공간과 명확히 구분되지 않았다. 결과적으로 서민들의 행락활동은 상당부분 생산활동과 연관되어 농악이나 세시풍속 등의 형태로 나타났다. 그러나 이러한 서민들의 행락활동 역시 자연환경과 무관하지 않으며, 자연의 원리에 순응하여 생산을 위한 노동의 고통을 줄이고, 때로는 마을과 같은 집단 전체의 행복과 안녕을 발원하는 일종의 축제의 성격을 띠게 된다.

조선시대의 구체적인 행락활동 장소를 확인하기 위하여 전통마을로 보존되고 있는 양동마을, 외암리마을, 원터마을의 공간구조를 파악하여 보았다. 전통마을의 행락활동 장소는 집 앞의 바깥마당, 마을 안길, 마을 어귀, 마을의 경계를 이루는 마을숲이나 하천변 등으로 위계를 이루며 점차 확장되어 나간다. 순치된 영역의 경계를 벗어날수록 점점 더 적극적으로 자연과 만나는 행락활동이 발생하게 되는데, 특히 양동마을의 정자들에서 이러한 결절점에 위치하는 행락장소의 특성을 잘 파악할 수 있다.[1] 일반적으로 우리의 전통행락활동은 한정되고 순치된 집단의 영역에 머무는 힘과 자연을 향해 확장하려는 힘, 여가의 시·공간이 존재하는 비일상을 향하는 힘과 생산과 정주의 일상으로 묶여 있는 힘, 자연과의 합일을 경험하는 모험과 사회적 계급이 반영된 마을 구조의 질서에 순응하는 체제가 만나는 경계부를 중심으로 형성되었다.

1. 양동마을의 정자들은 마을을 둘러싸고 경계를 형성하고 있는 낮은 산의 능선에 배치되어 있다. 이들 정자들은 마을에서는 잘 보이지 않도록 시각적으로 차폐되어 있으며, 정자의 안에서는 마을 바깥의 산과 강, 들을 바라볼 수 있도록 조망이 설정되어 있다. 실질적인 기능으로는 마을을 출입하는 자들을 경계하고 감시할 수 있도록 되어 있는 것이며, 행락활동의 관점에서 볼 때에는 마을을 벗어나 자연으로 몰입하는 공간적 장치를 마련하여 둔 것이다.

조선 후기에 들어서면서 봉건적 사회 신분제도가 와해되기 시작하고, 이러한 변화는 행락활동의 계급적 구분을 점차 모호하게 한다. 특히 신분구조의 역전현상이 발생하고, 개화사상가들의 적극적인 개혁의지가 발현되면서 우리 민족은 자주적 근대화의 기회를 맞이하였다. 그러나 안타깝게도 우리 나름대로의 근대화의 기틀이 마련되기 전에 일제에 의해 국권을 침탈당하였으며, 결과적으로 전통과 근대가 조화된 새로운 행락문화가 형성될 기회를 잃고 말았다.

일제강점기의 행락활동은 식민지 치하의 통제된 사회 분위기와 일본풍의 단체행락,[2] 통치를 위한 이용 등으로 인해 우리 민족 고유의 모습을 유지하지 못하고 왜곡되기 시작하였다. 또한 타율적 근대화로 인해 주체적인 기준이 서 있지 않은 상태에서 경제 침탈과 함께 밀려들어온 새로운 문물은 맹목적인 추종이나, 무조건적인 비난의 대상이 되어 제대로 수용되지 못하였다.

특히, 우리의 민족성을 말살하기 위한 정책의 일환으로 전통적으로 신성시되어 오던 도시의 내부구조에 대한 대대적인 왜곡이 가해졌는데, 서울의 경우 경복궁을 가리고 총독부 건물이 들어서는가 하면, 장충단, 효창원, 사직단 등이 의도적으로 공원화되었다. 창경궁이 동물원으로 조성되었으며 남산의 국사당이 있던 자리에는 조선신궁이 들어서는 수모를 겪기도 하였다.

이러한 과정에서 부패한 친일파 관리들의 퇴폐적이고 향락적인 행락활동은 민중의 분노를 불러일으켰다. 일반 대중의 행락활동에 있어서도 세시풍속을 즐기고 마을사람들이 모여 화합을 이루는 전통적인 서민들의 행락이나, 자연을 통해 정신적인 수양을 하는 행락이 모두 사라지고, 계절에 따라 기차나 전차를 타고 가까운 곳에 행락지로 조

---

2. 전통적으로 일본인에게 여행이란 집단의 행동이며, 단체여행인 일본인에게는 일종의 국민문화적 성격이 있다. 단신여행이라고 불리는 혼자 하는 여행도 있었으나 매우 예외적인 경우였다(문옥표, 1997: 121).

성된 공원이나 계곡 등으로 수천, 수만 인파가 몰려들어 꽃구경을 하거나 단풍구경을 하는 관광행태가 주된 행락활동의 모습이 되었다. 이러한 왜곡된 행락문화의 모습은 오늘날까지도 상당 부분 계속되고 있어, 행락을 놀러 다니는 것 정도로 생각하는 부정적인 시각이 형성되어 있다.

구체적인 행락활동의 공간을 확인하기 위해 서울의 행락장소를 고찰하였다. 조선시대 서울의 행락장소는 주로 성문 근처의 계곡이나 평야, 그리고 서울을 둘러싼 내사산과 외사산과 연결되는 계곡 등이었다. 또한 한강이라는 거대한 수변공간이 제공하는 수려한 자연경관으로 인해 도성 내에는 별도의 행락공간이 조성되지 않았다. 도성의 내부는 왕이 거주하는 신성한 공간이기에 궁궐 내에 조성된 비원을 제외하고는 특별히 공원을 두지 않았다. 유기적으로 연결된 길과 마당, 하천과 언덕이 행락을 위한 장소를 제공하였기 때문이다. 더욱이 서울의 내사산은 함부로 나무를 베는 것조차 금지되어 일종의 그린벨트와 같은 개념으로 관리되었다.

이러한 서울의 구조와 행락장소의 입지는 일제에 의해 파괴되어 성곽이 허물어지고 신성시되던 장소들이 무질서하게 행락공간으로 변화되어 오늘에 이르고 있다.

과거의 행락장소를 원형 그대로 복원하거나 전통적인 행락활동을 다시 되살려 현대인들이 그대로 행하기를 기대하는 것은 불가능하다. 그러나 의미가 왜곡된 장소의 의미를 되살리고 거기에 합당한 행락 프로그램을 제공하여 우리 민족의 정서에 맞는 행락문화를 새로이 만들어 나가는 것은 가능하다.

자연을 중시하고, 단체의 화합을 기원하며, 개인적으로는 정신적인 수양을 목적으로 하는 우리의 전통적인 행락문화가 자리 잡기 위한 연구가 계속되어야 하겠으며, 특히 연구사가 일천한 우리의 행락문화 연구를 위한 기초자료에 본 연구가 도움이 되기를 기대한다.

참고문헌

■ 국문

▸ 단행본

강내희(1995). 『공간, 육체, 권력: 낯선 거리의 일상』. 서울: 문화과학사.

강명관(2001). 『조선 사람들, 혜원의 그림 밖으로 걸어나오다』. 서울: 푸른역사.

강영조(2003). 『풍경에 다가서기』. 서울: 효형출판.

고동환 외 6인(1998). 『조선후기 서울의 사회와 생활』. 서울: 서울시립대학교 부설 서울학연구소.

국립청주박물관・영남대학교 박물관(1998). 『한국의 옛 지도』. 청주: 국립청주박물관.

권태환 외 2인(1997). 『서울의 전통 이해: 인구와 도시화』. 서울: 서울시립대학교 부설 서울학연구소.

김광득(1998). 『여가와 현대사회』. 서울: 백산출판사.

김광중 외(2001). 『서울20세기 공간변천사』, 서울: 서울시정개발연구원.

김기빈(1993). 『600년 서울 땅이름 이야기』. 서울: 살림터.

김동주 편역(1999). 『금강산 유람기』. 서울: 전통문화연구회.

김문식 외(2001). 『서울 20세기 생활・문화변천사』. 서울: 서울시정개발연구원.

김열규 외(1971). 『신문화 100년』(한국현대사 6권). 서울: 신구문화사.

김영모 외(1971). 『사회사 100년』(한국현대사 8권). 서울: 신구문화사.

김영빈 외(1992). 『한국전통조경』. 서울: 조경.
김영상 편역(1958). 『서울 명소 고적』. 서울: 서울특별시사편찬위원회.
김영자 편역(1994). 『서울, 제2의 고향: 유럽인의 눈에 비친 100년전 서울』. 서울: 서울시립대학교 부설 서울학연구소.
김윤수 역(1981). 『호모 루덴스』(J. Huizinga. *Homo Ludens*). 서울: 까치.
김진송(1999). 『현대성의 형성: 서울에 딴스홀을 許하라』. 서울: 현실문화연구.
김형국 편(1999). 『땅과 한국인의 삶』. 서울: 나남출판.
김홍식(1992). 『한국의 민가』(전 2권). 서울: 한길사.
남상희(2001). 『공간과 시간을 통해 본 도시와 생애사 연구』. 서울: 한울.
문화재청(2009). 『양동하회마을 세계유산 등재신청서』. 대전: 문화재청.
박영주(2003). 『고집불통 송강평전』. 서울: 고요아침.
방상훈(1995). 『이승만과 나라세우기』. 서울: 조선일보사.
박진희 역(1999). 『철도여행의 역사: 철도는 시간과 공간을 어떻게 변화시켰는가』(W. Schivelbusch. 1977. *Geschichte der Eisenbahnreise*). 서울: 궁리.
백성현 · 이한우(1999). 『파란 눈에 비친 하얀 조선』. 서울: 새날.
새한건축문화연구소(1983). 『외암리민속마을』. 충청남도 아산군.
서울시정개발연구원 · 서울학연구소 공편(2000). 『서울 20세기: 100년의 사진 기록』, 서울: 서울시정개발연구원.
서울특별시 편(1995). 『서울의 자연』. 서울: 서울특별시.
서울학연구소 편(1995). 『서울의 옛모습: 사진과 모형으로 보는 100년 전의 서울』. 서울: 서울시립대학교 부설 서울학연구소.
신명호(2002). 『조선 왕실의 의례와 생활, 궁중문화』. 서울: 돌베개.
신석호 외(1971). 『신생활 100년』(한국현대사 7권). 서울: 신구문화사.
신용하(2001a). 『한국민족의 형성과 민족사회학』. 서울: 지식산업사.
______(2001b). 『갑오개혁과 독립협회운동의 사회사』. 서울: 서울대학교출판부.
안길정(2000). 『관아를 통해서 본 조선시대 생활사』(전 2권). 서울: 사계절.
안장리(2000). 『10가지 주제로 풀어 본 우리경관 우리문학』. 서울: 평민사.
안종익 편(1986). 『격동의 구한말 역사의 현장』. 서울: 조선일보사.
여가문화연구회 편(1997). 『한국인의 놀이의식과 여가문화』. 서울: 집문당.
오주석(2003). 『한국의 미 특강』. 서울: 솔.
유홍준(2001). 『화인열전』(전 2권). 서울: 역사비평사.
______(2002). 『완당평전2: 산은 높고 바다는 깊네』. 서울: 학고재.
이규목(2002). 『한국의 도시경관』. 서울: 열화당.

이규태(1993). 『이규태의 600년 서울』. 서울: 조선일보사 출판국.
이상일(1981). 『한국인 굿과 놀이』. 서울: 문음사.
이영화(1998). 『조선시대 조선사람들』. 서울: 가람기획.
이찬・양보경(1995). 『서울의 옛 지도』. 서울: 서울시립대학교 부설 서울학연구소.
이태호(1995). 『그림으로 본 옛 서울』. 서울: 서울시립대학교 부설 서울학연구소.
이혜은 외(1994). 『서울의 경관변화』. 서울: 서울시립대학교 부설 서울학연구소.
정성희(1998). 『조선의 성풍속』. 서울: 가람기획.
정연식(2001). 『일상으로 본 조선시대 이야기』(전 2권). 서울: 청년사.
정재정 외 2인(1998). 『서울 근현대 역사기행』. 서울: 혜안.
조경철 역(2001). 『내 기억 속의 조선, 조선 사람들』(Lowell Percival. *Chosun, The Land of the Morning Calm*). 서울: 예담.
조선총독부(1934). 『경성부사』 제1권. 경성(서울): 경성부.
조풍연(1999). 『사진으로 보는 조선시대: 생활과 풍속』(전 2권). 서울: 서문당.
최완기(1994). 『조선시대 서울의 경제생활』. 서울: 서울시립대학교 부설 서울학연구소.
한국고문서학회 편(1996). 『조선시대 생활사』. 서울: 역사비평사.
______(2000). 『조선시대 생활사2』. 서울: 역사비평사.
한국역사연구회 편(1998). 『삶과 문화이야기』(우리는 지난 100년 동안 어떻게 살았을까 1권). 서울: 역사비평사.
한국정신문화연구원 편(1995). 『한국민족문화대백과사전』 12권. 성남: 한국정신문화연구원.
한영우(1997). 『조선시대 신분사연구』. 서울: 집문당.
허남오(2001). 『너희가 포도청을 어찌 아느냐』. 서울: 가람기획.
홍영남 역(1993). 『이기적 유전자』(Richard Dawkins. *The Selfish Gene*). 서울: 을유문화사.
황기원(1995). 『책 같은 도시 도시 같은 책』. 서울: 열화당.

▸ 논문

강동진(1997). 「경주 양동마을의 해석과 보전방법론 연구」. 서울대학교 박사학위논문.
박미애(1995). 「국민학교 소풍장소의 확대방향에 관한 연구」. 서울대학교 석사학위논문.

박인재(2002). 「서울시 도시공원의 변천에 관한 연구」. 상명대학교 박사학위논문.
심승희(2000). 「문화관광의 대중화를 통한 공간의 사회적 구성에 관한 연구」. 서울대학교 박사학위논문.
오성철(1996). 「1930년대 한국 초등학교 연구」. 서울대학교 박사학위논문.
이강훈(1989). 「한국건축에 있어서 음양공간의 질서」. 서울대학교 박사학위논문.
이영길(1984). 「社會心理學的 側面에서 본 일과 餘暇의 槪念에 關한 一硏究」. 연세대학교 석사학위논문.
전봉희(1992). 「조선시대 씨족마을의 내재적 질서와 건축적 특성에 관한 연구」. 서울대학교 박사학위논문.

► 정기간행물
고주석(1993). 「한국 도시주거의 문화생태적 재고」. 『공간』 1993년 8월호. 서울: 공간사.
권응상(2002). 「기녀와 문인: 唐代(당대) 기녀와 사대부 문인의 관계 규명을 위하여」. 『대구대학교 인문예술논총』 제24집. 경산군: 대구대학교 인문과학연구소.
정동오(1986). 「전통적인 정자원림에 입지특성 및 공간구성에 관한 연구」. 『한국정원학회지』 제2권 제5호. 서울: 한국정원학회.
문옥표(1997). 「일본관광의 사회조직: 단체여행의 역사와 문화」. 『지역연구』 제6권 제1호. 서울: 서울대학교 국제지역원.
이태진(1995). 「18-19세기 서울의 근대적 도시발달 양상」. 『서울학연구』 제4호. 서울: 서울시립대학교 부설 서울학연구소.
______(1999). 「18세기 한국사에서의 민의 사회적・정치적 위상」. 『진단학보』, 제88호. 서울: 진단학회.
황기원(1985). 「Agenda for the Enculturation of the Urban Environment of Local Cities; The Korea Case」. 『환경논총』 제16권. 서울: 서울대학교 환경대학원.
______(1987). 「놀이의 再認識; 새로운 都市政策 方向」. 『도시문제』 제22권 6호. 서울: 대한지방행정공제회.
______(1992). 「임천고치에 나타난 곽희의 자연관」. 『환경논총』 30권. 서울: 서울대학교 환경대학원.
______(1995). 「도시의 정체성과 쾌적성」. 한국조경학회 95 학술세미나.

황기원 · 이석환(1997). 「장소와 장소성의 다의적 개념에 관한 연구」. 『국토계획』 제32권 5호. 서울: 대한국토 · 도시계획학회.

『독립신문』 1896.4.-1899.9.
『대한매일신보』 1904.10.-1910.3.
『동아일보』 1920.4.-1925.11.

▶ 기타

성종상. 「한국도시공원의 조성세기와 형성과정에 연구: 태동기를 중심으로」. 서울대학교 협동과정 조경학 박사과정 세미나 발표자료.
유병림(1992). 「여가공간의 계획과 설계」. 서울대학교 환경대학원 여가공간설계 강의초록(미간행).
황기원(2001). 「환경계획 · 설계」. 환경설계사특론 강의초록(미간행).

■ 영문

Gist, P. Noel and L. A. Halbert (1933). *Urban Society*. New York: Thomas Y. Crowell Company.
Neary, S. J., M. S. Symes, and F. E. Brown eds. (1994). *The Urban Experience: A People-environment Perspective*. London: E & FN Spon.
Neumeyer, Martin H. and S. Neumeyer Esther (1958). *Leisure and recreation: A Study of Leisure and Recreation in Their Sociological Aspects*. New York: The Ronald Press.

부록: 일제강점기 행락문화 기사

『독립신문』 1896-1899

(1) 1896-04-28 02면. 인동 사는 장진택이가 객회를 이기지 못하여

인동 사는 장진택이가 객회를 이기지 못하여 소풍차로 남산에 갔더니 벌목 소리 나거늘 찾아가 보니 일본사람 넷이 봉화둑에 서 있는 수백 년 된 귀목을 작벌하여 조선 모군을 식여져 내리니 나라에서 허하셨는지 일본 사람이 사사로이 작벌하는지 모르거니와 금산에 나무를 무난히 베니 이것이 금법이 아니오.

(2) 1896-04-28 02면. 이 달 스무닷샛날 배재학당 교사가

이 달 스무닷샛날 배재학당 교사가 학원들도 더불어 강가에 가서 화류를 하는데, 이 화창한 때에 소풍도 잘 하려니와 맑은 물에 옛 마음을 씻어 버리고 이 몸에 만물의 새로운 뜻을 본받아 돌아온 후에 각색 학문을 널리 배워 새 사람들이 되기를 바라노라.

(3) 1896-09-05 02면. 평양 보통문 안 학당 학도들과 대동문 안 학도들이 뱃놀이를 하는데

평양 보통문 안 학당 학도들과 대동문 안 학도들이 뱃놀이를 하는데 뱃머리에 국기를 꽂고 애국가들을 부르니 귀경하는 사람들과 길에 왕래하는 사람들이 그 노래 뜻을 물으니 교사 모펫 씨와 리길함 씨와 또 여러 선생들과 학도들이 대답하기를, 이 노래는 나라를 사랑하고 백성을 위하는 뜻이라 한즉 그 사람들이 매우 좋은 노래라 하고, 또 학도들에게 묻기를 너희 각각 마음에 생각나는 대로 글자 하나씩을 부르라 하니 학도들이 대답하되 사랑 '애'자, 믿을 '신'자, 충서 '충'자, 효됴 '효'자를 부르니 그 사람들의 말이 오늘부터 학도들의 행신하는 것을 보겠다고 하고 돌아갔다더라.

(4) 1899-07-27 03면. 신흥사 놀이

궁내부 대신 리재순 씨가 어제 동소문 밖 신흥사에 나가서 놀았다더라.

(5) 1899-03-14 04면. 현씨 행락

재작일 삼청동 사는 현홍택 씨가 기생을 청하여 노는데, 내부관인이 다 참석하여 진일토록 연락하였다더라.

(6) 1899-04-18 04면. 일병 놀이

오늘 일본 수비대에서 왜장터에 연회장을 배설하고 불놀이를 한다더라.

(7) 1899-05-01 03면. 학당 놀이

일전에 정동 이화학당 여학도들이 놀이를 차려 자문 밖으로 나가서 화창한 일기에 좋은 산수와 화려한 꽃과 수림 사이에서 청산한 공기를 마시며 재미있게 놀고 왔다더라.

(8) 1899-09-25　04면. 관광인 금지

삼재 건너 영등포 근처에서 경인 철로에 화륜거 내왕하는 것을 구경하려고 사람이 많이 모여들어 다치기가 쉬운 이유로 해서 철도 감독 리채연 씨가 농상공부에 보고하여 해당지에 순검을 많이 파송하여 구경하는 사람들을 금지케 하여달라 하였다더라.

『대한매일신보』 1904-1910

(1) 1904-10-27　01면. 부인회 원유

작일 상오 12시부터 경성 일본부인회에서 원유회를 창덕궁 안에 배설하고 장곡천대장과 일공사를 청요하였더라.

(2) 1904-11-21　02면. 미관조회

미 공관에서 외부로 조회한 뒤 각 신문에 기재한 중 한성부에서 각지에 훈칙하기를 일본사람은 비록 여행권이 없더라도 거침없이 내지에 통행한다 하니 이 일의 옳고 그른 것을 확실히 시정하라 하였는데 외부에서 미관으로 조복하기를 일인이 여행권 없이 내지에 통행한다는 것은 본디 이런 일이 없고 하여 신문에 기재한 것이 잘못들은 것이니 족히 믿지 못할 일이라 하였더라.

(3) 1905-01-06　01면. 서울관광

평산 상월 사는 노파 하나가 있는데 나이 근 60에 서울을 말만 듣고 한번 구경은 못하였더니, 금번 인산구경도 할 겸 상경하여 재작일에 새문안으로 들어오다가 마침 어사꾼이 몰려나오는데 미처 피하지 못하고 넘어져 천에 빠진지라 옷을 개천물에 버렸으니 졸지에 다른 옷을 입을 수가 없어 그냥 주인집을 찾아가면서 말하기를 모르고는 구경을 왔거니와 다시는 맹세코 구경을 아니하겠다 하더라.

(4) 1905-01-09 02면. 관광인피효

금번 인산시에 관광자의 전차 탄 수효가 3만 6,000여 명이라더라.

(5) 1905-01-16 02면. 관광자여운

재작야에 천연정 뒤 극락암에서 제를 올리는데 송속 남녀와 노소아동이 관광차로 구름같이 모였더라.

(6) 1905-02-17 02면. 덕제여행

덕국황제와 황후께서는 이번 4월 23일로 위시하여 지중해 연안을 여행한다더라.

(7) 1907-07-03 02면. 내각회의사건

재작일 하오 2시에 내각에서 회의하는 사건을 들은즉 각 지방에 있는 예전 군물을 다 팔아서 군기창에 보용한 일과 저번 창덕궁 안에서 원유회한 부비를 지출한 일이라더라.

(8) 1907-07-27 01면. 청공사의 청부

북경전보를 거한즉 아라사에 있는 청국 공사 호유덕 씨가 청국 정부에 보고하여 청하되 근래에 직업이 없는 인민들이 아국지경을 넘어와서 굶어 죽는 자와 맞아 죽는 자가 많이 있으니 법을 베풀어 단속하여 본국지경에 나가는 자는 교섭국에서 여행권을 내어 주라 하였더라.

(9) 1907-08-13 02면. 재작일에 남산 왜장터에서

재작일에 남산 왜장터에서 진고개에 거류하는 일본사람들이 원유회를 성설하였는데 총리대신 이완용 씨와 궁내대신 이윤용 씨와 각부대신들이 가서 참여하였다니, 지금 각 대신은 이 나라를 팔아먹은 노예라 족히 책망할 것이 없거니와 이번 일본인 연회 중에 한국사람의 면목으로

야 어찌 참여할 수 있나.

(10) 1907-08-27 02면. **삼씨행락**
궁대 이윤용 씨와 총리대신 이완용 씨가 법부문서과장 김회수 씨와 같이 지난 토요일에 동소문 등지에 나가서 하루를 소창하였다더라.

(11) 1907-09-13 02면. **삼작일에 총리대신 이하**
삼작일에 내각대신 이하 각 대신들이 학원정 길씨의 원유회에 가서 질탕히 놀았다니 지금 각 지방에 포성과 곡성이 진동하는 것을 한국 대신들은 격양가로 알고 태평성대의 연회를 자주 하는지.

(12) 1907-10-08 03면. **연합대운동회**
일본 황태자전하 오실 때에 관광하기 위하여 각 관사립 학교에서 대운동을 설행할 차로 작일에 학부에서 절차 정할 위원을 택하였다더라.

(13) 1907-10-15 01면. **불놀이 구경 속에**
불놀이 구경 속에 따른 불 놓는 생각이 나는구나.
9월 15일 서울 박람회에서 개회식을 굉장하게 하는데 밤놀이는 남산에 매화를 묻고 불놀이를 하는지라 온 성 안 사람이 다 구경하는 중에 우리도 또한 구경하니 그 장하게 변화하여 구경함직한즉 다른 이의 눈에도 필경 보기 좋아 구경스러울 것이거니와 그런 중 여기서 우리가 눈으로 보지 못하는 어떤 시골에서 아마 오늘밤에 의병이나 일병들이 일본사람의 집이나 대한사람의 집에 불 놓는 것도 볼 것이 있는 듯하도다. 이 사이 사방에서 들리는 소문이 거짓말도 많거니와 일정코 하는 것은 여러 지방에 불 놓는 것이라, 그런즉 이 밤에도 이런 일이 있기 쉽도다.
지금 여기서 우리 구경하는 이 불은 즐거운 마음으로 놀이로 놓는 불이요, 시골서 놓는 저 불은 미워하는 마음으로 죽이는 불을 놓는 것이요, 지금 우리 구경하는 이 불은 박람회 사람들이 장사 잘되기를 바라는 표의 불이요, 시골서 놓는 저 불은 오래도록 장사 잘못될 표의 불이요, 지금 우리 구경하는 이 불은 즐거워하고 웃고 좋다 하는 불이요, 시골서 놓는 저 불은 서러워하고 울고 참혹하다는 불이로다. 지금 우리는 이 불구경 한 후에 우리 집에 들어가 편안히 누워 자겠으나 시골서는 저 불 후에는 제 집도 없어지고 세간도 없어지고 곡식도 없어지고 늙은이와 어린이가 다 한데서 한둔하여 무릎을 놓을 곳이 없고 또 얼마 못되면 엄동설한을 당하여 이 백성들이 풍한을 가리울 의지간도 없고 먹을 것도 없어 굶고 얼어 죽기는 의심 없도다. 불쌍하다, 만 번 불쌍하다 백성들이여. 일이 이렇게 되지 아니 하였다면 오늘 이 구경을 아무 원통함이 없이 즐거이 볼 것이라, 일본이 우리나라에 와서 개화도 잘 시키고 장사하는 법도 잘 가르치고 이 박람회에다가 두 나라 물건을 합하여 둠과 같이 두 나라 사람들의 마음도 합하고 힘도 합하고 일도 합하여 두 나라 장사도 흥왕하고 참 개화가 잘 되어 두 나라의 복됨이 있었을 것이거늘 지금인 즉 박람회에 두 나라 물건이 한가지로 한자리에 놓인 것이 뜻 없는 것은 두 나라 물건은 같이 놓였으나 두 나라 사람의 마음은 같이 있지 못한 즉, 두 나라 일과 장사와 복됨이 이루기가 매우 어렵겠도다.

우리 눈에 이 불놀이가 황홀하여 구경함직한 중에 시골서 백성의 집도 불붙고, 세간도 불붙는 경상을 아니 생각할 수 없도다. 오홉다, 누가 소리를 크게 질러 알아듣도록 이르겠느뇨. 큰 소리로 일본에 말하기를 시골 불을 없이 하소. 의병에게 말하기를 시골 불을 없이 하소. 일본에 말할 것은 시작은 잘못되었으나 마침은 잘 될 수 있나니 대한 백성을 좀 생각하여 억지로만 하지 말고 의대로 하여 대한 사랑하고 아끼는 것을 드러낼 것이로다. 개화하는 법도 내어버리고, 대한 백성도 상관할 것 없다 할지라도 일본의 경영하는 일만 생각하여 일본인을 대한에 살게

하고 일본장사 잘되기를 위하여 시골 백성의 집에 불 놓지 말 것이오. 의병에게 말하기를 극히 조심하소. 우리나라 이리 망하여진 것을 더 망하여지게 말고 일본사람의 흠 없는 양선한 이를 죽이는 것이 못할 일이요, 아무 사람의 집을 불 놓는 것도 못할 일이요, 다만 우리나라 일을 고치기에 따로 다른 모양이 있나니 불 놓는 그런 일만 하면 본국인에게도 미워함을 받을 것이니 무슨 쓸 데 있으리요.

우리나라 불쌍한 백성에게 말하기를 이런 어려운 경우를 당할수록 정신을 더욱 차리고 공연히 겁내지 말고 일마다 법대로 하며 일병이 동네에 들어오거든 도망하지 말고 잘못한 것 없는 빙거를 자세히 드러낼 것이라. 여러 지방에서 백성이 도망하는 까닭에 일병이 불을 놓는다고 말을 하니 도망하지 말고 모든 어려운 것을 각 사람이 제 힘대로 면하기를 힘쓸지어다.

우리나라 동포들이 다 평안하고 참 개화가 되며 모든 일이 다 잘되어 줄 것이 매화 불놀이 구경을 좋게만 하기를 바람.

(14) 1907-10-31　02면. 계대장연설

재작일 경복궁에서 원유회를 할 때에 계태랑 씨가 연설하였는데 그 취지는 이제 일본 황태자께서 오셨을 때에 한국의 관인과 백성들이 환영하는 마음을 본 즉 한일 양국에 정의가 더욱 친밀하여 평화하는 기상이 감축하다 하였다더라.

(15) 1907-10-31　02면. 기생은 무엇 하나

지난 번 각 학교 대운동회에 학부대신 이재곤 씨가 기생들을 데리고 갔더니 주전원과장 이겸제 씨가 순검을 지휘하여 그 기생을 내어 쫓으라 하니 학부대신이 만류하여 왈 내가 데리고 온 기생이니 그만두라 하거늘 이겸제 씨가 학부대신을 대책하여 왈 운동회가 원유회가 아니오. 하물며 황태자전하께옵서 친림하옵시고 고등관인들이 배종하는데 기생이

당하냐 하며 대단히 논박하였다더라.

(16) 1907-11-06 02면. **통감부원유회**

일본 황태자전하께서 한국에 오셨을 때에 내외국 인민이 봉영하는 일에 근로함이 많다 하여 통감부에서 원유회를 배설하고 내외국 고등관리를 청하여 대접한다더라.

(17) 1907-11-06 02면. **학부원유회**

오는 토요일에 학부에서 여러 관리들과 지난번에 연합운동회의 임원들을 회동하여 창의문 밖 석파정에 가서 원유회를 성설한다더라.

(18) 1907-11-13 02면. **일전에 삼계동 운현궁 정자에서**

일전에 삼계동 운현궁 정자에서 원유회를 하는데 참례한 내외국 기생들을 황띠와 적띠로 둘에 나누고 학부대신 이재곤 씨가 기생과 같이 경주를 하여 황띠편이 이겼다 하니 학부대신은 교육을 관리하는 대신으로 유명한 꽃떨기 속에 한 나비의 춤이 되어 향취를 탐코저 하였은즉 이는 꽃차지 대신인가.

(19) 1907-12-29 02면. **연희장 소식**

재작일 밤에 야주개 관인 구락부에 관광하는 사람들이 구름 모이듯 하여 입장표가 부족이 되었는지라 어떤 사람 하나가 소리를 질러 이르되 오늘날 시국이 어떠한데 국민들이 기생을 데리고 풍류가 무엇이냐 하고 일장연설하고 갔다더라.

(20) 1908-01-23 03면. **황태자 유력**

동경전보 22일발.

황태자전하께서는 오늘 시종무관 이하를 데리고 대기로 여행하셨다가 나흘 후에 경동에 환어하신다더라.

(21) 1908-01-30 03면. 여행권 분급

각 관립보통학교 학도들이 음력 과세차로 시골집에 내려가는데 위태한 염려가 있다 하여 여행권을 각각하여 준다더라.

(22) 1908-02-18 02면. 어로수축

음력 2월 8일은 대황제폐하 건원절이신 고로 창덕궁 안 비원에서 원유회를 배설할 터인데 대황제폐하께옵서는 그날에 마차로 동가하시기 위하여 건양문으로부터 홍화문으로 비원까지 치도할 터인데 작일부터 시역하였다더라.

(23) 1908-02-23 02면. 법대담임

건원절에 원유회를 성설한다 하는 전보에 게재하였거니와 설회하는 각항 사무는 법대 조중응 씨가 담임하였다더라.

(24) 1908-03-01 02면. 원유회예정

대황제폐하 건원절에 원유회를 거행한다 하는 정보에 게재하였거니와 일자는 음력 2월 초9일이요 처소는 비원으로 정하고 궁내부대신 이윤용 씨가 주석이 된다더라.

(25) 1908-03-08 02면. 내각통첩

내각에서 각 부사에 통첩하되 이번 건원절 원유회에 주임관 이상이 입참할 터이니 각해부 주임관의 벼슬 이름과 거주와 녀긔를 소상히 기록하고 부인과 함께하고 아니함도 자세히 알게 하라 하였다더라.

(26) 1908-03-15 02면. 원유회 친림

이달 18일에 비원에서 원유회를 성설한다 함은 이왕 게재하였거니와 대황제폐하께서와 황후폐하께서 친림하실 터인데 황후폐하께서는 종척 부인과 각 대신 부인으로 처소를 특별히 설치하실 터이오. 당일 회원은 각 회사장과 각 신문사장까지 청첩한다는데 일반회원 수효가 1,400여 명가량이라더라.

(27) 1908-03-15 02면. 차일신비

비원 원유회에 차일을 새로 제조한다는데 서양목 백 필 가량이 든다더라.

(28) 1908-03-22 02면. 구식설행

오는 28일 원유회에 제반절차는 구식으로 배설하라 하며 대황제폐하께옵서도 당일에 친림하실 예정인데 시위기병대가 응용할 각색 옛날 군물을 작일에 군부에서 포쇄하였다더라.

(29) 1908-03-22 03면. 졸업생 여행

오는 28일에 각 보통학교 졸업생들이 연합하여 인천항에 여행한다는데 찻삯은 각기 그 학교에서 담당하고 연회비는 학도가 자당한다더라.

(30) 1908-03-22 02면. 혼인 후 여행

학무국장 윤치오 씨가 본월 23일에 혼례를 거행한다 함은 이미 게재하였거니와 다시 들은즉, 혼인한 후에는 내외가 함께 송도까지 갔다 온다더라.

(31) 1908-03-24 02면. 기술연습

경시청에서 한일 양국 순사들이 원유회에 기술을 희롱하기 위하여 격검하기를 연습하다가 일본 교사가 몹시 맞아서 팔 하나가 불인하다더라.

(32) 1908-03-25 02면. 원유회 임어

대황제폐하께서와 황귀비전하께서 오는 28일 원유회에 임어하실 예정인데 의친왕전하께서와 의친왕비전하께옵서 배종하신다더라.

(33) 1908-03-25 02면. 행하폐지

각 연회에서 기생과 공인들을 쓰면 의례히 행하가 있더니 금번 원유회에는 그것을 폐지하고 당일 경비를 저희가 자담케 하였다더라.

(34) 1908-03-27 02면. 청첩자구

이번 원유회에 청첩이 없는 일본 관인들은 혹 청첩을 자구하는 자가 있다더라.

(35) 1908-03-27 02면. 홍문연 연회

오는 28일 원유회에 창덕궁 안 비원에서 배설할 원유회 끝에는 초한시절 홍문연 잔치로 연회한다더라.

(36) 1908-03-28 02면. 원유회 절차

오늘 원유회의 절차는 손재주와 광대 줄 타는 것과 모동과 격검과 기생춤과 잡기 등으로 한다더라.

(37) 1908-03-28 02면. 유씨언론

유길준 씨가 이번 원유회에 기생을 많이 쓴다는 일에 대하여 정대한 언론으로 정부관리를 논박하여 말하기를 대황제폐하께서도 그날 임어하신다는데 지극히 천한 기생으로 어전에 가까이하는 것이 인군을 섬기는 도리가 아니라고 누차 설명하였다더라.

(38) 1908-03-29 02면. 갑주구경거리

작일 원유회에 구경하기 위하여 창덕궁 안 주합루 위층에 구갑주한 사람모양으로 아홉 개를 만들어 세웠다더라.

(39) 1908-03-29 02면. 구식거행

작일 원유회는 구식으로 거행하는데 대황제폐하께서도 동가하실 때에 마차를 폐지하고 옥련을 타셨으며 풍악도 전일과 같이 하고 각색음식도 한국요리로만 설행하였다더라.

(40) 1908-03-29 02면. 문전보토

작일 원유회에 마차와 인력거 다니기에 편하기를 위하여 선인문 문중방을 빼어 버리고 문 앞에 보토를 많이 하였다더라.

(41) 1908-03-31 02면. 고적설치

일전 비원 원유회할 때에 주합루 양간에 명 태조의 글씨와 명나라 숭정황제의 글씨와 그 외에 옛 그림과 옛 글씨를 걸고 각색 화초분과 고기 등을 많이 벌여 놓았다더라.

(42) 1908-03-31 02면. 논박도불관

원유회에 창시노름한 일은 별항과 같거니와 의장절차를 벌여 세우고 시위할 때에 법대 조중응 씨가 저도 하여 돌아다니며 관광하는 사람들이 모자를 벗고 경례하라 하니 군인 하나가 조법대를 일장 논박하되 조씨는 들은 체도 아니하고 양양한 의기는 눈으로 볼 수 없더라더라.

(43) 1908-03-31 03면. 별실여행

배종무관장 조동윤 씨의 별실이 재작일에 일본으로 떠나갔다더라.

(44) 1908-03-31 02면. 원유회 연회
일전 원유회에 법대 조중응 씨가 외국사람의 이목을 기쁘게 하기 위함인지 모르거니와 막중한 어전의장을 창시놀음과 같이 꾸며 연회하였다는데 보는 자들이 모두 분히 여기고 개탄하였다고 소문이 자자하더라.

(45) 1908-03-31 02면. 원유회 창시
일전 원유회 창시놀음에 대하여 시임모 대신이 말하되 이같이 중대한 일을 내각회의에 제출치 아니하고 경솔히 설행하였다 하여 OO히 서로 보기만 하였다더라.

(46) 1908-04-10 03면. 연회비 수렴
거월 건원절 원유회의 경비로 수렴하되 칙임관에게는 3원이요, 주임관에게는 1원 50전이요, 판임관에게는 30전씩이라더라.

(47) 1908-04-16 02면. 관리탄식
각부 관리들이 박한 월봉에서 피해한 관인가족 구휼금이니 피상한 관인 치료비니 원유회비니 간친회비니 구락부 연회비니 각항 수렴을 제하면 남는 것이 없다고 서로 만나면 탄식한다더라.

(48) 1908-04-21 02면. 궁대만찬회
총리대신 이하 각부 대신들이 재작일 하오 삼점 종에는 통감부 원유회에 참례하고 다섯 점 종에는 궁대 리윤용 씨 집에 가서 만찬회를 하고 팔점 종에 헤어졌다더라.

(49) 1908-04-21 02면. 별은전 받았네
이번 통감부 원유회에서 전일에 청하지 아니하던 남북촌 대관들도 혹 청하였고 시임대신들은 동부인하여 참례하였다더라.

(50) 1908-04-21　02면. 통감의 행지

이등 통감이 재작일에 원유회를 설행하고 총리대신 이하 각부 대신과 각국 총영사들을 청하여 대접하였는데 해씨가 내외정무를 다 정리하고 오는 6월에는 또 귀국할 예정이라더라.

(51) 1908-04-21　02면. 헌의한 혐의

재작일 통감부 원유회에서 중추원 찬의는 한 사람도 청하지 아니하였다는데 그 곡절인즉 윤길병 씨의 헌의한 까닭이라더라.

(52) 1908-04-22　02면. 장곡천 불참

일전의 통감부 원유회한 말은 전보에 게재하였거니와 소식을 다시 들은즉 무슨 사건이 있는지 알지 못하거니와 이등통감은 안색이 별로 흥치가 없는 모양이요, 장곡천 대장은 참여치 아니하였다는 말이 있다더라.

(53) 1908-04-25　02면. 부끄럽지 아닐까

총리대신 이완용 씨가 통감을 위하여 원유회를 하려고 발기하는데 통감이 듣고 지금에야 말하는데 밤낮으로 원유회만 하면 나라 일이 진취되겠느냐 하고 논박하였다더라.

(54) 1908-05-03　02면. 원유회 정지

철도관리국에서 작일에 원유회를 남문 밖 효창묘 등지에 설행하려다가 비가 옴으로 정지하였다더라.

(55) 1908-05-06　02면. 금잡인엄절

철도관리국에서 지난 이일에 남문 밖 청파 근처에서 원유회를 설행하려다가 중지하였는데 무슨 사건인지 모르거니와 그 근동 동임에게 신칙하여 그때에 금잡인을 엄절히 하라 하였다더라.

(56) 1908-05-14 02면. 함영교 운동

김해군 답곡에 있는 함영학교에서 춘기 운동을 음력 4월 8일에 설행하였는데, 학도 53인과 교사 18인이 군서 무계리에 이르며 관광하는 자들이 구름같이 모였으며 그 동리에 사는 조경백 씨는 70여 인의 저녁밥을 담당하고 손기백 씨는 아침밥을 담당하였으며, 주과로 대접하는 사람들도 다투어 가며 맞았다고 해군에서 온 사람의 칭송하는 말이 있더라.

(57) 1908-05-15 01면. 국민의 교육을 의논함

지금 한국 안에서 입을 열어 말하는 자도 반드시 말하기를 교육이라 교육이라 하며 붓을 잡고 쓰는 자도 반드시 말하기를 교육이라 교육이라 하고 중흥함을 말하여도 반드시 교육에 있다 하며 부강함을 말하여도 반드시 교육에 있다 하여 교육의 형세가 한국사람 사회의 모두 그리로 쏠리는 바 되었도다.

목하에 지방의 소요와 재정의 곤란과 또 그 외에 각종 원인을 인하여 여간 창설하였던 학교가 새벽 별과 같이 희소하여 일반 유지한 자의 감탄함을 말지 아니케 하나 그러하나 그 대세의 추향으로 볼진대 비록 어떠한 큰 방해가 있더라도 몇 해를 지나지 아니하여서 학교가 전국 안에 가득하게 될 것은 한번 손을 뒤집는 동안에 있으리로다.

이러한데 대하여 누가 춤을 추지 아니하며 누가 환영치 아니하며 누가 손뼉을 치고 칭찬치 아니하며 누가 열심히 찬성치 않으리오마는 비록 그러나 오늘날 교육이 과연 나라를 중흥케 할 교육이며 나라를 부강케 할 교육인가.

기자 말하기를 오호라 일정한 종지가 있는 교육이라야 이것이 교육이며, 한결같은 정선이 있는 교육이라야 이것이 교육이거늘 오늘날 교육이 과연 이러한가.

이러하면 이것이 국민적 교육이며 인도적 교육이며 정신적 교육이며 나라를 흥할 만한 교육이라 나는 심복을 토하고 피를 말려도 이런 교육

을 찬조하려니와 이러하지 아니하면 이는 노예적 교육이며 금수적 교육이며 기계적 교육이며 망국할 교육이라 나는 소리를 지르고 이런 교육을 교정코져 하노라.

교육에 유지하신 제군들은 정신을 가다듬어 이 말을 살필지어다.

지금 교육가의 형편을 들어 말할진대 한심함을 이루 말할 수 없는 것이 한두 가지가 아니니 저 일반 인민들은 그 머리를 깎으며 그 소매를 좁게 하고 그 몸이 교육계에 나서서 교장이나 교감이나 혹 교사의 중임을 얻어 가지면 엄연히 문명한 신사로 자처하고 다른 사람들도 또한 그 사람을 문명신사로 믿지마는 그 실상을 살필진대 문득 일개 혼돈파에 지나지 못하도다.

나라가 흥하던지 망하던지 인민은 죽든지 살든지 모두 알지 못하고 그 마음으로 하는 말이 이 세상에 나서 이 세상 사람이 되었으니 이 세상일 되어 가는 대로 따라 행세하는 것이 가하다 하여 외국 말과 서양 사적은 행세하는 문서투로 보며 경제와 법률은 협사하는 첩경으로 알아서 이것으로 그 몸을 그릇 드리고 다른 사람을 또한 그릇 드리니 슬프다 이런 사람들도 또한 교육가라 할까. 또 어떤 사람들은 시세 일에 한을 품고 장래 형편에 눈물을 뿌리며 청년을 교육하는데 발분망식하니 그 열성은 가히 공경할 만하나 그 주장하는 언론을 들은 즉 말하기를 인민의 지식이 고등에 달하면 국권이 스스로 돌아오고 외인의 멸시함이 스스로 없어지리라 하여 경년 열세토록 힘써 하는 일이 외식의 문명을 비호하는 데 지나지 못하여 혹 원유회에나 참여하고 혹 외국인과 손을 잡고 인사하는 데나 행하면 넉넉할 줄로 알며 법이 아름답고 악한 것을 막론하고 행동함이 법률 범위 밖에만 나가지 아니하면 민권이 스스로 창대한 줄로 생각하니 슬프다. 이런 사람들도 또한 교육가라 칭할까.

이러한 교육가의 밑에서 교육을 받으면 비록 워싱톤, 비스마르크 같은 인물이라도 필경은 잔졸한 어린아이의 지각에 지나지 못할 것이요, 비록 덕국이나 영국의 강건한 민족이라도 필경은 그 굳센 성질을 잊어버릴지니 어찌 가히 탄식할 바 아니리오.

또 같은 문명한 나라로도 미국의 교육이 법국과 같지 아니하고 법국의 교육이 덕국과 같지 아니하며 덕국의 교육이 영국과 같지 아니함은 각각 그 역사를 증명하며 인민의 성질을 인하여 능히 그렇지 아니할 수가 없는 바거늘 오늘날 교육가는 이 뜻을 아는 자 과연 있는가.

오호라. 어찌하면 제국 청년을 군대의 정신으로 훈련하며 애국하는 사상으로 공동하여 후일에 세계 열국과 동등히 되게 할까.

(58) 1908-05-16　02면. 곤한잠을 늦이깨어(시사평론)

곤한잠을 늦이깨어 귀를잠깐 기울이니 양류간에 황앵성도
새정신을 부르는데 이세상에 사람되고 저새만도 못할소냐.
그소리가 청청하다 오장육부 다내주니 내각대신 정신없다 이강토를 고기같이
주린범께 던져보면 저일신은 무사할까 꾀꼬리가 우는구나.
그소리가 청청하다 녹음방초 호시절에 능라주의 호사하고 기생들을 희롱할제
세상사는 어떻든지 행락하기 정신없다 꾀꼬리가 우는구나.
그소리가 청청하다 어둔밤에 꿈을못깬 원로대신 거동보소 모슨생각 또있는지
옛날권리 얻으려고 세력가만 연락한다 꾀꼬리가 우는구나.
그소리가 청청하다 몇몇해를 해외에서 유학하는 저동포는 문명풍기 열력하고
변화기질 하였으니 그칠바를 알았으나 고향생각 없을소냐 꾀꼬리가 우는구나.
그소리가 청청하다 청년자제 양성하니 국가기초 이아닌가 급히급히 진보하여
애국가를 부르면서 일심단체 되고보면 국권회복 비난이라 꾀꼬리가 우는구나.
그소리가 청청하다 깊고깊은 초당안에 시국형편 그려걸고 살펴보며 경륜할제
때기다려 안나오나 이시대가 어느때뇨 꾀꼬리가 우는구나.
그소리가 청사하다 남북촌에 친구찾아 손을잡고 추축할제 주사청루 왕래키로
금과같은 이세월을 방탕하게 허송하다 환호성에 잠깨어라 꾀꼬리가 우는구나.
그소리가 청청하다 지방풍진 이는곳에 대포성이 진동하니 사생존망 알수있나

심산궁곡 과부촌에 슬픈꿈도 끼려하네 깨려하네 꾀꼬리가 우는구나.

(59) 1908-07-11　02면. 청년들께 시험하여(시사평론)

청년들게 시험하여 말한마디 붙이노니 이시대가 어느때뇨 신사업을 등기하고 무정세월 허송하면 후회날때 있으리니 경계할일 허다하다.

경쟁하는 이시대에 한사업도 못이루고 유의유식 일삼다가 머리위에 백발나면 천하기물 될것이니 후회한들 무엇하리 이것도 경계할일

남북촌에 출입하니 친구상종 없을손가 손을잡고 왕래할제 깨는말을 달게여겨 오료평생 못깨닫고 우유도일 하지마라 이것이 경계할일

주사청루 주렴속에 아미그른 절대가인 한번보면 호탕하여 정신없이 노닐적에 용전여수 하고보면 여간재산 간데없다 이것도 경계할일

모대관집 화투판에 지전펄펄 날리기로 산과같은 허욕나서 몇천만원 대대하고 졸지부자 되려하나 내재물만 탕진이라 이것도 경계할일

화조월석 좋은때면 광무대와 장안사에 모모관인 작반하여 왕래하며 행락할제 활수단이 있는듯이 불석천금 판이난다 이것도 경계할일

외국손님 상종할제 파성관과 화월루로 전별연회 자주되어 진수성찬 좋은음식 특별하게 대접하면 일가산이 다드나니 이것도 경계할일

이웃친구 불러내어 좋은술집 다니면서 밤낮으로 술먹을제 취호리지 건곤하여 세상사를 불계하면 패가망신 앞에있다 이것도 경계할일

(60) 1908-07-16　02면. 절로 도는 저시침은(시사평론)

절로도는 저시침은 잠깐보기 기묘하나 인간세월 재촉하여 장부뜻을 못이루고 백발벌써 되었구나.

세계형편 살펴보니 지난일이 꿈결이라 늙은기마 업된 듯이 천리밖에 있는뜻을 한번성취 못해보고 영웅호걸 다늙었네 저시침아 가지마라

어찌하면 방랑사중 열퇴소리 얻어다가 침침칠야 중우중에 코를골고 자는인생 한번불러 깨어볼까 무정세월 여류하다 저시침아 가지마라

고담중론 저완고는 시세변천 몽매하고 제소견만 옳다하니 좌정관천 이아닌가
뇌수중에 젖은구습 어서바삐 씻어보세 저시침아 가지마라
환희중에 노는애물 허욕항상 량중하여 불분동서 출몰할제 위험한일 불계하니
오백여년 유래악풍 어느때나 진정될꼬 저시침아 가지마라
사방산천 바라보니 도처풍진 이는곳에 우리동포 유리하여 도로에서 방황한다
참혹할손 저정경을 구제하기 늦었구나 저시침아 가지마라
단군기자 천민할제 일심으로 교육컨만 지금서로 환산이라 유지자가 한탄하여
각사회를 창설하나 단체되기 묘연하다 저시침아 가지마라
동량지재 동량지재 배양코저 각학교를 설립하고 청년자제 모집하여 신학문을
교수하나 졸업미처 못다되고 연기점점 높혀지네 저시침아 가지마라

(61) 1908-07-28 02면. 장마비는 축축한데(시사평론)

장마비는 축축한데 파락호가 서로만나 손을잡고 반가우나 랑핍일전 하였던지
술한잔도 못사먹고 신세타령 하는말이
나날때를 생각하면 우리부모 기뻐하여 문호영광 바랐건만 번화장에 출몰하며
이문목견 방탕키로 무정세월 보냈으니 후회막급 이아닌가
남촌가에 벗을찾고 북촌에서 술취할제 이천지가 좁다하고 방약무인 왕래하며
무한행락 하려다가 오료평생 하였으니 후회막급 이아닌가
분벽사창 좋은집에 절대가인 종종만나 은근수작 하여가며 백년가약 다정할제
용전여수 하던것이 일장춘몽 되었으니 후회막급 이아닌가
불농불상 이내몸이 세전지업 자재키로 한량없이 쓸줄알고 모대관집 화투판에
몇만환씩 내기타가 일조탕패 하였으니 후회막급 이아닌가
릉라금수 고운의복 때를따라 바꿔입고 장안대도 횡행할제 호화자제 비견타가
무정천지 이내몸이 현순백결 되었으니 후회막급 이아닌가
양전미답 풀어다가 활수있게 잘쓰다가 천만금을 다버리고 조석절화 되었으매
처자또한 뉘죄인가 원망소리 낭자하니 후회막급 이아닌가
모모관인 추축하며 벼슬운동 비밀할제 저별연과 환영회로 외국요리 몇몇턱씩

밤낮으로 대접타가 여간재산 탕패하니 후회막급 이아닌가

(62) 1908-07-31 02면. 큰길거리 장석우에(시사평론)
큰길거리 장석우에 봉두돌빈 팔구인이 차례없이 앉고누워
저희끼리 수작하니 들을말이 허다하다
지등롱에 횡장죽은 완고양반 이아닌가 개화시대 몰랐던지 교만태도 그저있어
갈지자로 거리가니 그체격이 제일밉네
인력거에 권연분이 경박소년 이아닌가 학문사상 일호없고 주색장에 출입하여
전고후첩 양양하니 그체격이 제일밉네
석장옷에 금띠띠니 은군자가 이아닌가 여공범절 전폐하고 방탕자제 후릴적에
동서분주 왕래하니 그체격이 제일밉네
탑골치에 전립쓴자 세가구종 이아닌가 대단의세 한양으로 잔피한이 대해서는
무단행패 자심하니 그체격이 제일밉네
평량자에 목화단이 상무임원 이아닌가 실업방침 하나없이 기악에만 질탕할제
처자또한 불고하니 그체격이 제일밉네
몇층집에 높이눈자 부귀객이 이아닌가 동포어육 불구하고 제욕심만 채우면서
영구행락 하려하니 그체격이 제일밉네
객주집에 유연자들 구사향객 이아닌가 대관코만 한번보면 관찰군수 곧할듯이
양비대담 자긍하니 그체격이 제일밉네
제가제흉 모르는이 병문친구 이아닌가 땀흘리고 벌이하는 모주집에 다버리고
조석생각 아니하니 그체격이 제일밉네

(63) 1908-08-09 02면. 함영학교운동
김해군 함영학교에서 하기방학을 인하여 지난달 23일에 학도 35명이 여행운동으로 웅천군 가덕리에 도달한즉 그곳 가일학교 임원 김우현 동제씨가 나와서 환영하고 그 학교 학도 양재두 씨가 그 학도들의 사인 음식을 담당하니 제씨의 교육열심은 사람마다 칭찬하다더라.

(64) 1908-08-13 02면. 일진회 기념

오는 18일은 일진회 창립한 제4회 기념인고로 작일 오후 1시부터 기념 원유회를 개설하고 내외국 신문기자들을 청하여 대접한다더라.

(65) 1908-09-10 03면. 윷놀다 잡혀

재작일에 중부 상사동에 사는 김홍석 이치선 장경오 3인이 윷을 놀다가 중부경찰서에 잡혀 갇혔다더라.

(66) 1908-09-22 02면. 공원에서 원유회

재작일 오후 3시에 법무대신 고영희 씨가 중부 사동 공원 내에서 원유회를 설행하고 해부관 임관 이상과 대심원 판검사 이하와 법관양성소장 근 60여 명을 청하여 대접하였다더라.

(67) 1908-10-24 02면. 원유회 겸설

대한의원 개원식은 본일 하오 1시에 거행하는데 원유회를 겸하여 설시하고 내외국 고등관인과 각 사회 신사를 청하여 대접한다더라.

(68) 1908-10-29 02면. 천장절 연회

내월 3일은 일황제폐하의 천장절인 고로 그날에 중미부 통감이 통감부에 원유회를 설시하고 총리대신 이하 각부 대신과 고통관과 각 사회 신사 제씨를 청하여 대접한다더라.

(69) 1908-11-04 02면. 이 총리의 아첨

전보와 같이 작일은 일황폐하의 천장절인 고로 중미부 통감이 통감부에 원유회를 개하고 각부 대신을 청하였는데 총리대신 이완용 씨가 그 좌석에 참여하여 중미부 통감의 손을 잡고 백 가지로 아첨하였다고 비평이 낭자하더라.

(70) 1908-11-28 02면. 관광자의 격분

일전에 이등 통감이 입성할 때에 각 대신들이 정거장에 나가 영접함은 이미 게재하였거니와 그날에 각 대신들이 돌아오는 길로 광통교를 지나는데 노상에서 관광하던 자 몇 사람이 큰 소리로 말하여 이르되 저것들이 어느 날이나 죽는고 저것들로 인하여 우리나라가 망하였다 하고 열장불을 하였다더라.

(71) 1908-12-09 03면. 여행권 단속

이왕으로부터 한국사람이 토령 해삼위에 갈 때에 흔히 다른 사람의 이름으로 허가된 여행권을 사 가지고 가는데 이는 법률을 어기는 행위요, 또 외국에 있는 중에 혹 사망하는 자가 있는 때에는 그 가진 여행권과 죽은 사람의 이름이 서로 다른 고로 그 죽은 자의 호적을 조사하기에 곤란한즉 이는 그 죽은 사람에게 실수가 많으므로 그 허가된 여행권을 파는 데 대하여 엄중한 방법을 시행한다더라.

(72) 1909-03-11 02면. 건원절 원유회 예정

본월 25일은 건원절이라 그날에 총리대신 이완용 씨가 성대한 원유회를 차리고 내외국 고등관을 청할 예정인데 왕참한 인원은 2,000여 명이나 된다더라.

(73) 1909-03-17 02면. 관광자 피선

일전 총리대신 이완용 씨 집에서 일본에 유람 차로 보낼 사람을 택하였는데 김종한, 민영소, 조명희, 윤길구 등 제씨가 피선되었다더라.

(74) 1909-03-18 02면. 관광단 입찰자 연회

일본 관광단에 입찰한 제시들이 재작일 하오 7시에 진고개 천진루로 모여서 간친회를 하고 크게 연락하였다더라.

(75) 1909-03-19 02면. 시찰겸임

일본 관광단에 가는 제시 중 모모 대관 몇 사람으로 시찰을 겸임하여 여비를 지발하기로 내각회의에 제출하였다더라.

(76) 1909-03-23 02면. 동물원종람

근일 창덕궁 안에 있는 동물원과 박물관의 설비가 점점 필역이 되는 고로 일간부터 관광케 한다더라.

(77) 1909-03-23 02면. 원로입참

원로대관이 일본관광단에 간다는 말은 이미 게재하였거니와 대제학 이용원, 전대제학 김학진, 전판서 이용직 삼씨가 해단에 입참하였는데 정부에서 여비 100원씩을 지발한다더라.

(78) 1909-03-24 02면. 완고할 때

일본관광단에 가는 사람의 수효는 당초에 이등 통감이 50인만 완고로 들여보내라 하였는데 총리대신 이완용 씨가 60인 올려 하여 합 110인이 일본에 간다더라.

(79) 1909-03-24 03면. 폐지할 징조

중부사동 연흥사에서는 소위 배비장타령이라는 것을 설행하며 탕자음부를 유인하여 돈을 빼앗고자 하여 별반흉계를 내히되 족히 관광할 것이 없어 구경하는 사람이 매일 30여 명에 지나지 못함으로 불원간 폐지할 터이라더라.

(80) 1909-03-25 02면. 기한퇴정

일본 관광단에 입찰한 제씨가 내 4월 10일경에 발정하고 왕환기한은 20일로 정하였더니 무슨 일이 있는지 40일로 다시 작정하였다더라.

(81) 1909-03-30 02면. 여행운동
근일 보성중학교와 청년학교와 흥화학교가 연합하여 여행운동을 개시하기 위하여 일간 개성지방으로 발행한다더라.

(82) 1909-03-30 03면. 정탐하라고 전보
일본에 유하는 송병준이가 일진회본부에 전보하되 이번 관광단에 참여하여 일본에 들어오는 자들이 다 완고일뿐더러 그 중에 또 무슨 사단이 필경 있을 터이니 자세히 탐지하여 보하라 하였다더라.

(83) 1909-04-02 02면. 협률사 폐단
대구군에는 경성에서 협률사가 내려가서 밤마다 연극을 창설하는데 그 곳 탕자와 음부들이 모여 관광하기에 매일 허비하는 돈이 200원 가량이나 되므로 그 고을 사람들의 원망이 낭자하다더라.

(84) 1909-04-04 01면. 기괴한 광경
근일에 일본사람들이 발기하여 한국사람을 일본에 관광차로 보내는 소위 피 없고 정신 없는 자 100여 명이 일참되어 파리같이 모이고 지렁이같이 연결하여 일본으로 건너간다는데 총리대신 이하로 각각 여비와 물품을 기부한다, 내각에서는 크게 찬성한다, 한성부민회에서는 전별기를 높이 달고 남대문에서 정거장에 전별회를 한다 하여 그 광경이 사람의 이목을 놀라게 할 만하더라.
오호라, 이 광경이여 이것이 무슨 광경인가 일본에 구경 가는 것이 무엇이기로 저희들의 행동이 이러하며 관광단이라 하는 것은 무엇이기로 저희들의 숭배함이 이러한가, 우리는 묻노니 관광단이 외국의 문명을 수입하기 위하여 가는가, 말하기를 아니라 불과시, 장기, 대판에 산수를 구경할 행객이니라, 관광단은 황명을 받아 사신으로 가는 행차인가, 아니라 불과시, 신호, 동경 등 도시에 인물을 구경하러 사사로이 가는 행인이니

라. 관광단이라 하는 것이 이러하거늘 여비와 물품을 기부함은 무슨 뜻이며 평생에 학교에는 한 푼 보조도 아니하던 총리대신 이하가 각각 돈과 물품을 기부하니 실로 기괴한 일이며 크게 찬성하는 것은 무슨 뜻인가. 저희는 전일에 국민들의 새 사업하는 이는 일호도 찬성함이 없던 내각이라 크게 찬성하는 것이 실로 기괴하며 전별기를 높이 달고 전별회를 성설함은 무슨 의사인가. 저희는 전일에 허다한 신사들과 학생들이 일본에 갈 때에는 아무 전별함이 없던 한성부민회라 전별회를 성설하는 것이 실로 기괴하도다.
오호라, 외국에 구경 가는 사람에게 돈과 물품을 기부하면 외국에 유학이나 하러 가는 사람에게 천금상 만호후를 주는 것이 같으며, 외국에 구경 가는 사람을 택하여 크게 찬성할진대 나라에 유익하고 백성에게 복이 될 일을 위하여 외국에 유력하는 사람에게는 절을 함이 같으며 외국을 구경하러 가는 사람을 위하여 전별기를 높이 달고 전별회를 성설하면 공사나 대사로 외국에 갈진대 승전고나 울리고 수삼길 틔는 동상을 세움이 같아져 아닌가 이것이 실로 기괴하고도 또 기괴하도다.
혹이 말하기를 근일 한국사회에서 외국에 아당하는 태도가 성하였으니 이것도 또한 한 가지 외국을 아당하는 일에서 난 것이라 하나 이는 결단코 그렇지 아니하니 아무리 외국에 아당하는 태도가 성하였는들 어찌 이런 기괴한 광경이 있으리오.
오호라, 관광단이여 저희는 기괴단이며 관광단의 일행이여 저희는 기괴단의 일행이며 관광단을 숭배하는 물건이여 저희는 기괴한 물건이 아닌가. 저 관광단 중에 무한히 기괴한 의미가 포함되지 아니하였으면 어찌 저런 기괴한 광경이 있으리오. 우리는 눈을 씻고 후일 광경이 어떠한 것을 기다려 보겠노라.

(85) 1909-04-07 02면. 국가문명하려 하면

국가문명 하려하면 마귀부터 없을텐데 온세계를 유람해도 마귀배가 충만키는

한국반도 제일이라 전일사는 고사하고 춘화이는 이시대도 마귀창궐 우심일세
이내포승 풀어내어 차례대로 묶어볼까
유지자로 자쳐하고 큰단체를 성립하여 외면으로 볼장이면 조국사상 있는듯이
전국인민 농락하나 그내용을 살필진대 망국기관 부리어서 세계이목 가리고져
운동하는 저마귀를 일호령에 묶어내고
완고자로 자처하고 흑암중에 은복하여 주사야탁 하는것이 어찌하면 괜찮을고
외국인을 연락하여 매국사업 할까하고 조부비듯 발광터니 관광단에 득참하여
환형가는 저마귀들 일호령에 묶어내고
개명자로 자처하고 사회상에 출몰하여 능라금수 반양복에 동등권을 찾는다고
모모회를 설립하다 그행동을 조사하면 제반악중 구비하여 어린여자 들에까지
물들이는 저마귀들 일호령에 묶어내고
신사라고 자처하며 화류장에 투신하여 부르는이 약산동애 잣키는이 오동봉황
교육계나 사회상엔 푼경보조 아니해도 이런일에 들어서면 불석천금 탕비하여
호탕하는 저마귀를 일호령에 묶어내어
무수마귀 묶어놓고 처치방볍 연구할제 지옥으로 보내자니 참아인정 못할지라
사랑하신 상제께서 한국인을 구원코자 구세군을 보냈으니 그영문에 몰아드려
모든죄악 회개하고 착한사람 되게하세

(86) 1909-04-13 02면. 관광자전별

일본관광단 일행이 작일에 발정함은 별항과 같거니와 한성부민회에서는 한일 양국기를 달고 전별하였으며 대동전문학교에서 또 전별하였다더라.

(87) 1909-04-20 01면. 원유회예정

중미부 통감은 내월 15일경에 한일양국 문무백관과 신사신상 1,500여명 가량을 청하여 원유회를 한다더라.

(88) 1909-04-21 02면. 초당춘수

초당춘수 늦이깨어 앞뒤창문 열어놓고 실음없이 앉았는데 일기마침 청명한중 멀리피는 저청산이 을연독립 하여있고 새소리만 낭자하니 심사자연 황홀하다 각색새를 불러내어 이내말을 부탁할사

성성대혈 저두견아 네게한말 부탁하자 적막공산 깊은곳에 슬데없이 통곡말고 일본국을 건너가서 관광단원 있는앞에 망국한을 슬피내어 사사망념 다버리고 하루바삐 환국토록 불여귀를 불러다오

새벽달에 저기러가 네게한말 부탁하자 네아무리 총총해도 소상동정 가지말고 한국지방 다니면서 외국인의 노래되어 제동포를 살해하는 정탐통역 저무리도 너의형제 본을받아 우애토록 울어다오

충암절벽 저뻐꾹아 네게한말 부탁하자 산묘곡심 적막한데 누를위해 통곡이냐 정부대신 찾아가서 영감대감 부르면서 염치없는 사욕으로 매국사상 두지말고 국권회복 하여보게 복국복국 울어나고

기O탁속 저봉황아 네게한말 부탁하자 기산조양 좋지만은 네가본시 착한새니 각도각군 내려가서 죄악없는 백성에게 탐장하는 수령들도 네성질을 모방하여 명판되게 울어다고

양두간에 저황조야 네게한말 부탁하자 정부들의 꿈을깨어 무수원망 듣지말고 남북촌을 다니면서 대신가의 별심들이 정든간부 생각하여 꿈을꾸는 사창밖에 추한행실 다버린후 열여되라 울어다오

멀리나는 저붕새야 네게한말 부탁하자 구만장천 건너갈 때 경향각처 학교마다 공부하는 청년에게 국가정행 급했으니 너의전정 본을받고 어서바삐 진보하여 독립권을 찾으라고 크게한번 울어다고

(89) 1909-04-25 02면. 제2 관광단

일인이 발행하는 경성일보사에서 주창하여 관광단을 또 모집하기로 준비하는 중이라는데 이번에는 불평당으로 모집한다더라.

(90) 1909-04-29 02면. 창외삼경

창외삼경 비오는데 적막하게 누웠다가 심사울울 일어앉아 신문축을 펼쳐놓고
이리저리 열람할때 웃을일도 있거니와 통탄할일 더욱많다 논인장단 하는것이
내본심이 아니건만 경성책임 지중키도 모모대관 근일행위 한붓으로 평론일세
총리대신 이완용은 무슨망발 하였는지 망발풀어 하노라고 큰잔치를 하였다니
이완용의 신분으로 망발함이 왜있으리 회담간에 망발함도 수치될줄 알바에는
국가사에 망발하여 인민논박 받는것은 수치인줄 왜모르나 애고답답 이당신아
내부대신 박제순은 자기등잔 개척하고 새정자를 짓는다니 종묘사직 돌아보라
가시밭에 들어있고 지방인민 살펴보라 길가에서 방황일세 공의이름 제순이라
제가할줄 알바에는 공의자가 한평으로 평민한줄 왜모르나 애고답답 이당신아
농상대신 조중응은 상회소에 친히가서 재정유통 저방침을 저저설명 하였다니
능언앵무 쓸데있나 첩첩이구 말만말고 주관자가 되였거든 실지직책 할것이지
무사분주 웬일인고 알고서도 아니하면 모르니만 못하도다 애고답답 이당신아
보국대부 민영휘는 내외국인 고등관과 사회신사 청빈하여 잔치배설 한다하니
손님접대 좋지만은 공의신분 생각하라 지금지위 어떠한가 쓸데없는 접빈말고
휘문숙에 힘쓰듯이 연회하는 저부비로 학교에나 기부하지 애고답답 이당신아
추원의장 김윤식은 관광단원 조직할때 모모인을 대하여서 극력찬성 하였다니
옛글읽은 공의자격 반대치는 못할망정 정신조차 얼었던가 일본국을 유람할때
일본혼이 들었던가 팔십당년 노혼하여 망녕증이 생겼는가 애고답답 이당신아

(91) 1909-05-05 02면. 배설 씨 장례식

본사전사장 배설 씨의 장례식은 전보와 같이 삼작일 하오 3시 반에 거행하였는데 회장하고 조문하는 사람은 구미각국 총영사 관원 이하 각 신사와 각 교회목사 선교사 남녀 80여 명이오. 한국인은 각 사회 교회 학교 부인사회 신문사의 대표자와 각 개인의 신사들이 수천여 명이오 성곽상하와 도로좌우에 관광하는 자가 인산인해를 이루었더라. 4시의 발인함에 사등룡 십쌍과 만장 삼쌍과 명정일폭이 앞에 늘어서서 양화

도 장지로 가는데 한국인 중에 재배하며 통곡하는 자도 있고 누인들도 배공의 집 근처에서 통곡하는 이도 많더라. 하오 5시에 하관할 때 영국 목사 터니 씨가 예식을 인도하고 한국목사 제덕기 씨가 기도한 후 생분하였는데 분상 앞에서 절하며 곡하는 자가 있고 장지까지 회장한 인원은 내외국인 병하여 1,000여 명이더라.

(92) 1909-05-06 02면. 3회 관광단
제1회 관광단 일행은 10일에 귀국하고 제2회 관광단은 불평당으로 조직한다 하며 제3회 관광단은 각군에 한 사람씩을 모집한다더라.

(93) 1909-05-11 02면. 학교반대
재작일에 한성부민회회장 유길준 씨가 금번 관광단 일행이 환국하는데 대하여 각 사회와 각 민단과 각 학교에 통첩하고 환영하자 하였는데 각 학교에서는 모두 반대하였다더라.

(94) 1909-05-12 02면. 상민반대
재작일 관광단 일행이 입성할 때에 한성부민단에서 성내상민은 대소를 물론하고 일제히 남대문 정거장으로 가서 제등하고 영하라고 지휘하였는데 여항상민들이 반대하여 말하기를 벌금을 낼지언정 관광단을 환영할 수는 없다 하였다더라.

(95) 1909-05-21 02면. 관광단설연
금번 관광단원 일동이 연합하여 경성일보 사원 일동과 또 다른 신문기자와 민단을 접대한다 함은 각 신문에 이미 게재하였거니와 다시 들은즉 일자는 오는 일요일이요, 위치는 장충단으로 정하였다더라.

(96) 1909-05-26 02면. 박물관 개시

근일 창덕궁 안 동물원과 박물관에 설시한 물품이 점점 준비가 되는 고로 재작일부터 모든 인민을 관광케 한다더라.

(97) 1909-05-27 01면. 연극 폐지

재작일 밤에 단성사에서 각색연극을 차례로 거행하는데 관광하는 남녀가 300여 명인데 그때 어느 곳에서 돌이 비 오듯 하여 일장 야유가 일어난 고로 즉시 그 연극을 폐지하였다더라.

(98) 1909-06-08 02면. 민회손해

한성부민회장이 일본관광단의 환영연을 작일 상오 12시에 경복궁 안 경회루에서 거행할 차로 각 사회에 통첩하고 준비까지 하였더니 해단의 입성함이 지체됨으로 손해가 적지 아니하다더라.

(99) 1909-06-08 02면. 반대적기

금번 일본에서 오는 관광단을 영접하기 위해 학부에서 각 학교에 지휘하고 한성부민회에서 각 향단에 통지하기를 한일국기를 가지고 남문밖 정거장으로 가서 영접하라 하였는데 각 학교에서 반대가 일어났다더라.

(100) 1909-06-09 02면. 공원관광

일본에서 건너온 관광단 일행이 본일 하오 2시에 탑골공원을 구경한다더라.

(101) 1909-06-09 02면. 기악질탕

한성부민회에서는 작일 상오 12시에 경복궁 안 경회루로 연회를 설시하고 일본관광단을 영접하는데 기악으로 질탕히 놀았다더라.

(102) 1909-06-09　02면. 아첨하는 학교

재작일 일본관광단이 남문 밖 정거장에 도착할 때에 각 학교에서 환영함을 모두 반대하였는데 진명여학교와 고아원과 봉명학교와 공성학교에서만 나가서 영접하였다더라.

(103) 1909-06-10　02면. 관광단 유람

일본관광단 일행이 작일 상오 9시에 창덕궁 비원을 구경하고 10시에 대한의원을 구경하고 12시에 일진회 국민연설대연회에 참례하고 하오 3시에 경인철도를 타고 인천항으로 내려갔다더라.

(104) 1909-06-10　02면. 안씨 감정

재작일 한성부민회에서 복궐 안 경회루로 연회를 배설하고 일인 관광단을 청하여 대접한 일은 작보에 게재하였거니와 그날에 연회하는 요리를 명월관으로 주문치 아니하고 혀천탕으로 주문하였더니 OO사장 안순환 씨가 무슨 감정이 있었던지 그 연회에서 기생의 항라무를 보자 하나 기생의 복장을 원각사에 두고 잠근 열쇠를 안씨가 주지 아니하는 고로 부민회에서 경시청에 통기하고 쇠를 깨친 후에 기생의 복장을 가져갔다더라.

(105) 1909-06-10　02면. 학도퇴학

미동봉명학교에서 일본관광단을 환영함은 작보에 게재하였거니와 학도는 다른 학교도 일제히 환영하는 줄로 알고 부득이 하여 나갔더니 마침내 환영장에 나가본 즉 환영하는 학교가 2-3처에 불과한지라 학도들이 대단 참괴하여 장성한 자는 퇴학하고 어린 학생 수십 명만 남았는데 학교주인이 어린 학도를 대하여 외인에게 아첨하는 정신으로 연설함에 어린 학생이 또한 퇴학코저 하는지라 교주가 어린 학도들을 위협하여 퇴학하지 못하게 하였다더라.

(106) 1909-06-11 01면. 부인의무

본월 2일에 해주 추이면 정명학교에서 1주년 기념식을 설행하고 광명학교 학생과 연합운동을 할 때에 빈객과 관광자가 1,000여 명이오. 상품과 오찬은 상6리 구교에 거하는 박춘근 씨의 부인 김씨가 담당하였다고 송성이 자자하다더라.

(107) 1909-06-13 03면. 백천학교운동

백천군 읍촌간에 있는 여러 학교가 음력 3월 17일에 대운동회를 하였는데 국기를 들고 항오가 정제할뿐더러 시험하는 과정에 능소능대함으로 관광하는 사람들이 모두 칭찬하였으며 상품은 그 고을 군수 봉훈 씨가 자담분급하였고 학업을 열심권연한 결과로 경내에 학교가 41처이오 입장한 학도가 1,386인 이라더라.

(108) 1909-06-16 02면. 동부인 관광단

금번 한국에 건너온 일본관광단은 한국에서 영영 거류하려는지 부인을 데리고 온 자 2명이라더라.

(109) 1909-06-16 02면. 화족 관광단

일본에서 관광단이 또 온다는데 그 일행은 일본에서 본래 화족으로 칭호하는 자이라더라.

(110) 1909-06-19 02면. 선유사 파송

일본 갔던 관광단 제씨로 각 지방에 선유사를 보낸다는데 정봉시 씨는 강원도로 정운복 씨는 황해도로 정만료 씨는 전라도로 보내자고 내정이 되었다더라.

(111) 1909-06-20 02면. 세계열강 돌아보니

세계열강 돌아보니 문명운수 각기얻어 사업진보 하려하고 서로경쟁 분주건만 대한국을 살펴본즉 흑암운수 당했는지 운풍행상 자욱한데 마귀들만 종횡하네 마귀베는 이내칼을 한번빼어 시험할까

각보관에 들어가서 정부당의 기관되어 악사회의 심복으로 조결위학 할뿐더러 외인에게 아첨하여 애국사상 없게하며 노예언론 제창하여 망국키를 축원하는 국민대한 두마귀를 이내칼로 시험하고

각사회에 들어가서 외국인의 지촉으로 종교부식 한다하고 유림계라 자칭이나 인의도덕 방해하며 민단성립 한하하고 우매인민 O러다가 노예굴에 집어넣는 대동부민 두마귀를 이내칼로 시험하고

각지방에 내려가서 문명기관 구속하여 인민교육 방해하고 외인에게 납첨코저 무죄생령 몰아다가 어육되게 할뿐더러 공사재경 물론하고 제탕락만 채우려는 관찰군수 두마귀를 이내칼로 시험하고

경성각처 다니면서 타인에게 노예되어 제동포들 해하려고 이리저리 관광하며 재전이나 토색이가 사불이익 할양이면 여지없이 무모함하여 죽을땅에 몰아넣는 정탐통역 두마귀를 이내칼로 시험하세

이외에도 허다마귀 이루공격 할수없어 아직정필 하거니와 몇몇종류 이마귀는 제국안에 인민들이 가장미워 하는바라 위원급히 징치하여 나머지는 경계하니 정신들을 미리차려 이내칼을 조심하라.

(112) 1909-06-22 02면. 학교관광

영국부인 2명이 작일 상오 12시에 학부의 소개를 청하여 박동명신여학교와 관립고등여학교와 사범학교를 구경하였다더라.

(113) 1909-06-29 02면. 칭원이 있어

중부경찰서 순사 4명이 지난 토요일에 기생들을 데리고 인력거를 타고 동대문 밖 청량사에 나가서 질탕히 놀았는데 인력거삯과 기생의 놀이

채를 아니 주었던지 칭원이 있다더라.

(114) 1909-07-07 02면. 원유회 통첩

본월 8일 하오 3정에 경복궁 안 경무대에서 원유회를 설행할 터인데 내각총리대신 이완용 씨가 각부 봉원정 친임 칙임 주임관들에게 통첩하고 동부인하여 와서 참례하라 하였다더라.

(115) 1909-07-08 02면. 원유회한다지

본월 10일 오후 5시는 통감관저에 원유회를 설행할 차로 중미 통감과 이등공작이 연서하여 각 대관에게 통첩하였다더라.

(116) 1909-07-15 02면. 한인이면 죽이라고

일전 통감부 원유회에서 한국기생 연옥이가 밖에 걸린 가화 한 가지를 꺾었더니 일인 노동자 한 놈이 불문곡직하고 양혜 신은 발로 연옥의 진 허리를 차며 거꾸러져 불성인사하는지라 그 곁에 있던 기생 유록이가 분함을 이기지 못하여 무리행패함을 질문한즉 그놈이 뿌리치고 도망하는지라 당장 어찌할 도리가 없어 연옥을 담에 하여다가 치료하는 중이나 지금까지 낫지지 못하다는데 그놈의 성명과 거주를 알지 못하여 사방으로 탐문하는 중이라 하니 그런 놈은 기어이 포작하여 단단히 징치할 일이라더라.

(117) 1909-07-16 01면. 관광자 비평

각 연회장에서 남녀가 한자리에 앉는 것이 풍속에 관계가 있다 하여 경시청에서 엄금하는 중인데 경시 이헌규 씨가 재작일 밤에 원각사로 가서 기생 연화의 한자리에 앉은 고로 경찰관리는 위격하는 일이 있어도 관계가 없는가 하고 구경하는 사람들의 비평이 있다더라.

(118) 1909-07-24 02면. 양씨시비

전선과장 안술환 씨는 원각사총무 이정구 씨에게 대하여 무슨 사단이 있던지 원각사 안에서 재작일 밤에 서로 구타하여 의관철파까지 하였다는데 관인의 신분으로 위패한 행동을 한다고 관광자들의 비평이 있었다더라.

(119) 1909-07-27 02면. 황태자전하 여행

한국 황태자전하께옵서 8월 1일에 동경에서 출발하시어 북해도까지 여행하옵셨다가 8월 25일에 동경으로 도로 가신다더라.

(120) 1909-08-03 03면. 황태자 여행

황태자전하께서는 본일 오전에 이등보육총저를 데리고 일본 동북도에 여행하실 차로 발정을 하셨다더라.

(121) 1909-08-14 02면. 시찰원 출발

총리대신 이완용 씨가 사법권 위임한 일에 대하여 지방 인심을 시찰할 차로 시찰원을 파송한다 함은 이미 게재하였거니와 일본 관광단에 입참하였던 모모 씨를 전라남도로 일전에 파송하였는데 이 총리의 문객들은 남대문 밖 정거장에 나가서 전송하였다더라.

(122) 1909-08-26 03면. 학생유람

로국 대학생 11명이 관광하기 위하여 작일 일본 신호에 하륙하였는데 일본은 대판을 구경한다더라.

(123) 1909-09-01 02면. 연희관광

농상공부대신 조중응 씨는 재작일 밤에 평복으로 순사 일명을 데리고 사동 연흥사에 가서 연희를 구경하였다더라.

(124) 1909-09-08 01면. 구경오나
미국관광단 700여 명은 본년 말에 일본에 도착할 터이라더라.

(125) 1909-09-15 02면. 관광단 온다
미국관광단은 내월 8일에 11명과 9일에 10명이 한국으로 온다더라.

(126) 1909-09-16 02면. 미국인 발정
근일 법국인 여관에서 유하던 미국관광단 일행 7명은 다 구경하고 오후 4시에 인천으로 내려갔다더라.

(127) 1909-09-19 03면. 외국인관광단
청국에 있는 외국인들이 한국 관광단을 조직하여 그 일행이 덕국 룬센젠드호를 타고 19일에 상해에서 출발하여 인천으로 향한다더라.

(128) 1909-09-24 02면. 덕국영사관광
한국에 주차한 덕국총영사가 작일 상오 12시에 그 정관에 있는 관원 몇 사람을 데리고 경복궁에 들어가 구경하였다더라.

(129) 1909-09-30 02면. 관광금지
경복궁 안에서는 근일 괴질을 예방하기 위하여 일주일 후에나 구경하는 인민들을 들인다 하더라.

(130) 1909-10-07 03면. 이등 여행한다
일본 이등박문은 일황제폐하의 윤허를 받아 하얼빈 해산위 등지로 여행한다는데 출발할 예정은 오는 20일경이라더라.

(131) 1909-10-08　02면. 이등 출발

이미 게재함과 같이 일본 이등 공작이 시베리아 여행함은 통감부로 조회가 왔는데 본월 12일에 출발하기로 정하였다더라.

(132) 1909-10-26　03면. 수학여행

서울에 거류하는 일본인의 소학교 학도들은 청국 안동현에 수학여행으로 간다더라.

(133) 1909-10-27　02면. 이등 공 죽었다

이등 공 죽었소. 조선일일신문 호외를 거한즉 이등박문 공은 만주에 여행하는 중 하얼빈에서 작일 아침에 한국사람에게 암살을 당하였다더라.

(134) 1909-10-31　02면. 원유회한다

오는 11월 3일은 일본 천장절인 고로 통감부에서 원유회를 하는데 각 무부 주임관 이상에게 통첩하기를 각기 동부인하고 와서 참례하라 하였다더라.

(135) 1909-11-14　02면. 한양산천 돌아보니

한양산천 돌아보니 삼각산은 울울하고 한강수는 양양이라 청룡백호 완연하여 천작명지 허다한데 당장부괴 속발지는 사대명당 제일일세

제일명당 어디메뇨 대동회가 주산되고 문필봉이 벌려있다 대신자리 분명하여 당대발복 하였으니 이용직씨 얻었구나 공자교가 명당이오

제이명당 어디메뇨 유세단이 주산되고 주작봉이 둘렀구나 하관한지 일년만에 관찰사가 날것이니 안승옥씨 얻었구나 관광단이 명당이오

제삼명당 어디메뇨 대기산천 등에지고 동산으로 안을삼아 귀인격은 없지마는 밥술이나 먹을테니 민영우씨 잡았구나 찬영회가 명당이오

제사명당 어디메뇨 송덕이라 이름하고 협잡으로 결국하니 비석이나 한번할터
잠시요기 될자리는 이학재씨 잡았구나 송덕비가 명당이라
복많으면 명산얻네 어떤사람 복력좋아 저런명산 얻어쓰나 명산발음 쾌히나서
부귀공명 하는데로 명혈잡은 지관에게 폐백이나 많이하지

(136) 1909-11-24 03면. 괴악한 중
금구군 금산사 주장중 두행이는 금점꾼과 부동하여 그 절에 있는 물건을 방매하고 계집을 상관하여 행락함으로 그 절이 부지할 수가 없는지라 각 절 중들이 회동하여 그 이유를 각절 주관하는 총무에게 보고하고 두행을 퇴거한 후에 중 덕우로 그 절 주임을 차출하였다더라.

(137) 1909-12-04 03면. 미국관광단
미국관광단 640명이 통역 30명을 대동하고 내월쯤 일본에 관광을 오겠다고 철도원에 교섭하는 중이라더라.

(138) 1909-12-09 03면. 관광증가
근래 외국사람들이 한국에 관광할 차로 오는 자가 더 많다더라.

(139) 1909-12-10 02면. 여행도 못해
학부에서는 각 학교 수업여행에 관하여 감독하는 방법으로 각 도에 훈령하였다더라.

(140) 1909-12-28 03면. 일학도 입성
일본광도사범학교 학도 13명이 작일에 입성하였는데 본일에 경성 내 각 소학교를 관람하고 평양과 인천을 구경한 후에 귀국한다더라.

(141) 1910-01-01 02면. 관광단 도착

미국관광단 650명은 29일에 일본 장기항구에 도착하였다더라.

(142) 1910-02-16 01면. 관광단 습격

본월 11일에 청국 소주에서 청국군사 수백 명이 상해에 있는 외국인 관광단을 공격하였는데 외국인 4명은 중상하고 일인의 상점 3은 손해를 당하였다더라.

(143) 1910-03-13 02면. 어원 개원식

궁내부 어원사무국에서 본월 19일에 원유회를 하고 겸하여 개원식을 거행할 OOO로 그 마을에서 작일에 각 부부원청 국장과 과장이 양 고등관과 각 사회 대표인에게 청첩 600여 장을 발송하였다더라.

(144) 1910-03-18 02면. 요리준비

오는 19일 창덕궁 안에서 설행하는 원유회 수용하기 위하여 한국 요리와 서양 요리 230여 상을 준비하였다더라.

(145) 1910-03-20 02면. 관광단 조직해

학부차관 표손일은 재작일 각 관청에 공함하되 일본 복강현 구주박람회에서 하는 일본 전국 내 보통학교 기술전람회를 구경하기 위하여 관광단을 조직할 터이니 그 단에 입참코저 하는 자는 지원서를 제출하라 하였다더라.

『동아일보』 1920-1925

(1) 1920-04-11 02면. 관광기차 감료

사쿠라 피는 동안

양춘가절이 돌아오니 춥지도 덥지도 아니한 때가 되니까 새로 지은 봄옷을 차리고 우이동이나 월미도로 꽃구경 가는 사람이 날로 늘어간다. 만철 경성관리국에서는 특히 꽃구경 가는 손님의 편의를 돕기 위하여 임시열차를 운전할 터인데 우이동으로 가는 부분을 소개하건대 (1) 꽃필 기간은(약 10일간) 할인 왕복권을 발매할 일 (2) 꽃필 기간에는 일요일에 한번이나 또는 두 번씩 지정하여 남대문에서 창동까지 가는 임시열차를 운전하고 또 필요한 경우에는 임시열차를 더 증발할 일 (3) 우이동이나 창동 정거장 앞에 휴게소나 구호소를 설치할 일 (4) 임시열차에 타는 승객에게는 그림엽서를 배부할 일 (5) 꽃구경 가려고 산 표는 발매 당일이 지나더라도 꽃필 기간은 임의로 사용할 일.

(2) 1920-04-16 03면. 경인 간의 화열차

18일부터 운전한다

아침잠을 깨고 나면 베갯머리에 아침 햇빛이 눈이 부시게 들고 일기는 연일 청명하여 방 안에 들어앉기는 싫게 되고 선명한 춘복으로 꽃구경 다니는 사람이 날로 늘어간다. 오는 18일부터 인천 월미도의 사쿠라 꽃이 만발하겠으므로 남대문과 인천 사이에 왕복하는 임시열차를 운전하고 또 꽃필 기간은 보통열차에도 객차를 더 달아서 승객에 편의를 도모할 터이라더라.

(3) 1920-04-17 02면. 유민회의 원유회

유민회에서 본월 25일(일요일) 상오 9시부터 광희문 내 장충단공원에서 정기총회를 개하고 약○ 경과보고 사무처리 후 하오 1시부터 원유회를 개최한다더라.

(4) 1920-4-21 03면. 관앵열차운전

오는 25일에 남대문 창동 사이

남만주철도회사 경성관리국에서는 우이동의 벚꽃이 만개함을 기다리어 임시열차를 운전할 계획이 있다 함은 이미 보도한 바이거니와 요사이에 꽃이 만개하였으므로 지난 17일부터 오는 26일까지 10일 동안만 한하여 남대문 용산에서도 같은 창동역 간의 왕복차표를 발행하여 3등에 60전, 2등에 1원 받는다 하여 특별히 오는 25일은 일요일이므로 꽃구경 가는 승객을 위하여 임시열차를 운전한다는데 시간은 다음과 같더라.

◇갈 때: 남대문발 오전 8시 45분 발, 창동착 오전 9시 40분.

◇돌아올 때: 창동발 오후 4시 20분, 남대문착 오후 5시 30분.

(5) 1920-04-22 03면. 금강산호텔 영업기간 변경

금년은 7월 1일부터

금강산에 있는 장안사 호텔의 영업기한은 종래에 6월 1일로 10월 말일까지였으나 금년에는 형편에 의지하여 7월 1일부터 하기로 되었더라.

(6) 1920-04-25 03면. 학부형관광단

경성부내 각 공립보통학교 교장의 발기로 교육상황을 시찰키 위하여 학생의 부형을 권유하여 일본관광단을 조직하고자 목하 계획 중이라더라.

(7) 1920-04-25 03면. 餞春日曜

꽃철의 마지막 공일 어디로 화류를 갈까. 우이동에, 동물원에, 탑골공원. 꽃 빛을 사모하는 마음으로 친구와 가족의 손목을 이끌고 시내・시외 각 명승으로 놀러 나가는 이가 매우 많아지게 되었다. 더욱이 오늘은 경성부민이 모두 쉬는 일요일이요, 오늘만 지내면 금년 봄 고은 꽃빛은 다시 보기 어려운 마지막 일요일이라 이와 같이 귀중한 하루를 어디로 가서 어떻게 놀까? 우이동 '벚꽃'은 어제부터 낙화가 시작되어 살살 불어오는 다정한 바람결에 연분홍 꽃잎이 반공에 나부끼며 떨어지는 양은 참으로 형언키 어려우니 어깨에 메고 갔던 점심밥을 낙화 지는 수풀

아래에서 펼치고 떨어지는 꽃잎과 함께 배속에 넣으면 가히 화려한 꽃 소식을 뱃속에까지라도 전할 수 있겠으니, 이 즐거움을 아마 오늘만 넘으면 금년에는 다시 못할 일이겠으며, 동물원 안 담장가에는 거의 벚꽃의 ○○을 이루어 몇 일 동안을 두고 만도인사의 독사랑을 받은 벚꽃도 차차 낙화가 되어 바람에 날리는 분홍색 꽃잎만 다정한 이들에 슬픔을 자아내는 속에 여기저기서 벌어져 나오는 협죽화와 아죽도 색채가 선명한 도화꽃들이 반가운 낮으로 사람을 이끄니 잔잔한 물결 위에 개멱질하는 원앙의 묘태와 함께 한번 찾아감직 하며 경성 한복판에 별천지를 이루는 탑골공원의 꽃도 거의 다 지게 되었으나 향기가 스며나는 정향이라는 흰 꽃과 몇 가지 고운 꽃들이 있어 저윽이 사람의 춘흥을 돋우어줌직 하며 멀면 우이동, 가까우면 창경원, 더 가까우면 탑골공원으로 꽃철의 마지막 하루를 즐기며 지난 꽃의 이우는 성명을 봄과 한가지 작별할 날은 이제 바야흐로 눈앞에 당도한 오늘뿐일 것이다.

(8) 1920-04-26 03면. 용두사미

꽃 지는 공일날 한양의 봄작별

우이동 가는 임시 관앵열차를 볼진대 남대문에서 670인, 용산서 350인, 왕십리, 청량리에서 각 60인, 합하여 거의 1,200인 가량인데, 단체로는 상업은행도 참가하였으며, 창동역에서 우이동까지 가는 사이에는 거의 길이 아니 보일 만큼 사람이 답지하여 오색이 영롱한 고은 의복 빛이 따뜻한 춘광아래 빛나, 도리어 단순한 '벚꽃'의 아담한 빛깔을 시기하는 듯 싶었고, 유민회에서 개최한 장충단 원유회식장에도 사람이 한없이 모여들어 건너편 언덕 위 조선신문 개최의 관앵대회 구경꾼과 아울러 장충단 일대의 넓은 잔디는 거의 인산인해를 이루었고, 더욱이 유민회에서는 40여 인의 기생을 데려다가 무대를 높이 매고 고은 춤과 아리따운 노래를 부르게 하였으므로 한층 사람이 많이 모여들었는데, 대정권번 기생의 소위양복은 모양이 가관이라 호평 악평이 분분하였으며,

창경원만 하더라도 오석 전까지의 입장자가 거의 1만 명이 넘어 원내는 꽃밭과 웃음으로 청명한 하늘 아래 봄의 영화가 무르녹았으며, 운동회로는 홍화문의 식산은행 운동회와 경복궁 안 조선은행 운동회와 총독부 의원안 의화전문학교 운동회가 한가지 대성황으로 잘 진행되었으며, 탑골공원을 보건대, 밤사이에 꽃이 거의 떨어져 항상 정오이면 수십인 씩 앉아 있던 향교의들도 오늘은 인심의 무상함을 한탄하는 듯이 주인을 잃고 홀로 놓였는데, 다만 두서너 사람의 청년학생이 낙화 지는 벚꽃 아래서 대수책을 들여다보며 마이너스, 플러스를 부르고 있었음은 가히 보는 사람으로 하여금 깊은 생각에 빠지게 하더라.

(9) 1920-05-02 02면. 副岡師範生 入京

부강사범학교 3, 4년 생도 140명은 직원의 인솔 하에 수학여행차로 1일 밤 익산에 도착하여 同地를 견학한 후 3일 아침 入京, 4일 인천시찰, 5일 아침 출발, 귀교할 예정이라더라.

(10) 1920-05-02 03면. 임시도화열차

개성 가는 이를 위하여 오전 9시 10분에 출발

남만주 철도회사 경성관리국에서는 개성에 만발한 복사꽃의 아름다운 경치를 경성의 만도 남녀에게 구경시키기 위하여 이번 2일에 남대문 개성 간 임시열차를 운전하고 차삯을 할인하여 왕복표를 판다는데 가기는 오전 9시 10분에 남문을 떠나서 10시 50분에 개성에 도착하여 반일을 소창하고 오후 4시 30분에 개성을 출발하여 6시에 남대문에 도착한다는데 왕복차표는 3등에 1원 50전, 2등에 2원 50전이라더라.

(11) 1920-05-07 03면. 東明學生 退京

3일 아침에 수학여행차로 입경한 동래 동명 고등보통학교 직원생도 60명은 3일간 경성시내 각지를 구경하고 중앙학교와 배재학당과 더불어

「풋볼매치」까지 하였는데 아무 승부는 없었고 지난 6일 오전 7시 20분 남대문발 부산행 열차로 돌아갔다더라.

(12) 1920-05-13 03면. 직공을 위하여
두 인쇄소 원족
종로 이문안 대동인쇄주식회사에서도 오는 16일 일요일에 동대문 밖 보식원으로 직원과 몇백여 명의 직공이 족원을 간다더라.

(13) 1920-05-20 02면. 奉天高師 修學旅行
봉천고등사범학교생도 30명은 교원 2명 인솔 하에 18일 오후 7시에 입경하여 동금여관에 1박 후 19일 오전 8시부터 경성시내를 견학하고, 동일 오후 7시 20분 남대문역 열차로 渡東하였더라.

(14) 1920-05-21 02면. 湖北學生 渡日
호북고등사범학당생도 40명은 일본학교 시찰을 위하여 직원인솔 하에 23일 상해를 떠나 도일하였다더라.(북경발)

(15) 1920-05-31 02면. 山口高商生徒 入城
山口縣 산구고등상업학교 생도 43명은 감독자 名食次郎 씨 인솔 하에 27일 오후 8시에 입경하여 28일 오전 10시에 총독부를 참관하였더라.

(16) 1920-06-03 02면. 教員視察團 歸京
조선인교원 일본시찰단은 여정을 완료하고 1일 밤 익산에 도착하여 2일 오전 8시 남대문착 열차로 입경하였더라.

(17) 1920-06-20 02면. 金剛山 轎子賃 改正
7월 1일부터 금강산 장안사간의 轎子의 貸料는 종래의 50전인 것을 1

원으로 하게 하였다더라.

(18) 1920-06-28 04면. **金剛遊覽과 자동차**

OO주식회사에서는 예년과 같이 금강산 유람객의 편리를 위하여 7월 1일부터 원산역 온정리 간에 자동차 4대를 운전할 터이라는데 그 발차시간은 동 1일부터 개정할 터이며 하계열차운전시간을 경원선O직통열차 원산착발시간에 연락케 할 터이라더라.

(19) 1920-07-01 03면. **금강산 탐승자동차 영업시간 개정**

금강산 탐승자동차 영업시간을 금년부터는 매년 7월 초하루부터 10월 31일까지로 개정하였다더라.

(20) 1920-07-18 02면. **금강산 여객상황**

본월 1일 개업한 금강산호텔의 여객상황을 물은즉 개업 후 天候不良으로 인하여 유객이 적은데, 다시 어제의 폭우로 인하여 도로가 파손된 장소가 많아서 자동차의 운전이 불가능이 되었던바 修理가 OO성립하여 내금강은 14일, 외금강은 15일부터 각각 자동차를 운전한다더라.

(21) 1920-08-14 03면. **日本 早稻田大學學長 平沼氏一行來訪**

금일 오전 6시 대련 방면에서 염택, 복부 두 교수와 같이 입경

해마다 만주와 조선을 시찰하기로 한 일본 조도전대의 만선시찰단은 금년에도 조선과 만주를 시찰하기 위하여 조도전대학 평소 학장과 동 염택 박사, 복부 강사는 이번에 하얼빈, 대련 등지를 시찰하고 금 14일 오전 6시 50분 남대문착의 경의선 열차로써 입경할 터인데 대화정 동아경제회 내에 있는 조도전대학교우회 경성지회에서는 동 교우회원 삼화영일 씨와 판교 씨 이하의 동 회원이 남대문역에까지 영접을 하고 이번 평소 박사의 옴을 기회로 하여 오는 15일 오후 1시에 남산정고등여

학교에서 강연회를 개최하겠다는데 그 연제는 아직 확정하지 아니하였으나 평소 학장 이하 두 교수가 다 강연하겠으며 환영회는 15일에 조손호텔에서 동 교우회원 일동의 주최로 경성유지도 그에 참석하기로 하는데 동 박사의 이번에 내경하는 것은 무슨 특별한 목적이 있지는 아니하나 해마다 만주와 조선을 연구하기로 하였으므로 이번에도 역시 만주와 조선의 문물을 시찰하기 위함이라 하며 일행의 출발 시기는 오는 15일 밤이라더라.

(22) 1920-08-17 03면. 금강산 탐승객 다수
남만주철도주식회사 금강산호텔은 지금 탐승시기를 당하여 여객이 점점 많아져서 근일 원산에서 오는 자동차는 항상 만원인 성황인데, 경성관리국에서는 근일 일반여객의 편의를 도모하여 동지 유지의 경영하는 공동목욕장을 빌어서 오는 15일부터 개장한다더라.

(23) 1920-08-25 03면. 여행자의 불편
강계지방에는 행인까지 조사
요사이 평안북도 강계지방에서는 면면촌촌마다 군사를 배치하여 여행하는 행인에게 주소성명을 조사하며 그중에도 조금 주저하는 기색이 있으면 용서 없이 신체수색까지 하며 동 군내에 어떠한 주재소에서는 여행하는 사람을 잡아서 5일 동안씩 두었다가 내보내는 일이 적지 아니하여 그 지방을 여행하는 사람들은 자못 불편할 뿐만 아니라 무슨 사건으로 그다지 경계를 엄중히 하는지 알 수 없다 하며 동 군 중 강진신성학교 교원 강서문 씨는 동 관내로 여행하여 만포진에 배를 대고 고하였는데 동지 문흥주재소의 순사는 별안간에 강서문 씨의 신체를 수색하며 동지 주재소로 인치하여 4일 동안이나 유치하였다가 내보내었다는데 아무 불온한 말도 쓰지 않은 수건을 압수하고 내보내었는데 지금 동 지방에는 여행하기에 매우 곤란하다더라.

(24) 1920-08-27 03면. 往來까지 拘束

전라남도 법성포 사는 신명균은 휘문고등보통학교 재학생으로 방학 중에 고향에 돌아갔다가 추계 개학기가 불원하였으므로 경성으로 올라오고자 21일에 영광읍에 이르러 자동차를 타고자 할 즈음에 영광경찰서에서는 경관 두 명이 달려와 즉시 신명균을 경찰서로 대려다가 행구를 수색한 후 서장은 그 개학기일이 아직 멀었으니 29일 이내에는 절대로 서울로 갈 생각을 말라고 설유를 한 후 돌려보냈다더라.

(25) 1920-09-18 03면. 美麗한 朝鮮服으로

조선 각지에 있는 여자보통학교 훈도 이원임 외 13명은 예정과 같이 지나간 16일 오후 6시 40분 차로 부산을 향하여 떠났는데 동 일행은 전부 20 내외의 꽃 같은 여자로서 모두 옥색저고리, 검은 치마, 흰 저고리, 자주빛 치마를 입었으며 단원 중 경성여자고등보통학교의 이경화 훈도는 말하되 “아무것도 모르고 별안간 가게 되니까 무엇이라 감상은 없습니다마는 되도록 많은 제도를 봐서 얼마간이라도 조선여자교육에 공헌하고자 하며 그들에게 조선 고유한 풍속을 보이기 위하여 우리 일행은 일체가 조선옷을 입게 하였고 시찰할 지방은 東京, 京都, 神戶, 大阪, 愛知縣 각지를 볼 예정인데 일자는 얼마가 걸리지는 모르겠다”고 한다. 차창 밖에는 다수한 늙은 어머니와 할머니가 나와 서서 원로에 잘 다녀오라는 인사가 가는 비같이 퍼붓더라.

(26) 1920-09-23 04면. 兩處學生 修學旅行

漁大津下松書堂에서는 본월 11일 교원 嚴圭O外四氏의 인솔로 학생 50여명이 본 면 龍川학교에 하룻밤 투숙한 후 다음날 龍교직원 朴O煥씨의 인솔인 학생 60명과 연합하여 동 면 梨岩洞OO까지 수학여행을 하였다가 그 다음날에 무사히 돌아왔다는데 O路에 유명한 五澗皮八景O의 盛景을 관람하고 양교학생으로 조직한 8인조 악대의 O樂과 嚴圭O,

朴O煥 兩氏의 교육OO의 OO은 도처군수에게 OO한 OO을 OO하였도다.

(27) 1921-03-13 03면. 赤十字 觀光團

5월경에 출발 예정. 4월 10일까지 신청.

일본적십자사 조선 본부에서는 오는 5월 중에 일본 동경에서 개최하는 총회에 열석할 조선사람 유지를 모집하여 한 단체를 조직하여 가지고 다만 총회에만 참례할 뿐이 아니라 九州, 大分에서 개최되는 공진회와 京都, 大阪 등지도 관광케 한다는데 관광단에 참가하는 비용은 한 사람 앞에 130원씩이며, 지망자는 4월 10일까지 일본적십자사 총부, 혹은 지부에 신청하기를 바란다더라.

(28) 1921-03-26 03면. 600명의 대연회

일본시찰단을 위하여 오늘 정오 경성공회당

吳軍港眞守府의 주최로 크게 조선시찰단을 조직하여 380여 명이 진해만을 경유하여 특별열차로 금 26일 아침에 남대문에 도착한다 함은 이미 보도한 바이거니와 동 일행은 예정과 같이 금 26일 오전 10시 5분에 남대문역에 도착하여 즉시 오전까지는 시내 한양공원과 총독부를 시찰하고 일행은 정오에 경성부에서 주최한 경성공회당의 오찬회에 출석한다는데 당일 식장인 경성공회당에는 주빈시찰단 380여 명을 비롯하여 주객이 합하여 600여 명의 다수한 사람이 출석할 터이므로 식장으로 들어갈 입구를 정문과 식당입구의 두 처소로 정하여 주빈인 시찰단은 정문입구로 들어가게 하고 기타 내빈들은 식당문으로 통행하게 할 터이며 회장 안에는 天地玄黃, 宇宙洪荒의 8곳으로 나누어 출석하는 내빈에게는 수구부에서 번호를 기록한 표를 주어 각각 그 번호에 따라서 자리를 정하게 할 터이라더라.

(29) 1921-03-27 03면. 春日은 正히 和暢하다. 今一日의 閑暇를 如何히

남산이나 장충단이나 청량리를 갈까, 가족을 데리고 창경원 구경이나 갈까.

금 27일은 일요일이니 회사나 은행에 다니는 이들이며 각 관청에 다니는 모든 사람들은 엿새 만에 하루를 즐거이 노는 날이다. 봄이 왔다고 한지는 이미 오래였으나 그래도 늦은 겨울 처음의 밉살스러운 추위와 바람이 아직까지 남아 있어 돌연히 추웠다가 뜻밖에 바람이 부는 등 요사이 하늘의 일은 자못 헤아리기 어려웠으므로 아직까지 봄다운 봄날과 봄놀이 같은 봄놀이를 차려 보지 못하였을 것이라, 다행이 26일 아침부터는 바람도 자고 볕도 따뜻하더니 과연 오후에 이르러서는 겹두루마기 입은 이와 봄 양복 차림을 길가에서 많이 보게 되었으며, 화창한 햇빛 아래에 흰 우산 받고 다니는 부인네의 풍치와 따뜻한 바람결에 나부끼는 봄옷자락은 실로 보는 자로 하여금 깨닫지 못하는 상쾌한 느낌과 철없이 슬픈 즐김까지 주게 되었으니 반드시 금일 일기도 화창한 것은 의심할 바가 없겠으며 오랫동안 시험공부에 머리를 앓은 학생들은 점심이나 싸가지고 세검정이나 南山峯頭며 장충단 같은 곳으로 향하여 오래간만에 맑은 공기와 아름다운 풍경에 마음을 씻는 것도 쾌할 것이며 혹은 은행이나 회사나 관청에 다니는 이들은 삼동을 두고 그리던 淸凉寺나 安靖寺 같은 곳에 삼삼오오 손목을 이끌고 나아가 흰밥에 두부전골로 먹음직한 절밥이나 사먹어 가며 오래간만에 공무에 피곤한 몸을 위로하는 것도 좋을 것인데 절밥 값은 매명 하에 50전 가량이면 상당하다 하며 부인네와 어린아이들과 함께 가족적으로 하루를 놀고자 하는 이는 동물원이 제일 좋겠으며 좀 각별하게 놀고 싶은 이는 푸른 물결이 봄바람에 고요히 흔들리는 한강철교를 지나 漢江神社로 향하여 양양히 흐르는 한강 물에 정신을 맑게 하는 것도 재미스러울 것이다.

(30) 1921-04-15 03면. 觀花는 여전히. 우이동

철도에서는 할인권 발행

남만주 철도회사 경성관리국에서는 해마다의 전례를 따라 오는 17일부터 26일까지 10일 동안에 남대문, 용산의 두 정거장에서 꽃구경을 하는 승객의 편리를 주기 위하여 창동역까지의 왕복차표를 발매할 터이라는데, 통용기한은 10일 간이고, 1등에 1원, 3등에 60전으로 할 터이며, 기타 서빙고와 왕십리, 청량리 각 역에서도 전기 기한 안에 왕복차표를 판다더라.

(31) 1921-04-17일 03면. 苦待하던 今日曜

꽃도 피지 않고 비바람까지 올 듯

나날이 꽃봉오리가 자라감으로 만도인사는 금 일요일을 일각여삼추로 고대 고대하여 오던 터이라, 오늘이야말로 동물원과 장충단 등지와 기타 문밖 명승지에는 사람의 사태가 나고 꽃밭이 될 줄로 알았더니 불행히 필 듯 필 듯 하던 벚꽃은 마침내 피지 아니하니, 사람의 마음만 간지르며 겨우 꽃빛이 좀 보이는 곳이라고는 장춘단 개나리와 북한산 진달래밖에는 없게 되어 가뜩이나 모든 시민에게 큰 실망을 주게 된 위에 설상가상으로 작일 하오 2시경에 인천 측후소에서는 야속한 소식을 전하여 주었다. 그는 중국 양자강 하류에 750미터나 되는 엳은 기압이 생기어 금일 중에는 큰바람과 궂은비까지 오리라 하니 실로 하늘을 우러러 원망하는 사람이 한두 사람이 아닐 것이로다.

(32) 1921-04-19 03면. 觀花列車運行

오는 일요일에 우이동 꽃구경

남만주 열도지식회사 경성관리국에서는 우이동 벚꽃구경을 가는 사람을 위하여 17일부터 26일까지 경성과 용산에서 창동까지 갔다 오는 할인왕복 승차권을 통용기일은 당일로 정하여 판매한다 함은 이미 보도

하였거니와 특히 오는 24일, 즉 금월 제4일요일에는 구경꾼이 더욱 많겠으므로 아래와 같은 2, 3등 임시열차를 운전한다더라.

◇가는 길: 남대문發 상오 8시 45분, 용산發 동 8시 58분, 청량리發 동 9시 31분, 창동着 동 9시 46분.

◇오는 길: 창동發 하오 4시 15분, 청량리發 동 4시 36분, 용산着 동 5시 5분, 남대문着 동 5시 15분.

(33) 1921-04-21 03면. 兩校 修學旅行

일본 각 도회지로

선린상업학교 직원, 생도 45명은 다음 22일에 왕복 2주일의 예정으로 일본에 수학여행을 가겠으며, 또 5월 OO에는 평양고등보통학교에서도 약 2주일의 예정으로 일본에 수학여행을 갈 터이라더라.

(34) 1921-04-21 03면. 觀花時節의 團束

통행과 기타 인사는 물론 음식값까지 단속한다고

어제 오늘은 일기가 자못 화창하고 각처의 꽃소식도 차차 전하여 이에 따라서 꽃구경을 하러 다니는 사람들도 날로 늘어 가는데 그중에 벚꽃으로 유명한 우이동의 꽃소식도 오는 25-6일경에는 피기 시작할 터이며 장충단과 비원에도 꽃이 벌써 피기 시작하여 이에 따라서 사람들도 많이 왕래할 터인데 경기도 경찰부 금야 보안과장은 말하되 꽃대가 되어 사람의 왕래도 차차 많아짐에 따라서 경관도 많이 출동하여 통행 등을 단속할 터이며 우이동 같은 요사이 사람이 많이 모이고 또 거리가 먼 대에는 특별히 구호반을 설치하여 부상한 사람이 있을 때에는 속히 구호할 터이며 기타 맥주, 사이다 등 음료와 음식값을 엄중히 취재한다는데 물가는 대개 다음과 같이 정하였다더라.

▲탁주 한 병 75전 ▲사이다 한 병 30전 ▲일본비빔밥 1인분 50전 ▲점심 상등 1원, 보통 70전 ▲좌석 값 30전 ▲과자 1인분 30전

(35) 1921-04-24 03면. 九十春光今一日

다홍치마에 누런 저고리의 단장이 고운 꽃밭이 아닌 곳이 없고, 화려한 꽃도시의 금쪽 같은 오늘 하루는 과연 만산편야하여 늘어선 사람이 모두 꽃구경꾼이요, 봄놀이꾼일 것이다. 우선 동물원만 하더라도 지난 23일에도 반공일이라 그러하였는지 오후부터 사람이 물밀듯하여서 일시는 크게 혼잡하여 마침내 동대문경찰서에서는 경관까지 출장하여 질서를 정돈하기에 힘쓴 사실을 미루어보면 오늘은 필경 구경꾼의 사태가 날 것이라, 그러하므로 이왕직 장원과에서는 미리 이를 염려하여 2만 5,000명 가량만 들어오면 滿員이라는 패를 붙이고 다시는 표를 팔지 않을 터이라 하며, 될 수 있는 대로는 오정 안에 가서 남에게 뒤지지 말고 표를 사 가지고 들어가 고운 꽃빛과 잔잔한 물결에 원앙의 노래소리를 귀결에 들으며 하루 동안을 유쾌히 놀 기회를 잃지 말아야 될 것이며, 그 외에도 장충단의 만개한 개나리꽃은 푸른 버들가지 새싹 아래에 산만히 피어 있어 자못 푸른 장막 아래에 다시 누른 비단을 펼쳐 놓은 듯한 아름다운 풍경을 바라도 보며 더욱이 바위 사이에 잔잔히 흐르는 맑은 샘물로 목을 축이어 가며 깊어갈수록 봄빛이 짙어 가는 골짜기를 산보함도 매우 유쾌한 일이겠고, 안정사나 혹은 영도사 등 문밖 절간 같은 곳에 가서 소담한 두부전골에 배를 불리고 담 너머와 바위 틈에서 몇 가지씩 웃음을 치는 꽃밭에 마음을 붙이는 것도 번화한 것을 그리는 사람의 착실한 봄놀이도 될 것이며, 그렇지 아니하면 한강으로 나가서 보트나 한 채 얻어 가지고 기름같이 잔잔히 흐르는 봄 강물 위에 바람을 좇아 오르내리며 강가에 울긋불긋이 피어 물속에 비친 꽃밭을 바라보면서 잔술을 기울이는 것도 조촐한 재미가 있을 것이라 하겠더라.

(36) 1921-04-24 03면. 觀花와 通行團來

本町경찰서에서 엄중히 단속. 항상 어느 때든지 도로로 통행하는 사람들은 일정한 규칙이 있어 누구든지 다 그 규칙대로 길을 통행하면 별로 노상에서 부상을 당하든지 또 전차와 자동차 같은 것이 충돌을 하는 사실이 없을 것이나 일반은 항상 주의를 등한히 하는 까닭에 종종 의외의 불행한 일을 당하는 사람이 적지 아니하고 더구나 요사이 같이 일기가 화창하고 꽃이 만발하여 통행하는 사람이 많은 때에는 일반이 각별히 주의할 시기이므로 본정경찰서에서는 통행을 정리하기 위하여 관내 중요한 도로에 게시판을 세우고 도로 통행에 관한 규칙을 기록하여 일반이 주의하도록 한다는데, 통행에 가장 주의할 것은 아래에 기록한 바와 같더라. 1. 길을 다닐 때에는 반드시 오른편으로 지나다닐 것 2. 보도와 차마도의 구별이 있는 길에서는 사람은 반드시 다 보도로 다닐 것 3. 보도와 차마도의 구별이 없는 길에서는 사람은 도로의 오른편으로 차마는 길의 중앙의 오른편으로 통행할 일 4. 童車는 보도로 행할 일 5. 대를 지은 행렬은 차마도로 통행할 일 6. 길에서 서로 마주치게 될 듯한 때에는 반드시 오른편으로 피할 일 7. 우마차 등이 먼저 가려 하여 길을 속행할 필요가 있을 때에는 서로 통기를 할 일 8. 길의 꺾어지는 모퉁이에서는 왼편으로 꺾일 때에는 크게 돌아가려 하는 길의 오른편으로 가게 하고 오른편으로 꺾일 때에는 역시 길의 오른편을 따라 통행할 일 9. 차마가 복잡히 통행하는 처소에서는 서로 소리를 응하여 천천히 갈 일 10. 밤에 우마차와 다른 차를 끌 때에는 반드시 등불을 켤 일 11. 길에서 말과 자전거 및 자동차 등을 타는 연습을 하지 말 일 12. 길에 어린아이들을 내어놓아 놀게 하지 아니할 일 13. 경관이 손을 들 때에는 통행을 정지할 일.

(37) 1921-04-25 03면. 花香에 甘醉한 人衆

작일 경성 각처의 꽃놀이, 창경원이 가장 번창하다.

금년 봄에는 다시 두 번 만날 수 없는 어제 일요일에는 일기가 좀 흐리기는 하였으나 매우 온화하였으므로 벼르고 벼르던 봄놀이는 시내, 시외 각처에서 성대히 거행되었다. 아침 7시경부터는 우선 인천, 우이동 등지로 가는 사람들이 삼삼오오 떼를 지어 손에 손을 잡고, 혹은 전차로, 혹은 인력거로, 혹은 도보로 남대문역을 향하여 모여들어 그 넓은 남대문 정거장 앞뜰은 삽시간에 빨병에 밥보퉁이를 든 꽃놀이꾼으로 체를 메우게 되었으며 햇볕이 좀 퍼지고 아침때가 지나 상오 10시경 즈음 되니까 이번에는 또 경성 시내가 거의 다 들끓어 나오는가 싶도록 통안벽문이 메이도록 남녀노유의 창경원 구경꾼이 그 넓은 길에서 어깨를 마음대로 펴지를 못하고 창경원 앞으로 모여들어 특히 표를 세 곳에서 나누어 파는 곳곳으로 가서 앞을 다투어 표를 사 가지고 물밀 듯 창경원으로 들어간다. 창경원 장담 넓은 길 양옆에는 빽빽이 들어선 벚꽃나무가 이미 만개한 지가 수일이 되어 어제부터는 가만가만 불어오는 봄바람에 소리 없이 잎잎이 나부끼어 땅 위에 떨어지니 그 밑으로 배회하는 사람들은 자못 꽃밭에 파묻힌 신선이 아니면 꽃빛으로 화한 선녀 같아 보였으며, 이곳저곳에 버들의 푸른 새싹이 차차 보임즉스러워져서 늘어진 가지가지가 흔들리는 양은 실로 꽃빛만 못하지 않았으며 봄과 같이 귀여운 소년소녀들은 예나 지금이나 다름없이 원숭이 집 문전에 모여드는 모양이었는데, 특히 오는 목요일에는 특별히 문을 연다 하며, 또 장충단에도 경기도 경찰부와 경성주식취이소 외 두 단체와 기타 시내의 중요한 상점들의 운동회가 있어서 구경꾼이 거의 산과 들에 가득하여 특히 본정서에서는 30명의 경관을 보내어 질서를 유지하였으며, 우이동에는 비록 꽃은 만개는 되지 않았다 하나 이미 반수 가량이 피었으므로 창동정거장으로부터 임시열차에서 내려 물밀 듯 모여드는 봄놀이와 꽃구경꾼은 그 넓은 곳에 빽빽이 찼고 더욱이 맑은 시내가 잔잔히 흐르는 냇가에 척척 늘어진 벚꽃 가지 밑에서 희희낙락 봄빛을 찬미하는 가족들의 흥취 있는 꽃놀이는 실로 보는 자로 하여금 아담한 느낌을 주었으며, 각 중학교생도들의 원족회도 많았더라.

(38) 1921-04-27 03면. 觀桃列車運轉

5월 1일 일요일에

만철경성관리국에서는 개성의 복숭아꽃을 구경하는 유람객을 위하여 오는 5월 1일의 일요일을 기회로 하여 남대문 개성 간에 아래와 같이 임시열차를 운전할 터이라는데 1등 객차는 없고 2, 3등 객차만 연결하여 운전한다더라.

◇가는 길: 용산發 오전 8시 15분, 남대문發 동 8시 40분, 개성着 동 10시 35분

◇오는 길: 개성發 오후 3시 40분, 남대문着 동 4시 2분, 용산着 동 5시 48분

(39) 1921-04-30 03면. 고학생갈돕회

고학생갈돕회에서는 명일 일요일을 기회로 삼아 창의문 밖에 금정으로 원족회를 간다는데 회원이 아니라도 일반 고학생은 당일 오전 8시에 효자동에 있는 고학생갈돕회 기숙사로 모이기를 바란다더라.

(40) 1921-05-01 03면. 西門署 野遊會

서대문경찰서에 근무하는 리원 기타 서대문 밖에 사는 신사 일동의 주최로 작일 오후 1시부터 동 5시까지 애화가 만발한 금화산에서 야유회를 열고 악대, O화경주, 기타 잡스러운 일로 야유회를 하였다더라.

(41) 1921-05-01 04면. 開城便成桃花世界

근일 개성에는 백화가 爛漫하여 花世界를 이루는 중 개성에 유명한 도화는 망금 만개되었도다. 滿鐵주최로 5월 1일, 즉 일요일을 기회로 하여 관화열차를 京開間운전하여 관화자의 便宜를 與케 되었으므로 당일 경성방면으로부터 많은 인사의 來到할 것은 豫料할 바이더라.

(42) 1921-05-20 01면. 근래 유행의 일본관광

그 목적이 무엇. 無識見의 弊端

근래 경향을 勿論하고 혹은 도주최, 혹은 군주최로 , 혹은 O생의 실업가의, 혹은 所謂 有志 紳士의 일본 내지 관광단이 유행하는도다. 관광은 원래 좋은 것이라 개인적 一興業으로 논할지라도 日暇風和할 때에, 혹은 綠陰芳草目由로 생명을 OO할 때에 OO하여 異域의 아름다운 산천을 대하며, 기이한 사회문물에 접하는 것이 호남아의 한 OO가 아닌 것이 아니며, 사회적 가치로 논하자면 진보발달의 타 민족, 타 사회와 접촉하는 가운데 만들어지는 자아의 문화만 선하다 하여 자만하지 아니하고 넓은 지역의 모든 풍속과 생활양식을 관찰하여 取長補短하는 것이 가하지 아니한 것이 아니니 吾人은 근래에 유행하는 일본관광단이 과연 의의 있는 운동이 되기를 충심으로 희망하거니와 實地에 있어서는 간혹 무의미에 결하는 폐단이 없지 아니하니 그러므로 吾人은 자에 일언을 발하여 참고의 일부분을 만들고자 하노라….

(43) 1921-05-28 03면. 高陽郡廳 野遊會

금일 경복궁에서

고양군에서 군청의 주최로 금 28일 오전 10시부터 관내 공직원과 군청 직원 등 200여 명을 회집하여 경복궁 안에서 야유회를 열고….

(44) 1921-06-04 04면. 統營婦女子의 弊習

일기가 화창하여지며 만산에 녹음방초가 가득하면 고해에서 O鬪하는 우리 인생이 그 대자연의 경치를 玩賞코자, 혹은 山水淸秀한 곳에 산보도 하며, 登山臨流의 원족도 하여 우리의 일상고락을 위안도 하며, 복잡한 OO를 쾌락케 함이 좋지 아님은 아니건마는, 그러나 우리 조선 가정의 부인, 더구나 우리 통영사회의 부인계는 自來의 習慣으로 市O 行商의 일부여자를 제한 외에 소위 중류 이상의 가정부녀들은 외출이

사실상 흔하지 못하였었다. 그런데 시대풍조의 覺悟인지 방임의 소치인지 근래 통영 부녀계에서는 등산놀음, 또는 閑山島船遊놀음이 日甚하여 靑裝紅顔의 20, 혹 30 내외의 부인 등이 放歌處謔이 그 극에 달함은 통영이 생긴 후 공전의 일이라 하여 一般父老와 부 청년측에서는 우려하며 비난하는 소리가 날로 심한 모양이라. 우리 조선 여자를 해방할 필요는 이제 두말할 여지도 없지만은 이렇게 몰상식, 무규칙적인 방O은 동 지방의 풍기를 反히 문란케 함이니 일반가정책임자는 특별주의할 바이라더라.

(45) 1921-07-05 03면. **金剛 探勝自動車**

금년은 고산역에서

남만주철도주식회사 OO관리국의 금강산 탐승자동차는 매년 7월 1일부터 10월 31일까지 4개월간 平康과 長安寺 사이에 운전하였는데 금년에는 이것을 개정하여 高山 정거장에서 출발하도록 할 터이요 전일부터 도로를 수리하던 중이었으므로 필경 완성되어 금월 6일부터 고산정거장으로부터 운전을 개시할 터이라더라.

(46) 1921-07-05 03면. **船遊에 川獵에**

편주에 청풍을 실어 감상에 소창할 시기

어느 덧 폭양이 만물을 태우고자 하는 여름 더위가 왔다. 더위를 피하고자 하는 우리의 고심과 괴로움은 날로 심하여지게 되었다. 우리는 무슨 궁리를 하여서든지 서늘한 느낌을 취하기에 골몰하게 된 것이다. 빛조차 사람의 가슴을 서늘케 하는 맑은 흐름에 한 척 작은 배를 띄우고 양양한 물결과 청량한 바람을 좇아 강상에 오르내리며 낚시를 던져 은빛 같은 고기를 낚아서 한잔 술에 어회를 곁들여 놓고 더운 하루 날을 서늘코 유쾌히 노는 것도 여름 놀이 중에 가장 고상하고 유쾌한 놀이라 할 것이다. 경성 시내에서는 선유를 하려면 마포나 구룡산 두 곳으로 갈 것이니 4원만 주면 어부 한 사람 끼워서 여덟 사람 타는 배 한 척을 얻을 수 있으며 낚시 한 벌에는 하루 50전이요, 그물 한 벌에는 1원이라 한다. 요사이 한강에서 매일 잘 잡히는 고기는 숭어, 밝앙이, 위어 등속인데 낚시질은 재미있어도 많이 잡을 수는 없는 것이며, 그 외에도 연회 비슷하게 단체로 노는 데는 40인 타는 배는 20원, 20인이 타는 배는 10원이면 얻을 수 있다 하니 가족과 함께 가든지 정다운 친구와 함께 가든지 공일을 이용하여 하루 동안 소창에는 매우 취미가 있을 것이며 배와 그물을 비는 데에는 룡산元町에 있는 류선구락부에 전화로 부탁을 하는 것이 매우 편리하겠다더라.

(47) 1921-07-09 01면. 여행증명의 폐지를 주장하노라(上)

社會生活의 立地에서

법률이 어떠한 소수자의 이익을 보호하며 어떠한 특별계급의 행복을 증진하기 위하여 존재하는 것이 아니요, 일반 민중을 전체로 보고 그 행복을 도모함으로 목적하는 것이라면 이와 같은 의미로서 해석하면 루소의 소위 법률의 일반성은 진리가 有할 뿐 아니라 법률은 OO사회의 생활을 될 수 있는 대로 자유롭게 하며 행복스럽게 하며 존귀하게 할 본래의 성질을 有한다 함이 可하도다. 그럼으로 어떠한 소수자의 이익을 보호하기 위하여 일반민중의 생활을 구속하며, 어떠한 특별계급의 행복을 증진하기 위하여 多大數人民의 편의를 희생하는 법률은 「악법」이라 하나니 그는 법률의 본래의 성질에 위반이 되며 오히려 사회생활에 불행을 초래하는 원인이 되는 까닭이라.

법률의 발달사를 繙하고 그 진화의 대조류를 관찰하면 吾人의 此言이 무리한 단정이 아닌 줄을 깨달을 지니 귀족적으로부터 민중적에, 구속으로부터 자유에, 한마디로 말하면 비인도적으로부터 인도적에 하는 것이 문화의 발달과 한 가지로 진화하여 온 법률의 생장한 흔적이라. 이와 같이 소수자의 이익을 보호하기 위하여 일반사회의 생활을 불행하게 하는 것이 「악법」인 동시에 소수자의 범죄를 방어하기 위하여 다수 민중의 생활을 불편하게 하는 것도 또한 「악법」이니 예를 들어 此를 O하건데 형법은 사회생활 전체를 보호하기 위하여 소수자의 범죄를 OO하며, 그 OO함으로써 범죄를 방어하기를 목적하는 것이라.

그러나 형법은 범죄방지를 목적한다 하여 일반 사회생활의 자유를 침범하는 것을 용허하지 아니하나니 죄O이 충분하지 못하면 검거하지 못하는 것과 비록 검거할지라도 그 조사의 기일을 한정하여 그 이상을 초과하지 못하게 하는 것과 그 외에 O인에게 대하여 각종 권리를 보존하는 것은 곧 범죄를 위하여 사회의 생활을 구속하지 못하는 것을 표시하는 것이라. 그러므로 형법의 선악은 죄를 OO하되 또한 일반 사회생활의 자유를 선히 보호하고 보호하지 못하는 것으로써 판단하나니 죄를 위하여 사회생활의 불편을 불O한다면 이 어찌 사회의 보호를 위하여 사회의 안전과 자유를 O害하는 것이 아니리오. 그런즉 소수자의 범죄를 방어하기 위하여 일반 민중생활에 불편을 與함이 또한 「악법」이라 함은 과언이 아니다.

이제 조선총독부에서 再昨大正八年에 독립사건이 돌발한 후 주장OO하여 제정한 조선인해외여행證明令에 대하여 관찰하건대 그 유일한 이유는 「不逞鮮人이 해외로부터 조선 내에 O입하여 민심을 선동하며 따라 질서를 혼란하고 조선 내에 재하는 不逞鮮人이 해외에 주O하여 연락을 취하며 互相策應하니 此를 방어하기 위하여 해외에 여행하는 조선인에게 대하여는 여행증명을 요한다」 함이라. 이와 같이 하여 동경에 유학하는 유학생에게 대하여서도 여행증명을 요구하며 만주에 여행하는, 심지어 신의주로부터 안동현에 여행하는 실업가에 대하여서도 여행증명을 요구하며, 통신업무에 종사하는 기자의 O來와 至親者의 患病을 堪問하기 위한 빈민의 교통에 대하여서도 물론 일일이 여행증명을 요구하는도다. 이제 오인은 묻고자 하노니 이것이 과연 良法인가 惡法인가. 소위 문화정치를 표방하는 현 총독부당국의 관찰은 여하한고. 德政의 本意에 적합함으로 의연히 此를 維持하며 의연히 「旅行證明下付請願」의 강제를 실행하는가. 질서의 유지는 물론 당국의 책임이며 그 책임을 수행하기 위하여 상당한 법률을 제정함은 부득이한 사정이라. 그러나 살인강도를 방어함이 사법당국의 책임이며 그 책임을 수행하기 위하여 만인의 왕래출입에 일일이 허가를 요한다 하면 그 어찌되며, 범인을 수사하고 체포함이 경관의 책임이며 그 책임을 수행하기 위하여 각개 주택의 안전을 침범한다 하면 그 또한 어찌될꼬. 이는 법을 위하여 오히려 법의 理를 파괴하는 것이며, 인성에 고유한 이성을 배반하는 것이니 그 실은 무법한 행동이라. 소위 「不逞鮮人」을 방어하기 위하여 일반 사회생활에 다대한 불편을 여하는 조선인여행증명제가 그 어찌 此와 다름이 있으리오. 독립운동자를 取O하여 질서혼란자를 체포하는 것은 당국의 자유라. 그러나 그로 인하여 일반사회에 불행과 불편을 OO하는 법률의 제정을 용허치 못하나니 대개 법률은 소수자의 이익을 보호하기 위하여 사회의 생활을 구속하지 못하며, 소수자의 범죄를 위하여 또한 일반 민중생활에 불편을 여하지 못하는 까닭이라. 이에 선량한 법률은 그 본래의 성질에 의하여 일반 사회의 편리를 목표하고, 범죄에 대한 조항을 정하나니 사회의 불편도 OO하지 아니하고, 인격의 존귀도 인정하지 아니하고 오직 O亂O동에 황망념념하며 周章狼狽하여 一片紙令으로써 조선의 전 민족을 거하여 금수와 같이 일O내에 구속함이 그 어찌 良法이라 하리오. 국제연맹은 세계의 평화를 목적하며 인류의 해방을 요구하고 일본은 조선에 대한 공정한 정치를 세계에 조명하는 이때라 오인은 이와 같이 조선인의 전체를 무시하며 모멸하는 「악법」의 존재를 들어 그 「불합리」를 논증하는 동시에 당국에 대하여 그 폐지를 주장하노라.(未完)

(48) 1921-07-10 01면. 여행증명의 폐지를 주장하노라(下)

경제적 입지에서

현대생활이 O연한 개인적 생활이 아니오. 필연히 사회적 생활을 이루는 동시에 單히 한 사회에만 限局하여 생활하지 못하고 세계 각 방면과 서로 연결하여 생활하여가는 것은 오인의 일상생활이 증명하는 바라. 사상에 국경이 없고 과학에 국경이 없다 하는 것은 곳 이를 의미하는 것의 하나이나 O중에도 더욱이 緊切하게 세계의 각 방면과 관계 있는 것은 吾人의 경제생활이니 일반 공장 내에 노동자의 기능을 따라 분업이 生하는 것과 같이 세계는 생산단체에 있어서는 지방의 특산으로써 서로 분업을 행하며 따라 그 생산물을 서로 교환하는 결과 吾人의 일용식료품 중에도 세계 각 지방의 산출물이 혼합하여 있으며 吾人의 일용가구와 의복재료에도 세계 각 사회의 무수한 노동자의 노동한 결과가 표현되어 있는 것이로다. 이와 같은 경향은 인문이 진보하면 진보할수록 인류의 생활이 O大하면 O大할수록 더욱이 증가할지니 비록 현재에는 국가와 민족 사이에 경제적 자유교통에 대한 각양의 장애물이 존재하며 따라서 평화를 혼란하는 諸般要素가 依然하나, 그러나 장래 세계의 평화와 인류의 행복을 위하여서는 「세계적 분업」과 그로 인한 「세계적 협동」에 대하여 障害를 가하는 제반제도와 시설은 부도덕으로 O定하고 국O間의 경제적 교통의 자유를 개인의 이동의 자유와 같이 일종의 신성한 도덕으로 확O하게 될 것을 吾人은 확신하여 의심하지 아니하며 또한 그와 같이 되는 것이 과연 인류의 문명을 위하여 경하할 바이라 하노라. 이는 경제생활의 세계적 성질을 거하여 그 자유교통에 대한 관계를 논한 것이어니와 이제 조선인의 경제생활과 만주방면에 대한 관계며 其他 일본 내지에 대한 관계를 논하건대 조선과 만주가 O次로 경제적 한 단위를 구성하는 과정에 존재함은 일반이 시인하는 바이며 또한 사실이 증명하는 바니 만주에 이주하여 개척업에 종사하는 조선인이 100여 만에 달할 뿐 아니라 그 100여 만의 조선인민은 개개인이 분산하여 생활하지 아니하고 집단하여 혹은 농촌을 이루며, 혹은 도시에 단체를 구성하여 생활하는 동시에 자본의 공급을 조선 내지에 구하며, 조선 내지에서는 각종의 金OOO을 통하여 此에 OO하는 결과, 그 사이에 자연히 끊지 못할 일 관계를 生하고 更히 眠目을 轉하여 상업 방면으로 관찰하면 국경지방의 무역이 왕성할 뿐 아니라 만주 일대와 조선 전체의 교역 상태가 또 점차로 왕성하는 관계에 있으니 그런즉 조선과 만주는 첫째, 조선인의 이조로 인하여, 둘째, 자본의 투하로 인하여, 셋째, 상업의 긴밀한 관계로 인하여, 또 넷째는 교통OO의 통일로 인하여 점차로 경제적 단위를 구성한다 함은 과언이 아니며, 일본 내지와의 관계를 논하면 상업 방면으로나 정치 방면으로나 문화적 방면으로나 그 어느 방면으로 관찰하든지 긴밀한 관계가 있음은 물론이니, 此 사실을 인정하여 상당히 此에 O應하는 도리를 O究하여 仙一面에 在하여는 세계의 대세에 OO하여 OO의 경제생활을 O富히 하고자 할진대 마땅히 경제적 자유교통에 대한 재래의 모든 障害를 一O하고 각 방면으로 노력하여 그 편리를 도모함이 가하거늘, 이제 오히려 煩瑣한 법령을 제정하여 자유의 활동을 구속하고 일종의 쇄국주의를 취하여 관문교통에 다대한 장해를 가하니 그 어찌 시대에 予盾함이 아니며 또한 吾人의 생활에 불행을 가함이 아니리오. 그뿐 아니라 현대경제조직 하에 在하여는 경제적 활동은 일종의 경쟁이라 함이 사실이니 경쟁에는 기회의 균등이 필요한지라. 그러나 조선인은 해외여행에 대하여 증명OO을 요구하고 일본인은 그러하지 아니하니 機敏과 時日을 爭하는 경제적 활동에 대하여 이와 같은 불공평의 제도를 依然히 存O함이 어찌 또한 조선인의 복리를 도모함이라 하리오. 일본인을 편애하고 조선인을 故憎하는 결과를 來하는 법령은 그 제정 당시의 사정과 제정자의 심리 여하는 고사하고 여하간 「악법」이라 단정할 수밖에 적당한 評言이 無하도다.

商業調査委員會와 조선인상업대회가 개최되는 이때에 吾人은 경제적 견지에서 此 「악법」의 폐지를 주장하여 마지 아니하노라.

(49) 1921-07-16 02면. 滿鐵 探勝自動車

본월 1일 이래 운전을 개시한 만철 경성관리국의 금강산탐승자동차는 고산-장안사 간 24리 21丁, 약 6시간, 원산-온정리 간 29리 8丁, 약 5시간 반을 요하는 2선인데 매일 정기로 운전하고 발착시각은 경원선열차와 고산 또는 원산역에 접속하여 경성과 장안사는 온정리 간에 교통은 1일이 되었다더라.

(50) 1921-08-22 03면. 新流行의 納凉處

서늘한 물을 찾아서 한강에, 심수한 산을 찾아서 장충단

홍로 속에 든 것 같은 경성사람의 여름 한철은 참으로 지내기 어려운 중 더욱 금년 여름에는 10여일 내로는 비는 오지 아니하고 지독한 더위는 날마다 계속되는데, 종일 동안 땀을 흘리다가 저녁 바람에 몸을 식힐 곳은 수음이 무르녹은 청량리도 있고, 폭포가 흐르는 洗劍亭도 있지만 시내에서 가장 가까웁고 가기 쉬운 곳은 ◇산으로는 장충단공원이요 물로는 한강철교라 하겠다. 광화문 횡단 차를 타고 나가 동대문 소학교 앞 정류장에서 내리어 한참동안 걸어 들어가면 푸른 노송이 무성하게 드러나고 경성부에서 새로 설비한 전등은 나뭇가지마다 매달리어 노송가지에는 때 아닌 꽃이 산만하게 피었는 듯 불야성을 이루고 두어 곳 연못에는 푸른 풀이 가는 바람에 흔들린다. 소나무 사이의 맑은 바람을 쏘이며 달빛을 받아 소나무 숲 속을 들어가면 무엇을 원망함인지 무엇을 노래함인지 이름도 모르는 여름 벌레가 밤을 새이도록 울어 ◇무심히 산보하는 사람의 발을 멈추게 하여 먼지 일고 소란한 경성시가에서는 실로 얻어 보지 못할 별유천지이다. 소나무 사이에 비추는 달빛은 더욱 은근하고 유정하게 보여 … 잔디밭에 앉아 있으면 부지중 돌아오기를 잊게 하고, 사면에 설비한 벤취에는 산보객으로 빈자리가 없고 크고 넓은 자연의 경치 앞에는 부귀빈천의 구별이 없는 법이라 단장을 두르는 신사도 있고, 자동차를 모는 부랑자도 있고 젊은 여자도 있고, 늙은 노파도 있고, 중일 노동에 얻은 삭전으로 탁주 2-3배로 목을 축이고 풀밭에 쓰러진 노동자도 많다. ◇요사이의 한강철교-누구든지

이름만 들어도 서늘하고 시원한 생각이 절로 나는 곳은 한강철교이다. 더구나 요사이는 경성과 용산 사이에 전차 삯이 통일되어 그 전에 10전씩 내던 찻삯을 오전만 내면 가게 되었으므로 저녁을 먹고 한강철교로 향하는 사람은 더욱 늘게 되었다. 신용산 종점에 가서 내리어 한참 가면 양양히 흐르는 한강물이 중천에 떠 있는 교교한 달빛과 가늘게 부는 저녁바람을 받아 금빛을 뿌린 듯이 아름다운 물결 위에는 멀리 잦은 안개 속에 고기 잡는 불이 반짝이는 적은 어선들이 수없이 떠 있다. ◇ 인도교 좌우편에 있는 난간에는 양복 입은 신사가 사랑하는 아내와 어깨를 같이 하여 나온 젊은 부부도 있고, 눈빛 같은 모시 여름옷을 입은 젊은 부인도 있고, 테 넓은 여름모자 쓴 노동자도 있고, 검정치마 입고 양 쪽찐 여학생, 실로 형형색색인 중 간간이 황금을 뿌리는 야유랑들이 자동차에 기생을 싣고 달리기도 한다. 철교 아래에서 … 뱃놀이가 매우 재밌지만 이것은 돈 가진 사람이라야 할 것이니까 가장 돈 적게 들고 놀기 좋은 것은 보트를 타고 강상을 왕래하는 것이나 보트를 1시간 동안 타는 데 4-50전 가량이면 탈 수가 있다니까 돈 없는 학생들이라도 보트를 부릴 줄 아는 동무를 데리고 5인이 합자를 하여 배를 빌어서 노는 일도 재밌는 놀이이다.

(51) 1921-09-14 04면. 登山熱의 勃興

금강산 탐승객 激增

동양 제1의 기승으로 고래부터 그 이름이 中外에 선전한 금강산은 근래 滿鐵京管局其他의 교통시설과 相俟하여 점차 탐승의 객이 증가하게 되었는데 특히 본년 7월 만철에서 그 정기자동차로의 개선을 가한 후로 관광객의 왕래는 증가의 추세가 현저하며 그 경영에 관한 온정리, 장안사 양 호텔의 객수로 보면 전년에 비하여 3배 이상이 된다한즉, 10월 말 자동차 운전 정지기까지 달하는 본년도 탐승여객총계는 실로 O外의 다수에 달할지며, 원인은 동지에 승경이 일반에게 선전됨과 일면으로 금강열이 점차 발흥하는 兆候이라 하겠다더라.

(52) 1921-09-21 03면. 제2회 여교원시찰단

총독부의 주최로 2월 13일 출발

총독부의 주최로 제2회 조선인 여교원을 선발하여 일본 시찰단을 시킬 터이라는바 인원은 여교원이 20명이요, 기타에 영솔을 할 사람이 2명, 합계 22명이 출발할 터인바, 경성 부근에 있는 단원은 10월 12일 오전 12시에 총독부 학무과에 모이게 하고 기타 부산 부근에 있는 단원은 동월 13일 오전 9시에 부산부령에 모이게 하여 동월 오후 8시 반에 출범하는 연락선으로 출발할 터이라는바, 그 시찰단은 일본 각지의 학교와 교육에 대한 시찰을 마치고 11월 5일에 경성에 돌아올 예정이라더라.

(53) 1921-09-22 03면. 승마대회는 명일부터

여의도에서 개최

경성승마구락부의 추계경마대회는 명 23일부터 노량진 정거장 앞에 있는 여의도에서 개최하게 되었는데 그 구락부의 위원들은 재작일에 본사를 방문하였더라.

(54) 1921-09-22 03면. 여행증명위조

수년을 두고 위조, 마침내 발각체포

지나간 19일 아침에 부산 부두에서 博愛丸이란 배가 떠나고자 할 때에 10여 명의 조선인이 배에 오르고자 하는데 행동에 수상한 점이 있으므로 임장하였던 수상경찰서경관이 취조하여 본즉, 그들이 가진 여행증명이 모두 위조인 것이 발견되었으므로 즉시 본서로 인치 취조하였더니 그들은 함경남도 함흥군 운전면 김진자 외 10여 명으로서 지나간 15일경에 부산에 와서 장기로 건너가고자 하나 여행증명을 얻지 못하여 해를 쓰고 부산 부내에서 방황하며 여러 사람에게 문의하여 보던 중 대창

정 낙동여관에서 사무보는 리의조라는 자에게 여행증명을 샀노라 자백함으로, 즉시 리의조를 불러 취조한즉 그자는 김경수라는 자를 부하에 두고 모 여관 안에 비밀실을 만든 후 등사판, 기타 여러 가지 인쇄기제로 수년 이래 대규모로 여행증명을 위조하여 한 벌에 4원씩 받고 팔아먹은 일이 판명되었는데 다른 범죄의 혐의가 있으므로 계속하여 엄중취조 중이라더라.

(55) 1921-09-23 04면. 성대한 觀月會
본사 부산지국과 조선시보사의 주최로 밀양 관월회를 조직함은 기보한 바어니와 예정한 陰今月 16일 오후 6시 30분에 부산역을 출발한 바 참가단원은 조선인 220여 인, 일본인 250여 인의 대단체를 成하였다. 임시열차 5량을 운전한바 차내에서는 부산음악대원의 O樂과 기타 각종의 여흥이 有하였으며 밀양역에 도착함에 밀양 남녀청년회원 1,000여 명의 대군중이 좌우에 열을 作하여 환영의 意를 표한 후 가설한 회장에 參集한 동시 밀양유지대표의 환영사와 주최측의 답사가 有한 후 10분의 歡을 盡하고 11시 同地를 발하여 다음날 아침 1시 반에 무사 還釜하였다더라.

(56) 1921-09-29 04면. 金剛山 探勝團 中止
본사 영흥분국주최로 금강산 탐승단을 조직한다 함은 이미 보도한 바어니와 출발기일에 풍우가 대작하여 姑히 중지하였더라.

(57) 1922-04-03 01면. 여행증명과 신체검사
지방여행의 소감
조선인이 국경을 越하는 경우에 여행증명을 요하는 제도가 생활상으로 관찰하나 법률상으로 관찰하나 도저히 불가할 뿐 아니라 인민을 인민으로 대접하지 아니하고 노예와 같이, 금수와 같이 대우하는 것이 되는 것은 吾人이 전차 논술하고 반대한 바이어니와 吾人은 지방을 여행하여

그 실지의 상황을 목O할 시에 그 불비와 불편에 대한 O憤이 한층 尤甚하였나니 이제 신의주 경찰서 문전에 O至殺到한 군중의 상황을 記하건대 O朝 8, 9시경으로부터 11, 12시까지 或往或來하며, 或坐或立하여 여행증명의 下付를 고대하는 자 4, 50명에 불하하니 그 중에는 村婦野翁도 在하며 商O役夫도 存하여 或 수건을 O한 자, 或 O飛를 腰한 자, 或 O을 提한 자, 或 O을 O한 자, 그 OO雜多不一하여 O괄적으로 O之하기 어려우나, 요컨대 실지 생활에 긴절하여 여행증을 청구하는 것은 일복요연하도다. 此O에 정치적 의사를 抱持하고 질서를 OO히 하거나 OO한 행동에 출하리라. 思惟할 만한 者 到底히 介在할 것 같지 아니하니….

(58) 1922-04-08 03면. 여행증명을 변조

범인은 검사국에

안동현 2번통 8정목 장문현은 이미 경찰서에서 내어준 여행증명서에 기일이 지났으므로 자기 손으로 기한을 고쳐 가지고 다니다가 사실이 발각되어 신의주경찰서에 체포되어 취조를 마치고 지난 3일에 신의주 검사국으로 넘기었다는데 종래 여행취제에 관한 범죄는 구류 또는 과료에 처하였지만 이 사건은 관문서 위조로 인정하고 1년 이상의 징역에 처하리라더라.

(59) 1922-04-10 04면. 天道少年 野遊會

천도교 평양 소년회 소년 830명은 이성삼, 김영걸, 황O제 3씨의 인솔하에 日暖風和한 6월 30일 오전 10시부터 牧丹峯에 이르러 야유회를 개최한 바 天眞OO한 금년 等의 滋味스러운 유희가 有하고 오후 4시경 蒼松이 우거진 O子林을 향하였다가 萬OO에서 각각 해산하였다.

(60) 1922-04-19 03면. 牛耳洞觀櫻車

오는 공일에 운전

만철회사 경성관리국에서는 우이동에 벚꽃구경 가는 사람의 편리를 도모하기 위하여 오는 20일부터 5월 2일까지 열이틀 동안 남대문, 용산 두 정거장에서 창동으로 가는 할인 왕복 승차권을 발매할지요, 차삯은 2등이 1원이오 3등이 60전이며 어린아이에게는 반액인데, 오는 23일에는 남대문과 의정부 사이에 임시열차를 운전할 지요, 그 외에도 당일 인천은 물론 수원 등지에도 구경꾼이 많이 갈 터이라 우이동의 봊꽃이 볼만하게 되기는 24, 5일경일 듯하므로 23일 일요일은 마침 좋을 듯 하며 임시열차 운전시간은 아래와 같은바 임시열차가 서빙고, 왕십리, 청량리 등 각 정거장에서도 정거할지나, 그런 정거장에서 타는 여객에게는 별로 할인권을 팔지 아니할 터이라더라. ▲往路 남대문發 오전 8시 30분, 용산發 오전 8시 44분, 창동着 오전 9시 50분. 復路 창동發 오후 4시, 남대문着 오후 5시.

(61) 1922-04-21 03면. 花信. 장충단 창경원은 來日曜

탑골공원의 벚꽃은 만개

우이동은 다음 공일에나 볼 만할 듯. 살구꽃은 이미 지고 진달래와 개나리는 지금이 한창이다. 금년의 꽃소식도 이제부터 한창 화려할 모양인데, 경성 시중으로는 탑골공원의 벚꽃은 이미 칠분이나 피었고 산 왜성대앵곡에도 이미 만개가 되었다 하나 장충단과 창경원은 아직도 2-3일은 더 지나야 겨우 볼만하게 되리라는데, 마침 오는 23일은 공일이라 구경꾼도 많으려니와 그때쯤 하면 거의 반개는 되리라 하며, 장충단의 개나리는 아직도 홀로 봄철을 장식하는 듯이 난만히 피어 구경꾼을 부르는 듯 하며 우이동의 벚꽃은 위치와 기후의 관계로 이번 공일에는 봉오리도 터질는지 모르겠고, 아마 다음 공일 곳 30일로부터 내월 초순이 한창일 모양이요, 수원과 인천, 월미도도 이번 공일에는 그다지 볼만하지 못할 듯하다. 금년에는 꽃봉오리가 맺을 때에 애꿎은 눈이 와서 꽃이 늦게 피는 모양이나, 그러나 철은 철이라 피일 때가 되면 아니 피이지 못하는 것은 꽃인 듯하고 이러한 때를 당하여 방 안에 들어만 있을 수 없는 것은 청춘의 피가 가슴에 흐르는 남녀인 듯하다. 꽃 피자 구경꾼이 많아지고 이리하여 장안의 봄소식은 더욱 번화하여질 것이 아닌가.

(62) 1922-04-28 04면. **山城公園 櫻花夜景**
충남 공주산성 공원의 앵화는 지난 15, 16 양일 간에 만개되어 當地 전기회사에서는 수백의 전등을 櫻枝에 가설하고 앞에 말한 양일 밤에는 관앵군중이 수천에 달한 성황을 이루었더라.

(63) 1922-04-29 03면. **孤兒의 一日行樂**
사회사업연구회주최 400명이 인천에 원족
시내 남산덩에 있는 사회사업연구회에서는 현재 시내 각처에 있는 고아 약 400명을 데리고 하루 동안 구경을 시키기 위하여 이번 29일 오전 9시 30분에 남대문을 떠나 인천 원족을 가서 월미도 외 여러 곳을 구경시키고 동일 오후 6시에 인천을 떠나 돌아올 터이더라.

(64) 1922-05-04 03면. **저주하라! 평화박람회**
평화박람회와 조선인의 격렬한 공분, 추악한 조선관과 눈물나는 관광단원. 동포여! 관광을 단연 중지하라
3월 10일로부터 동경의 上野公園에 열린 소위 평화박람회는 개회 이전부터 여러 가지 실패를 계속하여 안으로는 사회의 공격이 맹렬하고 밖으로는 중국인의 감정을 사서 국제문제까지 이르렀을 뿐 아니라 매일 입장하는 사람은 예정한 수효의 반분도 되지 못하여 예산에 200만 원이 부족하다고 떠드는데 이 평화박람회가 잘 되든지 못 되든지 이것은 조선사람이 조금도 상관할 일이 아니지마는 박람회 안에 조선총독부O 설비한 조선관이라는 것과 총독부에서 권장하고 보조하여 데려오는 조선사람의 관광단에 대하여는 조선사람 전체의 면목에 상관이 되며 조

선총독부 당국자의 심사를 의심치 아니치 못하게 되어 방금 동경에 있는 조선사람 사이에는 불평이 거의 극한에 이르러 이 통분개치 아니하는 사람이 하나도 없다.

公憤의 的, 朝鮮館.

괴악망측한 소위 조선관, 전각에 계견사호의 장식

소위 조선관이라는 것을 먼저 소개하면 첫째 그 제작이 박람회 안에 있는 모든 진열관 중에 제일 추악한 것이다. 외모는 전각 모양으로 지었으나 기둥은 속이 보이게 박송 조각으로 둘러싸고 그 외의 구조가 어떻게 연약하든지 2층이라는 곳에는 일반관광인을 올리지 못하고 초대권 가진 사람만 올라오게 하는데 그것도 10사람 이상을 올리면 집이 무너질 위험이 있다 하며, 소위 단청이라는 것은 조희에 박혀서 바른 것이 비에 젖어서 떨어져 나오는 것이라든지 양철 조각으로 우그려 덮은 기와모양이라든지 조선사람의 눈으로는 차마 볼 수가 없는데 전각 2층의 장식으로는 사가의 부엌 위에 붙이는 한 장에 5, 6전짜리 계견사를 붙여 놓은 데는 기가 막혀서 말이 나오지 아니한다. 그러면 그 속에 진열한 것은 어떠한가. 집 안에 들어서서 제일 먼저 눈에 띄는 정면에는 험상한 조선 농군의 인형을 아무토록 보기 싫도록 만들어서 세워 놓았다. 외국사람이 처음 이것을 보고 조선사람은 야만이라고 생각할 만큼 인형을 만들어서 제일 먼저 눈에 띄는 곳에 세워 놓은 것도 기괴하거니와…

모욕의 진열품

수수비가 중요 물산.

중류이상 가정의 모형이라는 것도 말할 수 없이 추악하고 조선의 공업이 아무리 유치하기로 그다지 진열할 것이 없는지 수수비, 바구니 종류가 진열한 물품의 중요한 것이며, 조선쌀은 무엇에 쓰려고 그렇게 많이 가져왔는지 큰 병에 몇 말씩 담아 여러 가지를 벌여 놓았는데 이것도 종류의 선택을 잘못하고 돌이 섞인 것처럼 썩지 아니할 약을 넣은 까닭에 조선쌀은 좋지 아니한 것이라는 광고를 훌륭히 한 결과가 되었으며, 총독부의 원조로 시작하였다는 조선관 앞 조선음식 파는 곳에는 조선요리와 같지도 아니한 음식을 파는데 더욱이 조선사람의 입에는 구역이 나도록 괴악망측한 것이라 어떠한 것인지 모르고 들어갔던 사람은 내외국인을 물론하고 조선요리라는 것은 침 괴악한 것이라는 생각을 가지게 한다. 그리하여 평화박람회 안에 있는 조선총독부의 설비라는 것은 범백이 조선을 흉하게 좋지 않게 야만 같이 보이려고 한 것인가 의심할 만큼 추악하게 되었다. 조선사람된 자 어찌 이에 대하여 공분이 없으리요. 유학생계가 중심이 되어 불평의 소리가 사방에 일어남에 총독부 당국자는 무슨 사고나 생길까 겁이 나서 밤에 다수한 순사가 조선관을 옹위하고 밤이 새도록 경계를 하여 총독부의 하는 일은 어디를 가든지 순사가 아니면 부지를 하지 못하는 추태를 밤마다 진열하여 있다.

통곡할 치욕의 광고

차마 볼 수 없는 조선인 관광단, 무슨 심사로 어디 경까지인가

이러한 구조의 조선관 이러한, 종류의 진열품으로 매일 4, 5만 명의 내외국인에게 조선의 단처와 실정을 몇 곱절 보태어 구경을 시키게 되는 것도 분하여 차마 견딜 수가 없는데 이보다도 중대한 일이 또 한 가지가 있으니 이것은 요사이 동경에서 일본사람의 손가락질하며 조롱하는 재료가 되어 있는 소위 조선단체라는 조선인의 관광단이다. 조선사람으로 단체를 지어서 박람회 구경을 오는 사람은 매일 수백 명에 이르는데 이러한 사람들은 거의 전부가 향촌사람으로 박람회의 의미도 자세히 모르는 이가 적지 아니하므로 박람회를 시찰하여도 아무 효과가 없을 것은 물론이나 다만 잔피한 벼들이나 추수하는 까닭으로 관청에서 강O을 권하는 데 끌려서 부득이 하여 단체에 참가한 사람들이라. 그러므로

여행에 별로 경험도 없으며 의복도 대개는 조선의복이거니 양복을 입었다 하여도 거의 말이 못되는 모양뿐이라 여관의 불편과 냉대는 박람회 중이라 평일보다도 심하거니와 소의 영솔하여 가고 다니는 자는 대개는 일본인 군서기 종류인데 이자도 동경 구경이 처음인 고로 어느 겨를과 무슨 지식으로 단원의 편의를 도모하여 줄 수가 있으랴. 도처에서 실례와 낭패가 생길 것은 당연한 일이다.

觀하라. 此를.
불쌍한 그 모양, 보는 이는 눈물
고국에 있는 동포는 도저히 생각하지 못할 만큼 동경의 가로에서 보는 조선관광단의 모양은 참혹하여 동경에 있는 조선사람들은 뜨거운 눈물이 흐를 지경이다. 요사이 의복은 대개 흰 것이요 풀기운으로 입는 것인데 행장을 많이 가지고 다니지 못하게 한 까닭에 의복은 대개 입고 온 것뿐이다. 의복 한 벌을 가지고 수 십일을 객지로 끌려 다니노라니 그 모양이 과연 어떠할까. 더욱이 일본은 비가 많이 오고 습한 곳이라 더럽고 젖은 옷에다가 인도고 신짝을 끌고 우산에다가 물통이나 둘러메고 떼를 지어 영솔자에게 몰려다니며 고루 거각이나 치어도보고 입을 딱 버리는 모양을 볼 때에는 무엇이라고 형용할 수 없이 아프고 쓰리다. 아- 이러한 관광단을 조직하여 조선사람의 치욕을 동경에까지 가져다가 광고를 하는 자는 과연 누구인가. 조선단체라는 이름은 요사이 동경에서 구접스러운 것을 형용할 때에 쓰는 한 별명이 되었다. 어찌 조선사람이 진실로 분하여 마음이 아프지 아니하리요. 한 고을의 관광O여비를 도합하면 그 고을에서 상당한 공익사업도 할 수가 있을 것이요 조선전도에서 평화박람회로 인하여 동경에 와서 소비되는 돈을 합하면 100개의 학교도 넉넉히 세울 것이라. 무슨 까닭으로 구차한 조선사람으로 다수한 금전을 허비하여 가면서 치욕을 천하에 광고케 하고저 하는가. 총독부 당국자의 심사야말로 통분히 생각한들 무슨 소용이 있으리오. 다만 조선인을 모욕하는 박람회를 보기 위하여 자기의 치욕을 광고하기 위하여 조선사람이 동경에 오지 않기를 동경에 있는 조선사람들은 간절히 바라며 동시에 조선인의 동포에게 하소코저 한다.

(65) 1922-05-05 03면. 사직공원의 신설비

금년에 신설할 경성의 세 공원, 사직공원에는 운동장을 설시

경성부에서는 금년도에 사직단과 齋洞翠雲亭, 용산 효창원 등 세 곳에 새로 공원을 설비한다 함은 이미 보도한 바어니와 전기 세 공원 중에는 사직단 공원에 가장 힘을 많이 써서 설비할 터인데 금년도 예산 1만 2,000원으로 위선회류도로를 개최한 후 배수설비와 당교의를 설치하고 그곳은 원래부터 수목이 무성하여 천연의 경치가 훌륭한 까닭에 별로 수목은 심을 필요는 없고 어떠한 처소에서는 도리어 울밀한 수목의 간벌을 할 곳도 있으므로 경치를 돕는 데는 경비가 별로 들지 아니하나 특별히 운동장을 설비할 터인데 사직단은 그곳에 그대로 보존하여 두는 것이 좋다 하여 그 옆으로는 운동장을 설치하게 된 까닭에 대규모의 운동에는 조금 협착할 듯하나 보통 야구와 정구 같은 것은 넉넉히 하도록 설비할 터이며, 기타 취운정과 효창원의 두 곳은 금년도에 위선회류도로와 당교 위 전등 등의 간단한 설비만 하였다가 내년에 완성케 할 터이며 기타 훈련원, 장충단공원에도 다소간 설비를 더 할 터이며, 방금 황금정 6정목에서 장충단으로 통하는 큰길의 치도공사를 하는 중인데 늦어도 금년 여름 안으로는 완성할 터이요, 그 길이 완성하면 경성전기회사에서는 즉시 장충단 앞까지 선로를 깔고 전차를 운전할 터이라더라.

(66) 1922-07-27 04면. 진주청년회 원유회

진주청년회에서는 금월 29일 當地 공원에서 일대 원유회를 개최할 터이라는데 다수내림을 희망한다 하며 各係員은 여흥의 준비로 분주하다더라.

(67) 1922-08-22 03면. 여행규정개정은 불원간 실시될 듯
종래 조선인이 조선 밖에를 여행하는 데 대하여는 조선인 여행규정이라는 것에 의지하여 여행증명서를 만들든지 소관 경찰서에 구두로 신고하게 되었었는데 그것은 3년 전 소요 당시에 제정한 부령이라 그대로 둘 필요가 없다 하여 아주 삭제하든지 개정할런지에 대하여 협의 중이라는데 불원간에 무슨 결정이 있으리라더라.

(68) 1922-09-09 03면. 觀楓열차운전
경원선 소요산에
가을이 되면 경원선 동두천 부근에 있는 소요산으로 구경 가는 사람이 많으므로 그러한 사람들의 편의를 도모하기 위하여 만철경성관리국에서는 오는 15일부터 10월 말일까지 동두천과 전곡 사이에 임시정거장을 설치하고 하루에 두 번씩 열차를 운전한다 하며, 남대문 정거장과 용산 정거장과 인천 정거장 등 각 정거장에서 이 할인 왕복승차권을 발매한다더라.

(69) 1922-10-09 03면. 北漢山 夜行 遠足
고양군 용강면 염리에 있는 용호친녹회에서는 그 회의 체육부 주최로 북한산 야행 원족을 하기 위하여 일행은 7일 밤 10시에 떠나서 8일 오후 4시에 무사히 돌아왔다더라.

(70) 1922-10-11 03면. 三防 觀楓 列車
14일 밤에 운전
경원선 삼방의 단풍과 폭포구경은 9, 10월이 한참이요, 석왕사의 松O도 지금이 가장 좋은 철이라 구경하러 가는 사람이 날로 늘어가는 이때이므로 철도국에서는 일반 관람객의 편의를 돕기 위하여 오는 14일 밤에 임시열차를 운전하여 삼방폭포와 석왕사를 구경하게 하고 그 이튿날

15일 밤에 돌아오게 한다는데 시간은 다음과 같고 차삯은 전부 반액이라 하며 차표는 금 11일부터 정거장에서 판다더라.

(71) 1922-10-13 03면. 금강산 탐승자동차

다시 운전을 개시

금강산 탐승자동차는 그동안 평강과 장안사 사이에 도로가 파손되어 운전을 중지하였던바 요사이 공사가 끝이 났으므로 부상교와 채수교의 두 곳만 도보로 연락하고 다음에 기록한 시간대로 운전한다는데 도보 구역은 대략 5정 가량이라더라.

(72) 1922-10-29 02면. 축하 원유회

齋藤總督夫妻는 천장절 축일을 봉축하기 위하여 경성관민 2,400여 명을 31일 오후 2시 용산 官邸으로 초대하여 성대한 축하 원유회를 개최한다더라.

(73) 1922-10-30 04면. 醴泉청년회 원유회

여천청년회에서는 회원의 친목을 도하기 위하여 10월 21일 예천공원에서 원유회를 개최하였는데 출석회원은 70여 명에 달하였으며 각종의 여흥이 有하여 O히 성황을 呈하였다더라.

(74) 1922-11-01 02면. 천장절 축하

지난 31일은 천장절 축일이므로 재등 총독은 오전 중에는 일반의 축하를 受하고 오후 2시부터는 주O관민 2,400여 명을 용산 官邸로 초대하여 원유회를 개최하였다더라.

(75) 1922-11-07 04면. 東倉公普 수학여행

安岳郡 용문면 동창공립보통학교 1, 2, 3학년생도 50여 명은 수학여행

차로 校長山 田文逸副訓導, 전경O 양씨 인솔 하에 지난 2일 오전 6시경 남포를 回하였다가 동 3일 무사히 귀교.

(76) 1922-12-12 03면. 문제되던 여행증명 來 15일부터 遂히 폐지
일본이나 문자 가는 여행증명 15일부터 전부 폐지한다고
3년 전 독립운동이 일어난 이래로 총독부에서는 조선 지경을 벗어나가는 조선사람을 단속하기 위하여 조선인 여행취재에 관한 규정을 제정하여 대정 8년 O월에 O무총감부령 제3호로 공포하고 종래 조선사람으로서 일본이나 중국을 물론하고 기타 국경 외에 여행할 때에는 반드시 그 규정에 따라서 여행하는 사람이 거주하는 소관 경찰관헌에게 여행증명서를 얻어 가지고 비로소 여행을 하게 하며, 또 국경 외에 있는 사람이 조선 안으로 들어올 때에도 최종으로 거주하던 그곳의 일본공사나 영사의 여행증명서를 받은 후에 이 조선에 들어오게 하던 규정이었는데 이와 같은 특별한 규정은 다 조선사람에게만 한하여 아무쪼록 조선사람은 외국으로 나가는 데에 특별한 절차를 밟게 하였던 것인데 이 규정에 대하여는 오래전부터 조선사람 사이에 큰 문제가 되었고 각도 경찰부장회의에도 문제가 되었으므로 총독부에서는 이 규정을 폐지하기로 여러 번 협의하고 일본 내무성에도 교섭 중이던 바에 이번에 자연히 폐지하기로 결정되어 오는 15일 날짜로 총독부령으로 관보에 발표하고 그날 즉, 12월 15일부터 실행할 터인 즉 종래에 조선사람이 일본이나 국경 이외에 여행하는 데에 특별한 절차를 하지 아니하여도 관계없게 될 터이라 하며 방금 일본으로 내왕하는 사람이 많은 중 보통사람들의 왕래에는 전부 아무 여행권도 없게 되었으나, 다만 직업을 구하러 가는 노동자들이나 또는 학교에 들 목적으로 가는 사람들은 자기의 편의에 따라서 거주하는 경찰관헌의 증명이라든지 민적등본을 가지고 여행을 하는 것이 자기들의 직업을 구하는 데에 대단히 필요할 터이라더라.

증명은 폐지하나 경계는 더욱 엄중, 환산경무국장 말

조선사람이 외지에 다니려면 큰 고통이던 특별규정은 전기와 같이 오는 15일부터 폐지할 터이라는데 이에 대하여 환산경무국장은 말하되 종래에 조선사람에게만 특별한 규정을 제정한 것은 대정 8년 3월 사건 이래로 국O으로 왕래하는 사람 중에 불온한 행동을 하는 일이 많기 까닭에 특별히 이 규정을 마련하였던 것인데, 지금은 조선 안에 인심도 대개 안성이 되었을 뿐만 아니라 세일 일반 여행자에게는 큰 폐단이 되므로 OOO 총독부에서는 폐지를 할 예정으로 여러 관계 관청과도 교섭을 하였으나 수년 내로 일본 내지로 직업을 구하는 노동자들이 많이 건너가고 그중에는 직업을 얻지 못하고 공연히 방황하는 노동자도 적지 아니하다. 더욱이 요사이 가히 금전이 공황하여 일본 내지에도 모든 사업이 떨치지 못하고 노동자들도 일을 잃은 사람이 많은 모양인데 이즈음에 또 특별여행권까지 폐지하면 더욱이 노동자들이 많이 건너가 직업도 얻지 못하고 공연히 곤란만 당하는 자가 많게 될 것을 염려하여 내무성에서 결정을 못하고 연기되었던바 이번에 단연히 폐지하기로 여러 관계 관청의 의견이 합치하여 오는 15일로 폐지하기로 결정하였음이다. 그러나 이번에 이 규정을 폐지한 까닭에 국경 방면에서 불온한 분자가 함부로 들어올 것 같이 생각하는 사람도 있겠지만 이 규정이 폐지되는 도잇에 국경방면의 경비는 각별히 엄중케 할 터이요, 또 다른 방법으로 대신할 수가 있으므로 그 점에 대하여는 별로 염려될 일이 없음이다. 이번에 이 규정을 폐지한 것은 전혀 보통 여행자의 편리를 돕자는 것이 목적임이다. 그러나 일본 내지로 노동을 하러 가는 사람이나 직업을 구하러 가는 사람들은 자기가 직업을 구하는 데에 필요하도록 거주하는 소관 경찰서의 증명이라든지 또는 민적등본을 가지고 가는 것이 필요할 듯함이다. 이것은 경찰당국에서 권하는 것보다 자기가 자진하여 자기의 신분을 증명하는 표적이라든지 성명 신분을 증명하는 민적등본이 필요하겠다는 말이라고 말하더라.

(77) 1922-12-15　02면. 여행증명 15일부터 폐지

종래 조선인 여행에 O히 곤란한 문제이던 여행증명에 관한 규정은 기보와 같이 금 15일 관보로 폐지의 眞을 공포하고 동일부로 이를 실시케 되었으므로 종차로 일본지방이나 국경 방면에 여행하는 자는 차등의 수O을 행할 필요가 無하더라.

(78) 1922-12-20　03면. 증명폐지의 産한 新苦痛

여행증명을 폐지한 반대로 경관의 태도가 가혹, 이렇게 할 터이면 무슨 의사로 폐지는 하였는가.

국경 밖에 여행하는 조선사람에게 대하여 지나간 15일부터 여행증명을 폐지하였다 함은 본보에 누차 보도한 바이어니와 이에 대하여 지나간 16일에 경성을 떠나 만주로 여행을 갔다가 지난 19일 아침에 경성에 돌아온 모씨의 말을 듣건대 기차가 국경 부근에 이를 때에는 5, 6인의 순사가 혹은 정복을 하고, 혹은 사복을 한 후 기차 안에 들어와 조선사람이면 1등객이나 2등객이나 3등객이나 누구를 물론하고 신체를 창피하게 수색하고 그 다음에는 가지고 오는 짐을 모두 뒤져보며 그 후에는 수첩을 들고 그들이 조금 의심스러운 사람이라고 인정한 사람이면 대략 3, 40분 동안이나 주소가 어디고 성명이 누구며 어디를 갔다가 어디로 가며 또는 누구를 찾아 무슨 일을 하러 다니며 어젯밤은 어디서 자고 오늘밤은 어디까지 가려는가 하며 이마에 땀이 나고 숨이 답답하도록 여러가지로 성가시게 질문하기를 마지 아니한다는데 이로 인하여 일반여객의 곤란과 불평은 여간이 아니라 하며 따라서 이렇게 성가시게 굴려면 무슨 이유로 여행증명을 폐지하였는가. 여행증명을 사용할 때에는 지금보다 썩 평안하였다 하며 당국을 원망하는 소리가 매우 자자하다더라.

(79) 1923-01-10　03면. 곤란한 국경출입

무리한 단속이 너무 심해, 국경방면 여객의 대불평

오랫동안 조선의 외에 출입하는 조선사람을 무한히 괴롭게 하고 적지 아니한 손해를 받게 하던 소위 조선인 여행증명제도를 작년 12월 15일부터 폐지한 것은 일반이 다 아는 바이어니와 그 폐지할 것을 발표하던 당시부터 증명의 폐지되는 까닭으로 경찰관의 태도가 더욱 가혹하여지지 아니할는지 조선의 경찰제도를 아는 사람들은 누구든지 근심하였으며 과연 그 제도의 폐지를 실행한 후에 국경에 있는 경관이 국경으로 출입하는 조선인에 대하여 여행증명제도가 있을 때보다도 단속이 엄중하여 여행하는 사람들은 증명제도가 있을 때에 증명을 받을 때보다도 오히려 괴로움이 많은 일도 적지 아니하여 못된 제도는 폐지되었으나 이것은 결국 형식뿐이오, 실상 인민이 받는 편리는 변변치 않다는 일도 본보에 소개한 바어니와 최근에 동절이 되며 압록강과 두만강이 모두 결빙되어 얼음을 타고 국경을 출입하기가 편리하게 되어 그 방면의 경관과 무장한 독립당원의 충돌도 자주 있는 까닭에 경찰관의 신경이 또 다시 극도로 날카로워진 까닭인지 빙상으로 왕래하는 조선인의에게 대한 경찰관의 검사와 취조가 더욱 더욱 엄밀하여질 뿐 아니라 증명의 빙거할 것이 없다는 이유로 그전 같으면 증명서만 복 그대로 보낼 만한 사람에게 대하여도 일일이 엄밀한 조사를 할 뿐 아니라 철도로 안동현을 거쳐 출입하는 사람에게 대하여도 또한 그와 같은 바 특히 만주 방면에서 들어오는 사람에게 대하여는 신의주에서 다수한 순사가 기차에 올라서 일일이 검사심문을 하며 행장과 신체를 수색하여 만일 과격파 사람의 사진 한 장이라도 행장에 있거나 이상한 편지 쪽 하나라도 몸에 지녔든지 순사의 심문에 대하여 대답이 조금이라도 모호한 듯이 행각하면 그 사람이 상당한 신분이 있는 것도 불계하고 무슨 긴급한 일로 오는 것도 불계하고 신천이나 곽산 근처에까지 와서는 기차에서 끌어내려서 신의주까지 다시 데리고 가서는 조사하여 본 결과 아무 일도 없는 고로 이름하여 돌려보내는 까닭에 의외의 손해와 고통을 받는 일이 실로 적지 아니하다는데 물론 여행증명제도를 폐지하였다고 만주 방면에 출입하는 조선사람에게 대하여 전혀 아무 조사도 하지 않고 그대로 버려 두라고 총독부 당국에 요구하는 것은 금일의 형편으로 보아서 되지 못할 일이라 할는지 알 수 없으나 여행증명제도를 폐지한 이상에는 폐지한 본의를 일반 사람이 알 만큼 상당한 성의로써 여행하는 사람의 편리를 도모하여 주도록 이전보다는 힘쓰는 것이 당연한 일이어늘, 사실이 그와 반대로 나간다 하면 증명제도를 폐지한 당국자의 본의를 해석키가 곤란하며, 철도여객을 조사한다 할지라도 상당히 책임 있고 직권 있는 고급경관을 타게 하여 사람을 조사할지라도 신중히 할 것이요 적어도 신의주에 가서 방면할 사람은 당초부터 끌고 가지 않도록 하는 것이 당연한 일이 아닌가. 당국자의 이에 대하여 마음을 쓰는 것이 매우 부족하여 다수한 여행자로 하여금 손해와 고통을 받게 하는 것은 매우 부당하고 그 방면에는 당국을 공격하는 사람이 매우 많은 모양이더라.

(80) 1923-04-16 03면. 春色을 尋하여 창경원에

작일 입장자가 만여 명, 교통순사까지 출동해

요사이 일기는 갈수록 따뜻하고 바람은 때맞춰 가벼우매 나날이 깊어 가는 봄은 꽃을 데리고 새를 데리고 장충단으로 창경원으로 기어오기 시작하였다. 그리하여 웃으려 하는 사람, 즐기려 하는 사람들은 너도나도 앞을 다투어 오는 봄을 맞으려고 꽃밭을 찾게 되었다. 더구나 작일은 일요일이라 엿새 동안 괴로운 살림에 몰두하던 일반은 손님을 기다리는 창경원의 웃는 꽃, 우는 새를 찾으려 하여 배오개로 들어가는 넓으나 넓은 길에는 남녀노소의 구경꾼들이 줄줄이 늘어서게 되었다. 평시보다도 10채나 더 늘린 45채의 전차도 구경꾼을 미처 수용치 못하여 창경원 들어가는 배오개 네거리에는 대혼잡을 일으키어 전에 없던 교통순사까지 출동하여 질서를 정돈하게 되었다. 빈틈없이 사람이 들어찬 전차는 그칠 사이도 없이 땀이 흐르게 분주하되 대해 중에서 한 방울 물을 덜은 듯이 아무 가감이 없이 길바닥에는 사람의 천지였다. 이 구

경꾼들의 수효는 얼마나 되나. 일전에는 하루 종일 들어온 구경꾼이 5,000명에 지나지 않던 것이. 놀라지 말라. 작일 아침부터 정오까지 들어간 수효가 1만 2,000여 명이나 된다 한다.

(81) 1923-05-06 04면. **海州觀櫻會**

黃海道 道友會에서는 지난 1일 하오 3시 海州元守備隊兵營神社 앞에 있는 관앵회를 開하였다더라.

(82) 1923-05-11 04면. **금강산 탐승설비**

천하경승인 금강산은 매년 탐승객이 수천 명을 O하여 조선 내지는 물론이오 멀리 만주와 일본 북해도 등지에서도 운집하는 탐승객이 不絶하는 터인데 금년에도 이미 원산을 통과하여 금강산으로 향하는 사람이 逐日增加하는 중인데 금년에는 특히 만철측에서 차등 탐승객의 편의를 도하기 위하여 장안사 부근의 貸別莊을 일반여객의 숙소로 제공한다 하며, 예년 7월 1일부터 개업하던 온정리, 장안사의 양 호텔은 6월 1일부터 개업케 한다는데 동시에 O신국에서도 장안사하계우편취급소를 6월 1일에 개설할 터이며 一方朝鮮郵船을 6월 1일부터 운용할 터이라더라.

(83) 1923-05-29 03면. **가정부인으로만 조직된 利原 부인견학단**

멀리 경성, 개성을 견학차로 왔다.

함남 리원군에서는 리원청년회연합회의 주최로 부인견학단을 조직하여 함흥, 원산, 경성, 인천, 개성 등지를 견학할 차로 김하윤, 김형정 양씨의 인솔 하에 단장 이협자 여사 이하 20명의 부인이 지난 16일에 리원을 출발하였는데 중간에서 함흥원산을 견학하고 재작 27일에 입경하여 관훈동에 투숙하였으며, 작 28일 오전 10시에 조선청년연합회 신태악 씨의 인도로 본사를 방문한 후 신문 만드는 순서, 절차를 자세히 견학하고 윤전기의 정교함과 사진동판의 신기한 기술에 얼마만큼 지식욕을 만족하고 동 11시경에 돌아갔는데 동 시찰단장 리협자 여사는 지O공립보통학교 여자부의 전신인 동지 정덕여학교장으로 여자교육에 매우 진력하던 선각자이며 기타 단원들도 전부 여염집 부인으로만 조직되었다는데 이와 같이 순전한 여염집 부인으로 원거리의 견학을 하게 됨은 좀 희귀한 일이라 하겠더라.

(84) 1923-06-07 04면. 海州高普 修學旅行

해주고등보통학교 제2학년생 일동은 지난 3일에 약 1주일 예정으로 인천, 경성, 평양 등지로 수학여행.

(85) 1923-06-21 04면. 인천관광단 來開(開城)

인천관광단 일행 22인은 지난 17일 하오 7시 19분 열차로 着開하여 중앙여관에 투숙하고 3일간 예정으로 당지의 각 명소와 고적을 시찰 후 박연폭포까지 관O.

(86) 1923-10-24 04면. 함평공보생 여행

전남함평공립보통학교생도 30여 명은 지난 17일 오후 7시 반 O교OO열차로 O芳彦, 徐相O 양 선생의 인솔 하에 경성부업공진회견학차 출발.

(87) 1924-04-19 02면. 華萸花盡杏花飛

벚꽃 철에 들어가는 한양 춘색

남으로 부산에서부터 북으로, 북으로 향하여 오던 봄소식, 꽃소식은 이미 경성에까지 다다랐다. 장충단의 「개나리」는 이미 만개이며, 北漢의 철쭉과 우이동의 벚꽃도 개화가 머지 아니한 중 울 밑에 선 행화는 어느덧 속절없는 낙화가 나부끼게 되어 왔다. 동물원에 꽃만 피면 밤에도 연다는 소식이 한번 전파되자 만도의 안귀는 거의 한 곳에 집중하는가

싶더니 과연 만단장식도 전부 완성되어 오는 20일부터 동 30일까지 매일 밤마다 7시부터 10시 반까지 보통 입장료로 개방을 하기로 결정되었는데 매일 밤마다 리왕직 아악대의 주악도 있다 하며, 더욱이 동물원에는 1,600원에 「마래반도」에서 새로이 사 온 "막"이라는 진귀한 동물도 있어서 한 구경거리가 되리라 하며, 년례에 의하여 총독부 뒤에 있는 앵곡에도 전등을 밝힌 후 18일부터 25일까지 개방을 하리라 하니 얼마 동안 경성은 꽃의 세계를 이룰 것이다.

(88) 1924-04-20 02면. 歌哭이 一處에 交響
춘광이 무색한 정신병자의 세상, 금일부터 밤놀이한다는 창경원, 봄의 설움, 봄의 기쁨(1)
애수의 東八號, 봄을 등진 세상
봄은 왔다! 꽃은 피었다! 창경원의 꽃소식이 가까워 오더니 총독부의원 東八號 울밑에도 씀바귀 꽃과 개나리꽃은 그윽이 봄소식을 전한다. 그러나 세상을 떠나고 봄소식을 등져서 까닭 모르는 웃음과 이유 없는 울음으로 날을 보내는 남녀 50명의 정신병자들에게는 고루 고루 내리는 봄의 은혜도 미치지 못한다. 꽃을 보고 꽃인 줄을 모르는 이에게 봄의 천사인들 무슨 기쁨을 그들에게 전하겠는가. 눈이 내리던 바람이 불던 그들은 다만 산송장과 같이 죄 없는 몸을 유치장과 같은 병실에 눕혀서 다만 죽는 날만 기다리는 것이다. 같은 병에도 조선 사람들에게는 전간증이 많고 일본 사람에게는 매독에서 일어나는 마비성이 많으며 환자 전체로는 정신없이 날뛰는 조발증이 제일 많은데 조선사람에게 전간증이 흔한 것은 대개 어렸을 때에 부모가 머리를 철없이 자주 때려서 그리 된 것이라고 북촌 의관은 낯을 찡긴다. 봄이 되면 정신병은 발작이 더욱 심하여진다. 그러하므로 창경원 봄놀이꾼들의 웃음소리가 높아 가면 동팔호의 신음하는 소리도 함께 높아간다. 애인의 이름을 부르며 팔을 벌리는 청년, 조선의 왕이 되었다고 팔을 O내는 교원, 일억 만 원의 재산을 찾아야 하겠다고 내닫는 중노인, 자나깨나 머리만 빗고 있는 처녀. 그들이 모여 사는 동팔호에는 영원히 봄빛은 그 낯을 잃고 마는 것이다.

환락의 창경원, 봄을 맞은 세상

「동팔호」를 찾아갔던 사람은 반드시 창경원 앞을 지나야 돌아가게 된다. 인간의 지옥에서 돌아오는 이에게 찬란한 봄빛과 즐거운 웃음소리가 무슨 회포를 일으키겠는가. 날마다 날마다 모여드는 꽃구경꾼! 수만 명 수천 명씩 드나드는 창경원의 봄놀이는 점점 가경으로 들어가 금일부터는 수천 개의 전등을 밝혀 놓고 밤꽃놀이가 벌어질 터이라 한다. 가뜩이나 봄 한철 꽃놀이는 창경원이 독차지를 하여 오던 끝에 밤놀이까지 벌려 놓으면 얼마나 번창하여지겠는가. 고대하던 벚꽃도 23, 4일간에는 만개가 될 것이라 하며 밤놀이를 위하여 입장하는 이에게는 입장료를 따로 10전씩을 받기로 되었다 한다. 첫사랑에 가슴을 조리는 청춘남녀들의 사랑을 속살거릴 새로운 무대는 그윽한 송림을 배경으로 크게 열리려 하는 것이다. 「창경원을 밤에도 연다」-밤은 인간의 모든 향락을 고조시키는 마술꾼이다. 꽃밭! 불빛! 분냄새! 숲 속에 반짝이는 작은 동자들! 그것이 모조리 함께 얼크러져서 봄의 노래를 아뢸 때에 등성이 하나를 격한 동팔호에서는 여전히 가궁한 산송장들이 꾸물거릴 것이다.

(89) 1924-04-20 03면. 인천에 꽃바다

연일 놀이도 많다

봄이 깊어갈수록 인천은 꽃의 바다를 이루어 간다. 월미도로부터 송림산까지 꽃은 웃음을 띠운다. 이때 인천에서 곳곳이 일어나는 꽃놀이는 연일 계속되는 모양인데 우선 몇 곳의 꽃놀이를 소개하면 아래와 같다. 4월 26일은 송림산 수도 저수지 근처에 府O觀櫻會가 있고 동 27일 월미도에는 조선매일신문 주최의 관앵대회가 있고 5월 11일에는 용산 철도국 주최의 가족관앵대회가 월미도에서 열릴 터이며, 그 외에 조선신문지국 주최의 야앵대회가 만개시 10일간 東公園에서 열린다.

(90) 1924-04-21 02면. 무심한 蒼波만 悠悠

춘홍에 열광한 가곡성 중에 죽을 사람을 기다리는 철교

봄의 설움, 봄의 기쁨(2)

幾多의 원혼이 울음 우는 철교

꽃 피는 봄에 누가 살기를 원치 아니하랴? 누가 꽃을 찾고 숲을 찾아서 봄의 행락을 원치 아니하랴! 그러나 한양을 옆에 끼고 유유히 흘러가는 한강, 여기 있는 한강철교에는 그 같은 봄철도 등에 지고 죽으로 오는 사람이 증가하게 되었다. 세상의 무정을 원망하는 사람, 먹고 살 길이 없는 사람, 사랑의 파멸을 당한 사람, 이러한 여러 가지의 사람들은 모두 한강철교로 모여들어 그들의 끝없는 원한을 시퍼런 그 물결에 풀어버리고 영원한 주검에 잠기고자 하니 한강 인도교는 철교가 아니라 원한 많은 사람들을 잡아먹는 자살장이 되고 말았다. 끝없이 고운 봄은 한양일대에 무르익어 꽃향기는 바람에 나부끼고 새 우는 소리는 숲 속에 요란하나 한강철교 하나만은 고운 봄도 등에 지고 출렁출렁 뛰는 물이 죽으려는 사람만 부르고 있다. 재작년 이래로 한강에 빠져 죽는 사람이 점점 증가하게 되어 소관 용산서에서는 오는 6월부터는 순사로 하여금 밤이 새도록 철교를 숙직하게 하고 경성부에서는 500촉 전등 4개를 증설하여 자살자를 방지하려 한다. 한강에 빠져 죽으려다가 구조된 사람은 부지기수이거니와 실상 빠져 죽은 사람의 통계는 얼마나 되는가?

◇재작년　조선인: 남 17명, 여 4명　일본인: 남 2명, 여 3명

◇작　년　조선인: 남 26명, 여 4명　일본인: 남 7명, 여 5명

춘홍에 취한 가곡, 노량진의 춘광

우는 자가 있으면 웃는 자가 있고 슬픈 자가 있으면 기쁜 자가 있다.

봄철을 등에 진 한강철교에는 암암한 빛만 가득하거니와 그 철교와 불과 지척밖에 아니 되는 湧金樓에는 봄빛이 무르익어 뛰고 춤추는 사람들의 그림자가 가득하게 되었다. 용금류 좌우에는 개나리꽃, 살구꽃이 어지러이 만개하여 고운 빛을 자랑하고 있으니 달빛조차 새맑은 향기로운 밤에 봄을 탐하는 풍류아들이 삼삼오오로 모여들어 한잔 먹어 취한 김에 장구를 울리어 노래하니 용금루가 봄이던가 봄이 용금루던가 끝없이 고운 봄은 그곳에 흘러 있다.

사람이 살면 몇백 년 살까, 젊어 청춘에 맘대로 놀자!

봄의 행락에 취한 그들의 마음대로 부르는 노래가 한강물 위로 흘러갈 때 철교 위에서는 원한 가진 사람은 물에 텀벙 빠져 들어간다. 아, 이 어이한 대조이던가.

(91) 1924-04-22 02면. 성벽을 隔한 별세계

장충단공원과 신당리 화장장

봄의 설움, 봄의 기쁨(3)

춘광의 독무대, 장충단의 춘흥

볕 잘 드는 남산마루에 기어오를 듯이 발돋움하는 장충단 놀이터에도 새봄을 실은 신풍의 멍에가 이른지 오래였다. 그리하여 생명의 감주로 알맞게 취한 진달래는 바야흐로 붉었다. 벌릴 듯이 닫은 버찌의 입술에도 움키면 잡힐 듯한 신춘의 미소가 흘렀다. 찰찰 넘쳐 졸졸 흐르는 개천가에 빨래하는 방망이 소리 구름다리의 그늘 밑에서 조으는 듯이 지저귀는 오리떼의 합창, 비단물결에 꼬리치는 금붕어와 푸른 잔디에 나물캐는 어린 처녀가 한데 어우르는 活畫의 한 폭은 한 조각 봄이라 하려니와 굽이진 언덕마다 만발한 개나리의 요염한 웃음과 가벼운 바람에 휘늘어진 버들의 애교 많은 춤에 소리 없는 노래와 냄새 없는 향기를 탐하여 모아드는 수천 명 인생의 질탕한 놀음놀이는 진실로 천년만년의 봄을 한곳에 모이듯 하였다. 송림 사이로 들리는 청춘의 속살거림이나 주

정과 다정에 낭자한 술상은 모두 봄을 맞이한 청춘의 자랑이나 방금 죽은 고기를 내어버리는 화장터와 성벽을 사이로 한 장충단 놀이터는 실로 구십춘광의 독무대이다.

고성에 비낀 殘煙, 지옥의 화장장

장춘단 놀이터에 차다 못하여 넘치는 봄빛도 가로막은 광희정 성벽! 저물어가는 석양의 쇠잔한 볕도 받지 못하게 하는 그 그늘 밑에서 검푸른 연기를 뿜고 있는 거구장신은 날마다 날마다 4, 5명 인생의 육신을 태워버리는 화장터의 굴뚝이다. 검고도 다시 검은 양철 주봉의 험상한 모양과 우중충한 노송 사이에 해쓱한 비석! 꽃 한 송이 풀 한 포기도 없이 선지피가 흐를 듯이 사태진 붉은 언덕에 꿈틀꿈틀한 수많은 뼉다귀의 높낮은 무덤에는 「살아나거라, 즐겨하여라」의 봄의 감로가 흐르지 못하였다. 지난 번 회재에 앙상한 뼈만 남은 천장의 가름대에도 과거의 누천 유령이 거꾸로 달린 듯 하거든 방금 거듭 닫힌 철문의 굴혈 속에서 마귀의 혀끝 같은 일곱 갈래의 불길에 부질부질 끌려가는 사람의 고기덩이를 보고야 제아무리 너른 가슴의 소유자란 「봄」인들 찰나의 걸음을 멈출 수 있으랴. 이리하여 「귀불귀」의 무수한 주검들은 불고개 칼고개를 넘을 뿐이오, 우거진 개나리 동산은 영원히 영원히 등지는 것이다. 방금 가마 속에서 기름이 마르고 살이 빠진 저 백골들은 엊그제 무르녹은 춘광을 탐하여 장충단 주점에서 송림 속에서 청춘을 아끼던 기억조차 못할 것이다. 혹은 행려병자로 길거리에 넘어질 때 혹은 전염병자로 순화원 마루에 거꾸러질 때에 이미 봄을 등지었고 살을 태워 연기를 만들고 뼈를 바수어 가루를 만드는 지금의 이 화장터에서는 제단에 피운 두어 대의 마른 향기만 맛볼 뿐이니 무너진 성벽 틈으로 새어 오는 장춘단의 봄소식조차 검푸른 연기에 사라지는 이곳은 참으로 음울한 지옥이요, 암담한 저승이다.

(92) 1924-04-26 02면. 낙화 지는 창경원의 앵화

30일까지 봄은 끝없이 무르익어 창경원의 벚꽃은 지금이 한창인데 봄의 행락을 무심히 안보내려는 사람들은 모두 창경원으로 모여들어 낮에는 가족을 데리고 꽃구경 오는 사람! 밤에는 눈인가, 구름인가 끝없이 만개한 밤의 벚꽃을 구경 오는 사람들로 OO이 만 명 이상의 관광객을 계산하게 되었다. 젖빛 같이 흐른 하늘에는 적은 바람이 산들산들 부는데 벌써 벚꽃의 영화도 그만이었던지 재작 24일부터는 만개한 꽃이OO가 한 송이, 두 송이 낙화가 되어 꽃구경 오는 사람들의 어깨를 애처로이 O리어 마음껏 봄의 행락에 취코저 하는 젊은 남녀들의 가슴을 울리게 되었다. 20일 밤 「밤의 벚꽃」을 제공하기 위하여 창경원 O문이 열린 후로부터 재작 24일 밤까지 나흘 동안에 구경 온 사람의 통계를 보면 23일 낮에 9,323인과 그날 밤에 1만 4,622인이 가장 다수였는데, 나흘 동안에 낮에 구경 온 사람이 3만 3,987인이오, 밤에 구경 온 사람이 3만 7,098인으로 총계가 7만 1,078인인바 이러한 형세로 나아가면 「밤의 벚꽃」으로 문을 닫는 30일까지는 15만 이상이 될 터이라 한다. 관객들도 매우 정숙하여 23일 밤에 술 취한 사람 하나를 제한 외에는 모두 신사의 태도를 가진 사람뿐이었다더라.

(93) 1924-04-27 03면. 화장한 월미도

마라톤 20분 동안 자동차 통행을 정지

금 27일은 일요일마다 인천의 봄을 홀로 차지한 듯한 월미도의 꽃놀이가 한 두 곳이 아니다. 조선매일신문사의 주최인 관앵대회가 있으며, 이우구락부의 꽃놀이도 있다는데 당일 월미도에는 겨울 동안 줄어든 사람의 발자취를 한없이 볼 것이다. 당일의 복장을 미루어 알겠으므로 인천서에서는 비번순사까지 소집하여 도로의 정리이며 이때를 틈타려는 절도를 예방할 터이라 하며 「마라톤」경주자들을 위하여 오전 10시 20분부터 20분 동안 월미도에서 시내로 오는 자동차는 모두 정지를 시킨다 하

며 월미도로 가는 자동차는 속도를 줄이어 다니게 한다고(인천).

(94) 1924-04-29 03면. 以友園遊會

인천 이우구락부에서는 연례에 의하여 재작 27일에 월미도에서 원유회를 개최.

(95) 1924-05-03 02면. 장래를 보고 살자

성대한 어린이 축하회

천대와 구박으로 자라나는 조선의 어린이들이 「어린이도 한 사람이다!」 「어린이에게도 한 사람으로서의 이해와 사랑을 다오!」하고 부르짖는 날이 지난 5월 1일 어린이날이다. 이날에 해방을 부르짖는 어린이 천여 명과 어린이의 해방을 절실히 느끼는 유지채 씨가 시내 경운동 천도교당 너른 마당에 오후 3시 반을 기약하여 기쁜 빛을 띤 얼굴로 모여들었다. 개회사와 주악이 있은 후에 어린이날 축하노래가 귀여운 여러 고운 입술에서 새어나와 맑게 개인 5월 하늘로 떠올랐다. 노래가 마친 후 방정환 씨가 단에 올라서서 「과거를 돌아다보는 생활과 현재만을 생각하는 생활은 우리에게 아무 진보의 향상을 주지 않는다. 오직 장래를 내다보는 생활, 거기에 우리의 진보와 향상과 유일의 희망이 있다. 그런데 장래 세상의 주인인 어린이를 우리는 구박할 줄은 알았어도 존경할 줄은 몰랐다. 그것이 조선사람의 성격을 망쳐 놓아 음모와 당쟁으로 오늘날의 이 지경이 된 것이다. 그림으로 우리 조선의 장래 한층 더 나아가 우리 모든 사람의 장래는 오직 이 길—어린이의 선도—에 있을 뿐이다.」라 하는 열열한 연설이 있은 후에 순서대로 진행한 후 고무풍선의 여흥도 있었고 무사히 폐회되었다.

今夜「아버지」대회

입장료를 받아서 원유회에 쓴다고

「어린이날」 축하회는 별항과 같이 성대하였거니와 당일에는 사람이 너무 많이 와서 본의는 아니나 금일 밤에 열리는 「아버지」대회에는 입장료 10전을 받아 좌석을 정리하고, 그 수입은 명일 원유회에 아이들을 위하여 쓴다더라.

(96) 1924-05-04 02면. 어린이의 常春 園遊會
어른은 입장료, 자미스런 유희
금 4일(일요일) 오전 10시부터 동대문 밖 상춘원에서 조선소년운동협회 주최로 노동하는 소년 위안과 또 그 외에 어린 사람들을 위하여 노동소년 위안 겸 어린이 대원유회를 열 터인데 노동하는 어린 사람들은 노동에 곤한 몸을 하루 동안 그곳에 와서 쉬기를 바란다 하며, 13살 이하 되는 소년 소녀로 벤도를 가지고 많이 와서 그네, 씨름, 경주, 줄다리기 같은 재미있는 경기를 하고 그 외에 광대 줄타기도 구경하기를 바란다는데 보통 어른들은 절대 입장시키지 아니할 터이나 어린 사람들을 데리고 오는 어른이면 10전을 받고 입장케 한다더라.

(97) 1924-05-16 02면. 船遊客이 무참히 죽어
강상에 배를 저어서 옛 자취를 찾던 길에
지난 9일 경상남도 노량진 앞 바다에서 하동군 북천면 옥정리에 사는 리택환 외 세 사람은 조그마한 배를 타고 다른 배 두 척과 같이 금산의 고적과 풍류암 일출봉 등의 풍광을 구경하고 석양에 돌아오는 길에 갑자기 풍랑이 일어나서 배가 뒤집혀서 물에 빠져 죽고 말았다더라.

(98) 1924-05-26 03면. 江上의 短艇競漕
조선에서 처음 보는 「뽀트레스」대회는 만철사우회 운동부 주최로 얄궂은 여름비가 오락가락 뿌리다 마다 하는 작 25일 아침 7시 반부터 한강 인도교 아래에서 성대히 열리었다. 강물 위를 목지로 삼고 하늘의

별따기보다도 더 신선한 여러 가지 재주가 OO으며 만철각과의 경주로부터 27종의 취미 진진한 경기가 마친 후 결승경주가 있어 강사의 풍미 있는 경기도 성황리에 마치었다 한다. 경기의 성적은 명일에…

(99) 1924-06-01 02면. 初夏의 麗日을 卜하여, 全朝鮮女子庭球大會
만물이 성장하는 첫 여름 맑은 날에 승리를 다툴 조선 새 여자의 운동회
경향 각교의 O同이 蔚然集中!
연례에 의지하여 제2회 전조선여자정구대회를 첫 여름 명랑한 날을 기하여 오는 21일과 22일 양일 간에 열게 되었다. 4,000년 동안 규중에서만 지내던 조선의 여자도 한번 새 사조를 받은 이래로 교육이 왕성하여 도처에 의기헌앙한 여학생의 모양을 보게 되고 이에 달리어 여학생의 체육문제도 일반 유식자간에 성대히 창도되어 근래에는 학교에서도 여자의 운동열이 남자에 내리지 않을 만하다. 이때를 타서 작년 이맘때에 본사는 조선에 유사 이래 처음으로 제1회 전조선여자 정구대회를 열어 공전한 성황으로 마친 것은 세상이 다 아는 바이어니와 본사는 이 장쾌한 계획이 조선여자 운동을 촉진시키는 데 의미가 깊은 것을 생각하고 연연히 한번씩 이 대회를 열어 세상의 기대를 고부치 안코저 하던바, 과연 각 여학교에서 직접 간접으로 금년에도 이 대회 열고 아니 엷을 문의하는 등 더욱이 대회를 열 필요가 절박하여 한번 이 계획이 발표됨에 경성 안 각 여학교에서는 거의 전수가 찬동하고 재삼 헌의한 결과 전기 양일에 열게 되었다. 봄도 이미 지나가고 만물은 왕성한 성장기에 들어간다. 첫 여름 맑은 하늘은 선수의 정신을 상쾌케 하고 무르녹은 녹음 사이에 지저귀는 새소리도 이 기쁜 모임을 찬송할 것이다. 꽃 같은 자태 제비 같은 날램, 장래 조선의 새주인 될 여자가 만인의 박수성 속에 영광스런 우승을 다툴 날도 멀지 아니하였다. 경향을 물론하고 이 아름다운 계획에 많은 찬동을 들이라!

(100) 1924-06-01 02면. 소년군 40명이 일제히 자전차로 교리를 구경코자 금곡을 가게 한다.

朝鮮少年軍에서는 단장 조O호 씨 인솔 하에 40여 명이 일제히 자전거를 타고 금일 오전 중에 金谷으로 가서 교외의 경치를 보리라 하며 여러 가지 연습도 한다더라.

(101) 1924-06-03 02면. 세계적으로 웅비하려면 육상경기대회에 참가하라.

조선청년의 원기를 일으킬 장쾌한 이 운동회, 세계 올림픽에 참가할 선수는 다투어 오라.

조선체육회 주최와 본사 후원의 전 조선 육상경기대회는 오는 14, 15 양일 간 원동 휘문고등보통학교 운동장에서 열게 되었다. 조선청년이 다른 나라 청년에 비하여 현저히 체질이 심약하고 따라서 원기가 부족함은 여러 가지 원인이 있겠지만 그 중요한 원인은 우리가 일찍이 체육이 무엇인지 모르고 살았기 때문이라는 말을 식자간에 하게 되기도 최근 수십 년간의 일이요, 그동안에 여러 가지 사정으로 마음이 있으면서도 뜻과 같이 하지 못하던 일도 많았다. 회고컨대 다섯 해 전에 쇠퇴한 조선체육계를 다시 살려보겠다는 취지 아래에 조선체육회라는 것이 생기어 해마다 축구, 정구, 야구 대회를 열어 운동계에 공헌이 많음은 세상이 다 아는 바이어니와 이번에 열리는 육상경기대회는 다른 운동회와 같이 어떠한 한두 가지 부분적의 운동이 아니라 실로 모든 운동을 모아 대성하여 놓은 조직적 운동이라 더욱이 이후부터는 조선인의 운동계도 세계적으로 확대되어 갈 것이요, 극동 올림픽이니 세계 올림픽이니 하는 중대한 회합을 앞에 두고 있는지라 장래 세계적 운동회에 참가하여 영광의 월계관을 얻으려는 웅장한 선수는 미리부터 이 회에 참가하여 재주를 단련하라! 용기를 단련하라!

(102) 1924-06-03 02면. 布O 遠征 野球團

작 2일 오전 경성역 출발

하와이 동포의 초청을 받아 멀리 남국의 형제를 찾으려는 중앙 청년회 야구단은 2일 오전 예정보다 한 시간이나 늦게 11시 차로 남문역을 출발하였다. 일행 중 인솔자인 허성, 박석윤, 박석기 등 삼씨는 사정이 있어 금 3일에 출발하리라 하며 도중에서 서상렬 씨와 윤치영 씨도 참가하게 되리라는데 일행 13인은 8일 横濱을 출발하는 天洋丸으로 그리던 하와이를 향하리라 한다. 40여 인의 송별인 중에는 4, 5인의 여자도 있음은 그 이들의 가족도 있거니와 성공을 비는 연연한 애인도 있으리라. 하와이 청년회 「O」을 비롯하여 10여 회의 대전이 있은 후 8월 중순에 귀국하리라는데, 혈색 얼굴에 일종의 환희를 띄우고 떠나는 그들은 말할 수 없이 조이는 마음으로 고국의 소식을 고대하는 이역 형제에게 전할 것이다. 원정단의 「멤버」는 아래와 같더라.

(103) 1924-06-04 02면. 日本廣島에 조선인 勞友會

원유회를 개최

일본광도에 거류하는 조선인으로써 조직한 광도조선인 로우회에서는 오는 8일 오전 10시부터 광도 대전천을 가 대지공원에서 대원유회를 개최하리라는데 회비 1원씩을 당일 각자가 납입할 것이며, 씨름도 있어서 우승자에게 상품을 준다 하며 오찬은 그 회에서 준비할 터이라는바 체류 조선인은 만사를 다 제치고 많이 와 주기를 바란다더라.

(104) 1924-06-07 02면. 꽃밭 이룬 단오놀이

(105) 1924-08-18 02면. 놀이터가 벌이터로

명승고적의 한가한 해안이 밥을 다투는 벌이터가 되어

함남 정평군 정평역전에 있는 상하광포는 동해를 통한 길이가 30여 리

나 되고 폭은 가장 넓은 것이 5리나 된다. 거기서 나는 것은 여러 가지 물고기와 가막조개가 많이 난다. 그리고 동남편에는 고려명장 윤관 씨가 여진을 물리치고 쌓은 장성의 터가 OO히 있고 임진공신 문동O 선생의 기념비 OOO은 송림 사이에 그대로 서 있고 그 앞에는 유O한 OO이 난 바위가 물 가운데 솟아 있다. 그리하여 때를 따라 선인의 충군대국의 굳은 절개를 사모하는 이름의 탐승지가 되었으며, 낚싯대는 여기저기 매어 있을 뿐 아니라 화조월석으로 노래하고 춤추는 이들의 가장 좋은 놀이터가 되었었으나 금년에는 여러 가지 자O가 보기도 OOOOO 봄부터 지금까지 조개잡이꾼이 남녀노소를 물론하고 매일 300여 명이 너르나 너른 포구를 덮는다. 그 가운데에 혹은 흰밥에 입맛이 나지 아니하여 반찬거리를 구하는 자도 있을 터이지만은 대다수는 그 생을 위하여 내려O이는 볕을 세이지 아니하고 그와 같이 먹을 것을 구한다. 조선사람들은 해가 갈수록 먹을 일이 없다고 일반 인사들의 개탄이 심하더니 남녀가 모두 벌이에 열중하는 모양이다.

(106) 1924-08-26 02면. 석양에 낚싯대
한강 가에서

(107) 1924-08-26 02면. 한강에 안전지대
선유하기에 위함 없는 곳
종래로 한강에는 투신자살자도 많거니와 선유나 혹은 수영을 하다가 그릇 깊은 물에 빠져서 목숨을 잃어버리는 사람이 많았으므로 용산서에서는 근일에 이르러 다만 조금이라도 그 폐해를 없게 하기 위하여 한강 인도교 상류 약 3정 가량 떠난 곳에 안전지대를 설치하고, 폭 2-3간이나 되고 길이가 100간이나 되는 안전한 곳을 만든 후에 그 곳에는 붉고 흰 간판을 풀 위에 나타나게 하여 여러 가지 주의사항을 그 간판 위에 기입하고 그 주위에는 적색 표시통을 일일이 배치하여 누구나 용

이히 위험지대를 벗어나서 안전한 놀이를 하게 하리라는데 그 계획은 2-3일 내에 곧 실현된다더라.

(108) 1924-10-05 02면. 培花女校 말썽

수학여행을 안간다고 4년생은 원족도 안가

필경 정학처분. 시내 루하동에 있는 배화여학교 4년급생도 18명 중 열일곱명에 대하여 재작삼일에 정학처분을 하였다는데, 원인을 들은 즉 가을마다 수학여행을 하는 것이 전례인데 금년은 흉년이므로 수학여행 비용을 구제사업에 쓰기로 하고 전혀 여행을 폐지하는 것은 너무 섭섭하므로 형식상으로나 원족을 하자 하여 지난 2일에 연희전문학교까지 전교생도가 원족을 하기로 하였는데, 4년생만은 수학여행을 중지하고 원족만을 간다고 짜증을 내어 따라가지 않았으므로 부득이 3학년 이하만 갔다 왔는데, 학교측에서는 아무리 철없는 생도들의 행위라 하나 너무 아름답지 못한 짓이므로 이같이 단연히 정학처분을 한 것인데 그 후에 생도측이 그윽히 반성하는 태도이므로 불원간에 해결될 듯하다더라.

(109) 1924-10-05 03면. 槿花學院 遠足

府內 청진동 근화학원에서는 직원 학도 120여 명의 일단으로 지난 4일 오전 8시 15분 경원선차로 소요산에 가서 단풍을 감상하고 동일 오후 9시 50분 차로 귀경하였다.

(110) 1924-10-14 02면. 秋水를 거울삼아 淡裝한 北漢山丹楓

가을 찾는 손님으로 전차는 10채를 늘여

창경원 단풍은 멀었으나 손님은 2,000여. 누런 나뭇잎이 하나 둘씩 너불너불 떨어져 뜰 앞에 쌓이고 시들은 풀잎이 서리를 머금는 늦은 가을이 되었다. 재작일은 마침 일요일이라 가을을 단장하는 단풍을 찾아 북한산과 창경원으로 떼를 지어 놀이를 나가는 사람이 대단히 많아 전차는 보통보다 10대나 늘려 95대나 운전하여 8만 2,000여 명의 손님을 싫었으며, 창경원에 구경 들어온 사람은 2,094인이나 되었었다는데, 북한산의 단풍은 될 대로 활짝 되어 한참 좋은 구경거리나 창경원 단풍은 아직 10여 일이나 지내어야 만발하겠더라.

(111) 1924-10-16 03면. 인헌공보 운동회

(112) 1925-04-08 03면. 馬山觀櫻大會

내 11일부터

O마산시민의 주최로 관앵대회를 오는 11일부터 13일까지 3일간 개최할 터인데 시O지 내 각OOO에 있는 櫻花에 OOOO의 OO로써 琴O하여 불야성을 이루겠다 하며 그때에는 OO대회도 개최할 예정이오. 또한…

(113) 1925-04-12 03면. 수원야유대회

花節을 기하여 수원실업협회주최로 수원 화홍문에서 춘계야유대회와 대원유회를 개최한다는데 探寶까지 행하여 일반에게 상품을 증여한다 하며 O般餘興及OO도 있다는바 상품과 순서는 如左하다고…

(114) 1925-04-24 02면. 半開한 櫻花

창경원 안에 곱게 잠들었던 사쿠라 꽃은 이제 바야흐로 방긋방긋 웃기를 시작하였으며 나부끼는 봄바람에 섞여 만도 인사의 심신을 도취시키는 창경원 사쿠라의 향취는 기어이 30만 부민의 발길을 창경원으로 이끌어들이고 말게 되었다. 수삼일 내로 원내 장식에 몰두하던 모든 「이루미네-숀」의 전기장치도 금일 오후까지는 모두 마치게 되는 고로 명일부터 시작하여 만 여드레 동안 매야 7시부터 10시 반까지 일반에게 야간 공개를 하게 되었다.

(115) 1925-04-25　02면. 봄맞은 창경원 금일부터 불야성

경성시민의 봄 놀이터 창경원에는 봄을 지극히 아름답게 장식하는 사쿠라꽃이 가지마다 매달려 꽃의 나라가 되었다. 오늘밤부터의 창경원은 꽃을 탐하는 … 시달린 시민의 눈을 끌고저 꽃구름 사이로 전등빛이 반짝거리고 못 가에는 넓은 마당을 만들어 놓아 … 곳곳마다 『이루미네순』이 있어서 창경원의 야경은 지극히 아름답게 되었다. 창경원의 야간공개는 금일부터 매일 열릴 터인데, 입장료는 작년과 같이 10전씩이라 한다.

(116) 1925-05-01　02면. 결승! 결승!

축구대회최종일

(117) 1925-05-03　02면. 南京學生觀光團 歡迎茶菓會

재작일 밤 남대문통 식도원에서

중국 남경 학생관광단 일행 13명이 입경하였다 함은 기보한 바어니와 조선교육협회 조선일보와 본사의 연합주최로 재작일 오후 9시에 시내 남대문통 식도원에서 그들을 환영하는 다과회를 성대히 열었었는데 주객이 서로 가슴을 열고 간담을 바꾸다가 기념사진을 박은 후 회기가 융융한 가운데 11시 반에 산회하였는데 그들은 개성, 평양을 구경한 후 다시 서울로 돌아왔다가 부산을 거쳐 장기에서 기선을 타고 귀국한다더라.

(118) 1925-05-04　02면. 六萬四千

8일 동안의 창경원 夜遊客

지난달 25일부터 야간 공개를 허락하였던 창경원 夜櫻 관람기간은 마침 재작 2일까지 8일 동안의 공개기간이 종료되었으므로 이제부터는 종전과 같이 주관 관람만 하게 되었다는바 그동안 야간 관람자의 총 재인원은 실로 6만 4,000여 명의 다수에 달하였다는바 그중에 관람객이 제일 많았던 날은 지난 28일 밤의 1만 4,552명과 마지막 날 밤의 37명

이 최저이었더라.

(119) 1925-05-12 03면. 조선, 동아 양지국 주최 청주부인견학단

신입기한 4월 19일까지. 정원 100명. 견학할 곳 시내각관공청, 병원, 각 학교, 수도저수지 등. 견학시일과 회합장소 추후발표. 신입장소 조선, 동아 양지국.

(120) 1925-05-21 03면. 부인사회견학단

본보 대판지국 주최. 대판여자청년회 후원. 남자는 6월 2일

(121) 1925-05-22 03면. 마산부 인사회 견학단

주최 본사마산지국. 정원 100명. 일자 6월 2, 3일. 회비 2일 1원, 초입자 10전. 견학할 곳 초일 마산 각급 공청, 각 학교, 전기회사, 감옥, 병창소. 2일 진해O, 요항부, 각 공장 등

(122) 1925-06-01 03면. 金剛山 探勝隊

본사 統營, 馬山 양 지국이 모집

세계의 공원이라는 칭호를 받는 금강산을 탐승함이 조선인으로의 뜻있는 일이 될 뿐 아니라 現下 녹음방초의 勝節을 임하여 흥미도 비할 데 없을 것을 느낀 본사 통영, 마산의 양 지국이 연합하여 금강산탐승대를 조직하기로 방금 대원을 모집 중이며 출발지점은 구마산역인 바 뜻 있는 이의 다수참가를 바란다 하며 OO는 추후발표하겠는바 출발기일은 8월 상순 탐승기간은 2주일간 예정이라고….

(123) 1925-06-23 02면. 5월 단오 부녀 원유회

장소 상춘공원. 허O 명일 발표.

주최 신여성사. 후원 동아일보사.

(124) 1925-06-24 02면. **新女性社主催 東亞日報社後援 婦女園遊會**

생활상태가 차차로 퇴폐하여 감에 따라 우리 조선 사람에게는 한때의 즐거운 명일조차 없어져 가는 것을 애닯게 생각하고 없어져 가는 명일 놀이를 다시 일으키겠다는 의미로 작지에 사고로 발표한 바와 같이 오는 6월 25일, 음력 5월 5일 즉 단오날에 부녀잡지 신여성사의 주최와 본사 후원으로 시내 동대문의 상춘원에서 5월 단오 부녀원유회라는 놀이를 개최할 터인 바 이름과 같이 부녀의 원유회이므로 당일 놀이에 참여하실 분은 구가정 노소 부인이나 여학생 등 여자에 한하며 남자들은 그 놀이를 준비 혹은 일볼 사람 몇 사람 외에는 절대 입장을 허락하지 않을 터이라는바 여자치(놓)고는 누구이든지 참여하여 하루 동안 즐겁게 놀 수가 있다더라.

各種의 娛樂, 賞品도 山積

부녀원유회장으로 말하면 녹음은 우거지고 각색 풀꽃은 아름답게 피었으며 포곤포곤한 금잔디는 온 동산에 가득히 깔리어서 경치로도 하루를 즐겁게 놀만하며, 그에다가 나무 끝에는 그네를 다수 매어 마음껏 누구든지 뛸 수 있게 할 터이고, 여흥으로는 야외연극, 소녀무도, 광대줄타기, 음악연주도 있을 터이며, 사람찾기, 보물찾기에 상타는 여흥과 기타 여러 가지 부녀들의 유희가 있을 터이고, 더욱이 재미있을 것은 들어오시는 입구에서 한 분도 빼지 않고 제비 한 장씩을 드리어 그 뽑으신 제비에 적힌 대로 기념품을 드리는 것인데 제1등에는 금시계, 2등에는 경대, 그 다음은 만년필, 양산목도리, 가방, 신발, 기타 일반 살림살이에 필요한 것을 무엇이든지 한 가지씩 드릴 터이라더라.

(125) 1925-06-25 02면. **금일이 오월단오**

산뜻하고 깨끗하게 단오비음 차리고 상춘원 꽃밭으로 단오놀이 놀러가요.

상춘원의 부녀원유회

오늘은 단오날이라 어린이들은 창포물로 머리를 감고 창포를 꺾어 머리치장을 하는 날이요 녹음이 무르녹은 푸른 가지에 높다랗게 그네를 매이고 남녀를 가리지 않고 내외까지 폐하며 재미스럽게들 놀이를 하는 날인바, 요즘에 와서는 비상히 이 명일을 등한이 보는 까닭에 생각 있는 사람들은 매우 유감으로 생각하는 중인데 작지에 보도한 바와 같이 부녀자 신여성사 주최와 본사 후원으로 온 경성의 부녀자를 위하여 동대문 외 상춘원에서 단오놀이가 열릴 터인데 자세한 것은 작지에 보도한 바와 같거니와 시내 각 단체와 상점 기타 유지들의 상품, 기타의 기O이 다수하다 하며 만일 당일에 비가 오면 오는 27일에 동 장소에서 개최할 터이라더라.

여학생 변장

당일 여흥에 그 중 재미스러울 것은 오후 2시부터 동 4시 30분까지 한시 반 동안에 여학생 두 명이 변장을 하고 장내에 들어와서 돌아다닐 터인 바, 그 변장한 여학생을 찾는 분이 계시면 그분에게 상을 드릴 터이요, 한 사람도 잡는 이가 없으면 변장한 학생이 상을 탈 터이라더라.

兒童競技種種

별항 단오놀이를 더욱 재미있게 하기 위하여 어린이들을 데리고 오시는 분이 계시면 그 어린이들의 경주와 기타 재미스러운 유희를 시키어 상을 줄 터이니 아무쪼록 어린이들도 많이 데리고 오시기를 바란다 하며 경성 간호부회에서는 회원을 파견하여 경호와 구호를 할 터이오, 시내 종로양행 기타 시내 몇몇 상점에서는 장내에 O장하여 휴게소를 만들어놓고 다과와 기타를 일반에게 제공할 터이라더라.

(126) 1925-06-25 03면. 河回船遊大會

대규모로 준비

오는 7월 11일 밤 경북 안동군 하회OO에서 本O河回OO所 주최로 하회선유대회를 대대적으로 개최할 예정인바…

(127) 1925-06-26 02면. 錦上添花의 常春園芳草
바야흐로 우거진 녹음방초에 꽃밭을 이룬 작일의 상춘원
옛날부터 천중가절이라는 단오명절을 기약하여 신여성사주최와 본사 후원으로 동대문 밖 상춘원에서 부인원유회를 개최한다 함은 루보한 바거니와 이날 하루를 환락스럽게 지내고자 일각이 천추 같이 기다리던 일반 여자들은 제각기 깨끗한 새옷들을 갈아입고 혹은 곱답게 명절 의복을 입힌 아이들을 데리고 삼삼오오 작반하여 작일 아침부터 상춘원을 향하여 나가는 사람들이 동대문행 전차 칸마다 가득가득 하였다. 상춘원 안에는 바야흐로 푸른빛이 뚝뚝 떨어지는 그윽한 녹음 사이의 언덕위로는 각종 매점이 천막을 치고 있으며 또다시 그 너머로는 여흥장과 녹음가지 위에 높다랗게 맨 그네 줄 두 개가 치렁치렁 늘어져 있어서 손님들의 오기를 기다리는 듯하였으며, 아침부터 청아하게 울려오는 胡笛소리는 더욱 당일의 환락을 말하는 듯하였다.

歡樂은 天地에, 가지가지의 단오놀이
그 많은 여자들이 떼를 지어 상춘원 문안으로 들어가자 혹은 비단방석 같이 부드러운 푸른 잔디 위로 모여들 앉으며, 혹은 높다랗게 맨 그네 위에 올라가서 쌍그네 혹은 외그네들도 뛰는데 그 많은 여자들 가운데 노소의 부녀들을 비롯하여 트레머리에 말쑥히 차린 여학생 혹은 기타의 신여성들도 매우 많았다. 더욱이 산들산들 불어오는 바람으로 녹음 가지를 흔들어 끝없이 상쾌하였으며, 녹음 사이에서 그네 위에 올라 나비 놀 듯 추천하는 광경과 또는 그네 위에서 오락가락할 적마다 처녀애들의 자줏빛 댕기가 꼬리치는 것과, 혹은 …. 이윽고 오전 10시 반쯤하여 하늘을 울리는 폭죽소리가 전하여 세 번이나 자유흥의 순서는 시작되어 한편에서는 공굴리기, 또 한편에서는 유성기 소리듣기, 언덕 위편에서는 핑퐁하기, 언덕 아래 넓다란 마당에서는 신여성들의 테니스 치기, 그 밖에 두 곳 그네에는 수많은 여자들이 둘러서서 저마다 유쾌하고 환락스러워하는 광경이 전개되었다. 당일 정오를 지나서는 여자들이 더욱 쇄도하여 그 수효가 무려 3-4,000명에 달한 대성황을 이루었는데, 오후부터는 가설무대에서 소년소녀의 연극 무도들과 여학생 변장찾기와 기타 광대의 줄 타는 놀음들이 있을 예정인데, 더욱이 상품은 경대, 모기장 등 기타 각종이 약 3,000종이나 구비되어 당일 입장하였던 여자들은 누구나 상품 한 개씩은 갖게 되었다더라.

(128) 1925-07-15 03면. 明沙十里探勝

8월 1일부터 2일간

황해도 長淵에 있는 시대, 조선, 동아 세 지국 주최와 長淵청년회 후원하에 서해안의 명승인 명사십리탐승단을 조직한다는데 그 규정은 如左하다고.

(129) 1925-07-30 03면. 小金剛七寶山探勝

本社鏡城支局主催

北國中原에 이름 높은 소금강 칠보산은 O北 우리는 한번 반드시 탐승할 필요가 있다 하여 본사경성지국에서는 만록이 무르녹은 夏期를 이용하여 今船七寶山探勝團을 조직하기로 방금 단원을 준비 중이라는데 뜻 있는 인사들은 하루속히 참가함을 바란다 하며 자세한 사정은 추후 발표할 터이라고.

(130) 1925-08-03 02면. 炎中樂園

長夏의 酷暑를 멀리 피하여

반도강산을 동경하는 洋人群. 금수강산의 낙원을 사모하여 조선으로 모여드는 서양인. 명사십리, 지리산, 구미포, 금강산은 그들의 낙원이 되었다. 청파녹림 밑에 애연극도 實演.

(131) 1925-08-28일 02면. 금강산탐승단모집

축현역 강본역장의 발기로 금월 30일과 31일 이틀 동안 공휴일을 이용하여 금강산 탐승단을 아래와 같은 조건으로 모집한다더라.

(132) 1925-09-03 04면. 운동경기

(133) 1925-09-30 02면. 추석원유회

삼팔소년회 주최로

시내 삼팔소년회 주최와 삼팔청년회 마리아회의 후원으로 음력 8월 추석을 유쾌히 보내기 위하여 10월 2일(음력 8월 15일) 밤 밤에 삼청동 심제정 앞에서 추석원유회를 할 터이라는데 당일 O민은 마리아회에서 하리라더라.

(134) 1925-10-01 04면. 추석놀이

茁浦, 鎭西, 裡里, 城津, 固城 등 명지의 추석

(135) 1925-10-02 04면. 추석놀이

進永 安康地方의 추석

(136) 1925-10-18 02면. <광고>모임

시내 인사동 84번지 한양청년연맹에서는 금 18일 오전 9시에 창동으로 원족을 간다는데 참가하는 이는 일찍 오기를 바란다더라.

(137) 1925-10-18 04면. 兩報支局主催 長壽寺觀楓大會

양일 간 개최, 다수 참가 희망

본사 OOO지국과 시대일보 지국 연합 주최로 오는 18, 19 양일 간 서OO의 金剛인 장수사관풍대회를 개최한다는데 일반인사는 다수히 참석하기를 원한다 하며.

(138) 1925-10-24 04면. 梵漁寺觀楓大會

본보 동래지국 주최

(139) 1925-10-25 03면. 東萊女子觀楓

동래 여자청년회에서는 본사 동래지국 후원으로 오는 31일 오전 10시부터 오후 5시까지 동래 범어사에서 관풍대회를 연다는데 노소 여자는 많이 참가하기를 바란다 하며 회비는 30전씩이랍니다.

(140) 1925-10-31 05면. 천장절 축일

총독저에서 원유회

금 31일은 천장절 축일이므로 총독관저에서 원유회를 개최하고 각 국의 교관이며 관민의 초대가 있으리라더라.

(141) 1925-11-08 04면. 淸溪綠水와 滿山紅葉의 白羊寺

井邑지국 주최 여섯 지국 후원. 內藏白羊觀楓大會.

Abstract

The Leisure and Outdoor Recreation Culture of Korea

Kee-Won Hwang
(Seoul National Univ.)

This study tracks the historical changes of Korea's recreation culture since the Joseon dynasty. Outdoor recreation activity is a universal culture; however, each activity reflects a particular culture at a given time and place. Indeed, traditional Korean leisure and outdoor recreation culture tried to harmonize with nature. An environmental design explanation, in terms of definition and domestication, individual and community, and production and leisure, was used to link the essence of outdoor recreation with the physical environment.

Through the review of literary and pictorial references about leisure activities during the Joseon dynasty, we can see the relation between inhabitation and territoriality. Also, through newspapers and pictures from Japanese colonial rule, we can find that the contexts of traditional environment and outdoor activities were distorted by some intentional modifications. While there is no need to restore the exact origin of traditional outdoor recreation activities and place, it is meaningful to revive the meaning of our traditional leisure and outdoor recreation culture, which values nature, prays for community, and pursues mental cultivation.

찾아보기

발간사

'한국학'에 대한 관심과 요구가 국내외에서 높아지고 있다. 한국학을 전공으로 하는 학과도 생겨나고 한국학 연구자들의 국제학술대회도 종종 접하게 된다. 한국사회가 짧은 시기에 보여 준 역동적인 변화에 대한 학문적 관심이 나라 안팎으로 증대된 결과일 것이다. 한국의 역사와 문화, 사회적 경험이 점점 더 많은 연구자들의 관심대상으로 되고 있다는 사실은 매우 반가운 일이다.

한국학이란 고정된 분과학문 체계 내의 한 부분영역이 아니라 다양한 분과학문들이 함께 참여하는 학제적 연구의 성격을 지닌다. 한국학은 과거의 전통에 깊은 관심을 갖지만 현재의 문제들에도 주목하며 미래의 전망을 모색하는 작업도 포함한다. 인문학적 논의와 사회과학적 관심은 물론이고 자연과학적 문제의식과 예술적 시각이 함께 어우러지는 곳이다. 당연히 한국학은 국내의 연구자들이 자신의 특수성만을 부각시키는 폐쇄적인 장이 아니라 전 세계의 학자들이 자유롭게 참여하는 지적 토론의 공간이다. 한국을 대상으로 한 다양한 연구를 지원하며 진지한 논의와 지적 실험을 뒷받침하는 것이야말로 한국학의 가장 중요한 역할이라 할 것이다.

이런 의미에서 한국학은 한국의 문화와 역사적 경험을 전 인류의 문화유산과 역사적 경험의 한 부분으로 바라보는 전 지구적 시각을 요구받고 있다. 한국학은 한국사회의 경험을 연구하되, 그것을 21세기 세계사적 과제들과 더불어 사고함으로써 새로운 문명적 대안을 모색하는 전 지구적 논의에 적극적으로 동참하는 작업이 되어야 한다. 이런 종합적이고 개방적인 연구의 집적을 통해서만 한국의 특수성만을 절대화하는 오류에서 벗어나면서 동시에 서구의 눈으로 한국을 대상화, 타자화하는 오리엔탈리즘적 지역학의 한계도 극복할 수 있는 길이 열릴 것이다.

한국의 학문 발전에 큰 책임을 지고 있는 서울대학교는 한국학의 바람직한 발전을 위해 적극적인 역할을 하고자 한다. 이를 위해 별도의 연구기금을 마련하여 '한국학 장기기초연구 지원사업'을 추진하고 이 사업의 결과물들을 모아 연구총서, 자료총서, 모노그래프를 출간하기로 했다. 서울대학교 교수진의 연구역량과 진지한 문제의식들이 결집됨으로써 한국학의 연구수준이 더욱 높아지고 내용이 보다 풍부해질 것을 믿고 있다. 이 연구사업이 해를 거듭할수록 한국사회에 대한 이해가 깊어짐은 물론이고 한국의 경험을 통해 세계 학계의 시각과 논의도 더욱 풍성해질 것을 기대해 마지않는다.

2003년 8월

서울대학교 규장각한국학연구원 한국학연구사업위원회

저자소개

황기원
서울대학교 환경대학원 환경조경학과 교수
미국 Harvard University 설계대학원 조경학/도시설계학 석사
이코모스 한국위원회 위원
『책 같은 도시 도시 같은 책』(1995), 『도시락(都市樂) 맛보기』(2009)

서울대학교 규장각한국학연구원 한국학 연구총서 32
한국 행락문화의 변천과정

저 자 황기원

2009년 5월 15일 초판 제1쇄 인쇄
2009년 5월 20일 초판 제1쇄 발행

발행인 이장무
발행처 서울대학교출판문화원
151-742 서울 관악구 관악로 599
마케팅과 (02) 889-4424, 880-7995
팩시밀리 (02) 888-4148

E-mail snubook@snu.ac.kr
Home-page http://www.snupress.com

출판등록 제15-3호

ISBN 978-89-521-1019-0 94300
978-89-521-1028-2(세트)

값 15,000원

서울대학교 규장각한국학연구원 한국학 연구총서

지방문학사 — 연구의 방향과 과제
조동일

한국 근대과학 형성과정 자료
문만용 · 김영식

목석의 울음 — 손창섭 문학의 정신분석
조두영

통일한국의 농업 — 통일 이후 남 · 북한 농산물의 통합생산 방안
김완배 · 이태호 · 김한호 · 이정재 · 정하우

사회운영원리 — 현대 한국사회의 철학적 문제
백종현

한국유교의 과제
금장태

재벌체제와 다국적기업 — 경제개발의 두 가지 유형
이승훈

『무과총요』 연구
나영일

韓國 古代 · 中世初期 土地制度史 — 古朝鮮~新羅 · 渤海
이경식

붉은악마와 월드컵
이순형

한국 근대의 사회복지
안상훈 · 조성은 · 길현종

『조선왕조실록』 보존을 위한 기초 조사연구(1)
송기중 · 신병주 · 박지선 · 이인성

북한 주요산업지역의 토지이용 변화와 개방지역에 관한 연구
황만익 · 이기석

韓國 中世 土地制度史 — 朝鮮前期
이경식

후발 산업화와 국가의 동학 — 탈관료화와 강성국가의 공동화
하용출

남북 언어의 문법 표준화
권재일

1950년대 사회주의 건설기의 북한 보건의료
황상익

조선중기 무예서 연구 — 『武藝諸譜』 · 『武藝諸譜飜譯續集』 譯註
나영일 · 노영구 · 양정호 · 최복규

50권본 『화엄경』 연구
이승재

한국어 체언의 음변화 연구
이상억

한·중 소화의 비교
서대석

高麗前期의 田柴科
이경식

개항기 전후 경상도의 육상교통
허우긍·도도로키 히로시

한국어의 주제와 통사 분석—주제 개념의 새로운 전개
임홍빈

조선 후기의 기술도 분석
정형민·김영식

한국 근대문학교육사 연구
우한용

한국의 사회운동과 진보정당
임현진

한국적 패션 디자인의 제다움 찾기—한국미와 현대적 활용을 중심으로
김민자

서울대학교 규장각한국학연구원 한국학 자료총서

古代國語 語彙 表記 漢字의 字別 用例 研究
宋基中

삼국과 통일신라의 불교사상
허남진 외 편역

고려시대의 불교사상
심재룡 외 편역

서울대학교 중앙도서관 고문헌자료실 소장 「경제문고」 해제집
권태억 외

원문 교주 구운몽
김만중 원작, 김병국 교주

현대역 구운몽
김만중 원작, 김병국 역주

해방 이후 한국기업의 진화 I — 1976~2005년간의 통계의 구축과 기초분석
이근 · 류근관 · 이창용 · 이상승 · 안동현 · 추기능 · 김지연 · 김형진 · 정무섭 · 김윤지

해방 이후 한국기업의 진화 II — 1956~1977년간의 통계의 구축과 기초분석
이근 · 추기능 · 김지연 · 김형진 · 정무섭 · 강래윤 · 김윤지 · 정문영

한글본 이언 연구
민현식

서울대학교박물관 소장 식민지시기 유리건판
이문웅 · 김정원 · 선일

풍자 우화 그리고 계몽담론
권영민